华东师范大学 70周年校庆献礼

中国城市协同创新研究

——华东师大的探索

曾刚等 著

中国财经出版传媒集团
中国财政经济出版社

图书在版编目（CIP）数据

中国城市协同创新研究：华东师大的探索／曾刚等著.
——北京：中国财政经济出版社，2021.11
（生产网络与区域创新论丛）
ISBN 978 – 7 – 5223 – 0810 – 4

Ⅰ.①中… Ⅱ.①曾… Ⅲ.①城市发展－研究－中国
Ⅳ.①F299.2

中国版本图书馆 CIP 数据核字（2021）第 192448 号

责任编辑：彭　波　　　　　责任印制：史大鹏
封面设计：卜建辰　　　　　责任校对：徐艳丽

中国财政经济出版社 出版

URL：http://www.cfeph.cn
E – mail：cfeph@cfeph.cn

（版权所有　翻印必究）

社址：北京市海淀区阜成路甲28号　邮政编码：100142
营销中心电话：010 – 88191522
天猫网店：中国财政经济出版社旗舰店
网址：https：//zgczjjcbs.tmall.com
北京财经印刷厂印刷　各地新华书店经销
成品尺寸：170mm×240mm　16 开　16.5 印张　270 000 字
2021 年 11 月第 1 版　2021 年 11 月北京第 1 次印刷
定价：78.00 元
ISBN 978 – 7 – 5223 – 0810 – 4
（图书出现印装问题，本社负责调换，电话：010 – 88190548）
本社质量投诉电话：010 – 88190744
打击盗版举报热线：010 – 88191661　QQ：2242791300

前　言

　　2021是一个不平凡的年份。放眼全球，以数字技术为核心的第四次产业革命已经到来，人类社会迎来了百年未有之大变局。回眸域内，2021年，不仅有百年党庆，还有华东师范大学70周年校庆。此外，2021也是中国迈向第二个百年奋斗目标和实施第十四个五年规划的开局之年。作为享誉国内外的城市研究重地，华东师范大学在城市发展、城市创新、城市治理、城市协同等领域肩负着特殊重要的使命，也面临着重大的发展机遇。

　　华东师范大学城市学科拥有着深厚的历史底蕴和鲜明的学科特色，涌现了严重敏（城市地理学）、吴铎（城市社会学）、陈彪如（城市经济学）、刘君德（城市管理学）、宋永昌（城市生态学）等一批城市科学大师。拥有地理学、生态学等国家重点学科、双一流重点建设学科。为适应新时期交叉学科和经济社会发展需求，2013年华东师大学率先在国内高校中设成立了跨学科、开放型、国际化的综合性实体研究机构——城市发展研究院。并以此为基础，集合了教育部城市科学领域领先的人文社科重点研究基地——华东师范大学中国现代城市研究中心、上海高校智库上海城市发展协同创新中心、上海市社科创新基地长三角区域一体化研究中心、上海市人民政府决策咨询研究基地曾刚工作室、华东师范大学长江流域发展研究院等高端研究机构和资源。

　　回顾过往，华东师范大学城市研究取得了令人瞩目的成绩。围绕社会发展的重大需求和国际城市研究前沿动态，华东师范大学以城市化轨迹、城市协同发展为重点，开展了经济转型与空间重组、社会转型与人口流动、一体化与城际合作等问题研究，取得了一批具有较高学术价值和重要社会影响的研究成果，进一步夯实了华东师范大学国内外重要城市研究中心、城市科学信息交流基地、城市发展决策咨询平台的地位，城市信息库、智库功能进一步强化。"十三五"期间，华东师范大学中国现代城市研究中心先后主持了193项国际级、国家级、省部级课题，在国内外权威期刊论文发表了200余篇SSCI论文，在Springer、Edward Elgar、人民出版社、科学出版社等国内外重要出版社出版了77部专著，184份专报获得国家级、省部级机构采纳及领导批示，51项成果荣获国家级、省部奖励。于2016年入选中国智库索引（CTTI）来源智库；于2018年入选"CTTI高校智库百强榜"，并获评A类等级，位列全部441家参选智库前10%，获得城市领域第一的荣誉；于2019年再次被《2018中国智库报告》评为509家智库中城市领域第一的高校特色智库。

展望未来，华东师范大学城市研究团队面临千载难逢的发展机遇。当今世界正经历百年未有之大变局，以京津冀、长三角、粤港澳大湾区为代表的中国城市群正在快速崛起，有望打破以欧美为中心的世界城市群格局。中国新型城镇化步入转型提升新阶段，城市群、都市圈、超大城市成为各种高端要素集聚的主要空间载体，城市协同创新成为城市发展新潮流、新趋势、新时尚。以物联网、5G技术、大数据、人工智能为代表的第四次产业革命推动城市数字化、智能化转型，城镇景观、城市功能、城际关系步入优化调整新阶段，城市绿色生态化改造、科创中心城市建设、城市弱势群体关怀、城市生产生活生态（三生）共赢、城乡/城市关系重构成为新时期城市研究的重点领域，这些都为华东师范大学城市研究指明了方向。

纵观历史，世界城市发展经历了四大阶段：第一，城市快速扩张、蔓延阶段。受以蒸汽机为核心的第一次工业革命的影响，工业化快速发展，农村人口涌入城镇，城市无序扩张，城市环境污染日趋加剧，"伦敦烟雾"等事件频发，城市发展渐入困境。为了防范城市无序蔓延、扩张给城市发展造成的重大伤害，人类开始重视城市规划，并形成了以霍华德为代表的"田园城市"学术思潮；第二，城市规划阶段。受以电力为核心的第二次产业革命的影响，以大城市为中心的现代工业体系逐渐形成，大城市、特大城市快速崛起，城市摩天大厦如雨后春笋般不断涌现，城市环境污染问题、城市贫困与两极分化问题日趋严重，迫切需要借助现代技术，对城市空间进行规划和设计，引导城市有序发展，并形成了以柯布西耶的机械功能主义为代表的城市规划理论；第三，城市治理阶段。受以计算机为核心的第三次工业革命的影响，信息化快速发展，人口加速向城市地区汇集，都市区对国家、世界发展格局的影响越来越大，城市生态修复、城市可持续发展、城市内部功能合理分工受到了前所未有的关注和重视，城市管理法规日臻完善，城市治理从无序开始步入有序的新阶段；第四，城市协同阶段。受以数字化为核心的第四次产业革命的影响，城市之间界限越来越模糊，都市圈、城市群成为城市发展新形态，新型城市网络建设迫切需要打破原有城市之间的制度壁垒，探索协同发展机制，"以邻为壑"的城市间竞争关系逐渐被"以邻为伴"的城市间合作关系所取代，城市协同成为时代最强音。当然，由于世界各个地区所处的发展不同，特定地区面临着的问题各不相同，相应的解决方案各异。例如，在城市发展第一和第二阶段，城市空间规划与设计是城市发展的主要抓手，而在城市发展的第三和第四阶段，完善城市治理体系、推动城市内部各大系统之间与城市之间协同则成为促进城市高质量发展的主导方向。换言之，对中国来说，必须重点关注城市治理、城市协同问题。

近年来，围绕城市协同创新发展问题，华东师范大学城市研究团队在城市群落之间（都市圈、城市群）、城市子系统之间（经济、社会、自然）、人与城市之间（城市让生活更美好）协同发展领域，开展了一系列研究。在城市群协同发展演变规律、产业协同发展空间组织与网络、社会治理体系创新、生态环境跨界保护与治理等方面，取得了一批有影响力的成果，在上海、长三角、长江经济带城市协同发展高端智库建设以及城市科学高端人才集聚地和孵化器建设方面取得了重要进展。

本书展示了华东师范大学城市研究团队近年来城市发展理论创新和实践探索的研究成果。全书共分为6篇16章。第一篇论述了城市协同创新的理论基础。对城市复合生态系统理论、区域创新系统理论、城市网络理论、创新经济地理研究成果的不足和趋势进行了归纳总结和分析。第二篇收录了华东师范大学三位青年学者在城市创新网络领域的研究成果。分别从跨界创新网络与区域发展关系的视角出发，分析了长三角G60科技走廊的科学基础与成功模式；从生产网络的视角出发，分析了中国装备制造业、电子信息产业、生物医药产业的创新网络结构与演化规律；从知识流的视角出发，分析了以国际展会为支撑的临时性集群形成机理。第三篇收录了华东师范大学两位青年学者在城市环境治理和生态创新领域的研究成果。借助定量方法，分析了地方两会召开和环保部"约谈"，对地方环境污染治理的影响；剖析了长江经济带产业集聚对区域绿色创新的影响机制；第四篇收录了华东师范大学三位城市社会学青年学者在城市社会治理方面的研究成果。分别展示了城市基层社区治理、外来人口管理和市民化过程、高学历人才的城际流动与住房等问题的研究发现；第五篇收录了城市文化协同创新的两个实证研究成果。分别考察了中国城市间电影生产网络的结构特征和形成机理、城市文化消费空间生产的内在动力因子及其作用机理；第六篇收录了区域一体化发展的两个案例剖析。对长江经济带城市协同发展能力、上海自贸区协同发展进行了系统评价和深入的研究。

本书主要由华东师范大学城市发展研究院何金廖研究员牵头，华东师范大学城市发展研究院胡浩副研究员、曹贤忠副教授、朱贻文副教授、石庆玲副教授、易臻真副教授、王秋玉助理研究员、宋艳姣助理研究员、罗峰助理研究员、朱妮娜助理研究员、赵弋徵博士生、李炜博士生，以及华南师范大学城市科学学院王丰龙研究员、武汉理工大学资源与环境工程学院张旭副教授等共同撰写而成。在本书撰写过程中，中国科学院地理科学与资源研究所陆大道院士、华东师范大学文军教授、孔翔教授等给予了悉心指导。在本书出版过程中，中国财政经济出版社的段钢、彭波等老师在本书的编辑、审校、出版等方面给予了全力支持，在此一并表示衷心的感谢！

华东师范大学城市发展研究院院长、终身教授　曾刚
2021 年 11 月 15 日于华东师大丽娃河畔

目 录

第一篇　城市协同创新理论

第1章　城市复合生态系统理论 ·· 3
1.1　城市复合生态系统的基本内涵 ·· 3
1.2　城市复合生态系统理论的不足与创新 ····································· 6

第2章　区域创新系统理论 ··· 8
2.1　区域创新系统的概念与内涵 ··· 8
2.2　区域创新系统的特征 ·· 10
2.3　区域创新系统的分类 ·· 11

第3章　城市网络理论 ·· 14
3.1　城市网络的内涵、类型与结构特征 ······································ 14
3.2　城市网络形成与演化 ·· 16

第4章　创新经济地理 ·· 18
4.1　创新经济地理的发展阶段 ··· 18
4.2　创新经济地理的研究内容 ··· 20

参考文献 ··· 23

第二篇　城市创新网络

第5章　跨界创新网络与区域发展关系 ··· 33
5.1　跨界创新网络类型与特征 ··· 33
5.2　跨界创新网络的影响因子及动力机制 ···································· 36

5.3 跨界创新网络与区域发展空间关系 ·················· 38
5.4 跨界创新网络的长三角实践 ····················· 40
5.5 跨界创新网络与区域发展研究展望 ·················· 44
参考文献 ································· 45

第6章 生产网络视角下的城市协同创新 ················· 53
6.1 基于生产网络视角的城市协同创新理论综述 ·············· 53
6.2 案例1：中国装备制造业的创新网络 ·················· 56
6.3 案例2：中国电子信息产业的创新网络 ················ 59
6.4 案例3：中国生物医药产业的创新网络 ················ 63
6.5 结论与展望 ····························· 66
参考文献 ································· 67

第7章 知识流视角下的城市协同创新 ···················· 70
7.1 知识的分类及其差异性 ························ 71
7.2 知识创造与本地网络的作用 ······················ 73
7.3 知识创造与远距离管道的作用 ···················· 76
7.4 临时性产业集群的创新实践 ······················ 80
参考文献 ································· 83

第三篇 城市生态协同创新

第8章 城市环境治理与制度创新 ······················ 89
8.1 理论分析与研究假说 ························· 89
8.2 案例研究一：地方两会召开与环境污染治理 ············· 92
8.3 案例研究二：环保部"约谈"与环境污染治理 ············ 97
8.4 政策与启示 ····························· 103
参考文献 ································· 105

第9章 产业集聚特征对城市绿色发展的影响研究 ············ 107
9.1 文献综述 ······························ 108
9.2 数据说明与研究方法 ························ 109
9.3 长江经济带产业集聚特征 ······················ 114

9.4 产业集聚特征对工业污染排放强度的影响 …………………………… 119
9.5 研究结论与政策建议 …………………………………………………… 127
参考文献 ……………………………………………………………………… 129

第四篇 城市社会治理协同创新

第10章 城市治理协同创新 ………………………………………………… 135
10.1 城市基层治理创新 ……………………………………………………… 135
10.2 城市社区治理精细化的创新成效及发展态势 ………………………… 136
10.3 城市社区治理精细化创新中存在的问题 ……………………………… 145
10.4 总结与反思 ……………………………………………………………… 149
参考文献 ……………………………………………………………………… 151

第11章 "过渡性市民化空间"中的市民化路径研究
——基于上海的5个典型案例 ………………………………… 153
11.1 概念解析与实证来源 …………………………………………………… 153
11.2 外来群体的市民化路径选择 …………………………………………… 154
11.3 内生群体的市民化路径选择 …………………………………………… 159
11.4 总结：理解中国市民化路径的多样性 ………………………………… 161
11.5 启示：正视"过渡性市民化空间"的现实价值 ……………………… 163
参考文献 ……………………………………………………………………… 164

第12章 高学历人才的城市迁移抉择与"居有所安" …………………… 166
12.1 研究青年人才住房的背景和意义 ……………………………………… 167
12.2 青年人才的概念界定 …………………………………………………… 167
12.3 青年人才的住房需求及其影响因素 …………………………………… 168
12.4 高学历人才居住满意度的案例分析：以上海为例 …………………… 171
12.5 实现人才城市居有所安的路径探索及对策研究 ……………………… 178
参考文献 ……………………………………………………………………… 180

第五篇 城市文化协同创新

第13章 电影生产网络研究 ………………………………………………… 185
13.1 国内外电影产业发展历程 ……………………………………………… 186

13.2　研究数据与方法 …… 188
　　13.3　中国电影生产网络特征分析 …… 190
　　13.4　总结与讨论 …… 197
　　参考文献 …… 198

第 14 章　城市文化消费空间生产与消费者认同 …… 202
　　14.1　城市文化消费空间生产的内在逻辑 …… 203
　　14.2　案例分析：南京市先锋书店文化消费空间生产与消费者认同 …… 206
　　14.3　总结 …… 212
　　参考文献 …… 212

第六篇　区域一体化

第 15 章　长江经济带协同创新能力研究 …… 217
　　15.1　长江经济带协同创新发展的背景 …… 217
　　15.2　长江经济带协同创新的研究进展 …… 218
　　15.3　研究数据和方法 …… 222
　　15.4　长江经济带协同创新的分析结果 …… 223
　　15.5　结论与讨论 …… 226
　　参考文献 …… 226

第 16 章　上海自由贸易区协同发展研究 …… 230
　　16.1　国内外自贸区内涵理解的差异分析 …… 231
　　16.2　自贸试验区协同发展的内在逻辑 …… 232
　　16.3　上海自贸试验区的板块整合与空间细分 …… 233
　　16.4　上海自贸试验区九大板块的协同发展探索 …… 236
　　16.5　上海自由贸易区协同发展的政策建议 …… 239
　　参考文献 …… 240

城市协同创新理论[①]

"十四五"时期正处于"两个一百年"奋斗目标的重要历史交汇期,一方面,中国城镇化取得了巨大成就,进入了新的发展阶段;另一方面,中国城镇化依然面临区域发展不平衡不充分、城镇化质量不高、公共服务能力较弱、创新能力不强、生态环境有待提高、城市治理体系不完善等问题和挑战。在中国推动构建以国内大循环为主体、国际国内双循环相互促进的新发展格局("双循环")背景下,通过梳理城市协同创新的理论基础,探索中国城市创新系统的组成和运行机制,为国家实施为区域重大战略、健全区域协调发展体制机制、新型城镇化发展战略提供理论支撑。

[①] 本篇由何金廖、李炜撰写。

第1章

城市复合生态系统理论

随着人类社会的快速发展，越来越多的人口开始向城市集聚，使得城市成为带动经济增长的关键节点。改革开放以来，中国的城镇化进程不断加快，展示出中国在社会经济发展上取得了巨大成就，但同时交通拥堵、环境污染、资源过度消耗和城镇公共服务保障能力参差不齐等问题也逐渐暴露，对当前城市高质量发展带来了新的问题和挑战。在上述背景下，一些新的理念和方法开始融入生态学的研究当中，以马世骏为代表的学者指出城市是人类社会经济活动集中的场所，属于典型的社会－经济－自然复合生态系统，该理论尝试将人类活动与自然生态系统进行融合，从复合生态系统的角度对城市发展问题进行研究。本章将对城市复合生态理论的发展及核心概念进行回顾，同时结合本书的研究内容即城市协同创新对该理论进行补充。

1.1 城市复合生态系统的基本内涵

城市复合生态系统理论是20世纪90年代提出的以人与自然关系为主题的经典理论，一经提出便获得国内外学术界的关注[1]。针对当时中国生态环境问题日趋突出，城市化发展导致城市与郊区环境失调的客观现实，著名生态学家马世骏先生指出，虽然社会、经济和自然是三个具有各自结构、功能以及发展规律的不同性质的系统，但它们三者的存在和发展，受到其他系统结构、功能的影响和制约。因此，这类复杂问题不能只单一地看成是社会问题、经济问题或自然生态问题，而是社会—经济—自然复合生态系统问题[2]。1984年，马世骏和王如松[3]首先提出了社会—经济—自然复合生态系统理论，并明确指出城市作为人类经济和社会活动最集中的场所，属于一类典型的社会—经济—自然复合生态系统。

马世骏和王如松[3]认为,组成社会—经济—自然复合生态系统的三个子系统,均有各自的特性,同时自然社会与人类社会之间存在互为因果的制约与互补关系。如图1-1所示,人类社会的经济活动,主要包括生产加工、运输及供销。生产加工所需的物质和能源依赖于自然环境的供给,所消耗的剩余物质回归自然。通过自然环境中物理、化学和生物的再生过程,满足人类生产的需要。人类生产和加工的产品数量受到自然资源可提供数量的限制。这类产品的数量能否满足人类社会的需求,达到平衡供需,并取得一定的经济效益,取决于生产和消费过程的成本、效益和利用率。显然,科学技术在这种循环的动态过程中发挥着重要作用。因此,在成本和产品价值核算中,通常要考虑科技投入和环境效益。在这样的复合系统中,人既是最活跃的积极因素,也是破坏力最强的因素。因此,它是一种特殊的人工生态系统,具有复杂的社会属性和自然属性:一方面,人作为社会经济活动的主要发起人,凭借其独有的文明和智

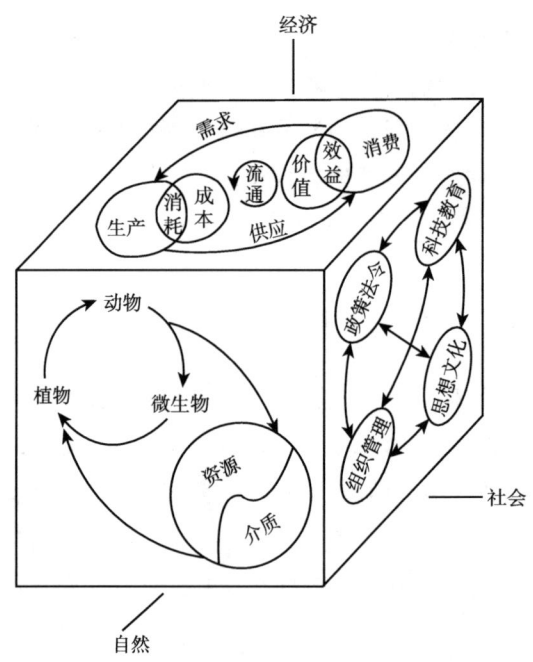

图1-1 社会—经济—自然复合生态系统示意图

资料来源:马世骏,王如松。

慧驱使大自然为自身提供服务，使物质文化生水平呈现出正反馈形式的持续上升；另一方面，人作为大自然中的一员，其主导的所有宏观性质的活动，均不能违背自然的生态系统运行的基本规律，同时都受到自然条件的负反馈约束和调节作用。上述两种力量之间的基本冲突，正是复合生态系统的一个最基本特征。城市复合生态系统的研究框架如表1-1所示。

表1-1　　　　　　　　城市复合生态系统研究框架

基础研究	应用研究
生态资产动态 （盈与亏，价值核算、指标体系）	生态产业与产业生态工程 （纵横耦合，影响评价，产业孵化机制）
生态服务功能 （强与弱，序的测度、冲突分析）	生态社区与生态建筑 （形与神的融合，价值准则、规划设计手段）
生态代谢过程 （滞与竭，水、能、土、木、矿）	生态景观与城郊边缘效应 （构与序的协同，宏微调和对策、远近补偿机制）
生态调控机制 （乘与补，反馈控制，竞争、共生、自生）	生态健康与生态文化 （生理与心理健康、文化和历史的延续，能力建设方法）
系统综合方法 （时空量构序的综合，硬件、软件、心件的整合）	区域及流域的生态规划 生态恢复和生态管理方法及绩效评价指标

资料来源：王如松。

在王如松等人研究的基础上，黄鹭新和杜澍[5]进一步将城市复合生态系统分解为8个子系统。其中，自然环境系统是城市以及各类生命体的立足之地，承担着作为自然空间和物质资源载体的基本功能；建成环境系统则是城市实现其基本功能运转的人工空间以及物质载体；运转保障系统进一步支撑着生活系统、服务系统以及生产系统三个功能系统；此外，输入系统和输出系统像两个"阀门"一样，在整个城市复合生态系统的两端作为开放系统，对上述所有子系统的功能运转产生重大影响。此外，这些子系统之间的关系并不能简单地解释为包含与被包含关系或是排他关系，而是相互区别又紧密联系的一种特殊的复杂关系。城市复合生态系统中任何一个子系统发生变化，其余的子系统都会随之改变。同时，需要强调的是，输入和输出系统是一个庞大的区域流概念，包括物质流、能量流、信息流、生态流等。输入系统不仅包括城市自身所在区域乃至其他区域的"营养"和"能量"，还包括酸雨、污染等不良输入；所有这些要素在流经城市时，都必须在城市中被吸收、过滤、利用、变化、重组，然后通过系统输出到其他城市和地区，或者反馈到城市本身，使之成长、发展、变化；一个城市的输出系统不仅可以良性地输出"营养"和"能量"，还可以输出"排泄物"——城市垃圾和有毒有害物质。如果这些"排泄物"不能在当地得到妥善解决，势必扩散开来，成为其他城市的不良输入。因此，城市复合生态系统与其外部复合生态系统的关系，即区域协调的重要性，在生态城市规划中显得尤为重要。城市复合生态系统的上述子系统不是完全平行的，而是相互重叠的。这就要求不应该孤立地分析子系统。当一个子系统与另一个子系统重叠时，即意味着它的属性有复杂的变化。

1.2 城市复合生态系统理论的不足与创新

城市、农村或区域等以人类活动为主体的系统，都是由人类活动的社会属性与自然过程的相互关系所构成的自然—经济—社会复合生态系统[6]。尽管部分学者在进行复合生态系统研究时认为文化子系统应该归于社会子系统中，但是该做法有可能低估了文化对社会经济发展的部分作用。事实上文化对社会经济发展的重要性已经得到学术界的广泛认可，不论是20世纪90年代后半期以来经济地理学研究出现的文化转向，即关注文化因素在经济活动空间格局的形成和演变中的作用[7]，抑或是国内学者对不同区域的实证研究，均表明文化要素对社会经济发展有重大作用。文化可以概括为包含习俗、信仰、道德和个人能够获得的其他能力以及习惯等组成的综合体[8]，文化作为一种特殊的生产要素和社会资本，其对社会经济发展的基本作用包括：（1）文化观念是促进社会经济发展模式转变的内源动力；（2）科技教育文化因素是社会经济发展的基本保障；（3）文化产业为社会经济发展提供要素支撑[9]等。如郑向群和陈明[10]和谢依娜[11]等学者在研究我国乡村复合生态系统时主张将文化子系统从社会子系统中剥离出来讨论的做法那样，城市作为典型的具有复合特征的空间地域系统[12]，同样需要将文化要素从社会子系统中剥离，从而更加全面地认识其复合特征，也为后续从复合系统角度解析城市协同创新的基本属性奠定基础。因此，本书基于已有研究[10,11,13]进一步将城市居民的文化素养、生活习惯、思想道德、宗教信仰、价值观念以及个人所能获得其他能力作为基本素组成城市文化子系统，从而构建社会—经济—文化—自然城市复合生态系统。上述四个系统以人作为中心要素，以人流、物质流、能量流、信息流、生态流等作为媒介，实现各个子系统之间的交流、制约与互补以支撑整体系统的运转。

综合来看，城市复合生态系统理论认为城市系统是以人类的科学技术和社会行为为主导、以生态代谢过程为组织脉络、由自然生命支持系统所供养的人工生态系统[14]，其核心是生态结构的合理组合，其宗旨在于强调城市的生态整合、过程整合以及功能整合[15]，该理论为研究城市协同创新提供了一个多维度的视角，即注重城市协同创新内涵和功能的复合性。此外，按城市复合生态系统论理论观点[16]，城市协同创新系统中的各类组成要素如同自然生态系统一样存在着形成、发展、兴衰、演替的过程，且这些要素的形态、结构和功能等存在相互联系、相互适应与相互影响，同时构成城市协同创新系统的各子系统之间存在竞争、制约、演替的发展过程，故城市协同创新系统也是一个复合的人类生态系统。因此，在构建、运行和治理城市协同创新系统时需要以其内部经济—社会—文化—自然等子系统不同要素之间的高效和谐为前提，在保持系统整体性的基础上实现可持续发展。

第 2 章

区域创新系统理论

过去四十年间,越来越多的政策制定者和研究人员意识到推动经济发展的主要动力不是新古典经济学指出的资本积累,而是创新能力、创业政策和创新环境等要素。特别是在当前以知识为基础的发展环境中,创新在促进区域经济发展中的重要性得到了进一步体现。20世纪80年代以来,国家创新系统理论作为创新研究中的核心理论框架得到了广泛关注和长足发展,为解释不同国家间创新绩效和经济增长差异提供了理论支撑。在此基础上库克等学者进一步阐述了区域创新系统的概念,旨在回答创新活动和经济发展为何会在同一个国家内部存在空间上的分布不均这一关键问题。近年来,中国深入实施创新驱动发展战略,总体创新能力和效率不断提升,取得了世界瞩目的"增长奇迹",但是区域、城市之间存在创新和发展水平高低并存的现象亦对区域一体化和城市协同创新提出了挑战。因此,本章将对区域创新系统理论的发展及核心概念进行回顾,以期为本书研究城市协同创新提供理论支撑。

2.1 区域创新系统的概念与内涵

20世纪80年代,关于创新过程的研究与不同尺度的地域空间结合并得到了长足发展。以伦德瓦尔[17]、弗里曼[18]和纳尔逊[19]为代表的经济学家对国家创新系统理论进行了深入研究,认为国家创新系统是由一个国家的公共和私有部门组成的组织及制度网络,其中政府、企业、科研机构、高校和中介机构是系统中最重要的因素。自20世纪90年代中期以来,区域创新系统的研究引起了学术研究者和政策制定者的极大关注。其中,英国卡迪夫大学的库克[20]教授于 1992 年对区域创新系统的概念做了详细阐述，他认为区域创新系统是一定地域空间中政府、企业、高等院校、科研机构以及中介服务机构等创新主体通过交互作用而形成的促进资源有效配置的社会网络系统。在后续的研究中，库克对区域创新系统的概念进行了更为深入的探索，指出区域创新系统主要是由在地理上互相分工与关联的生产企业、研究机构和高等教育机构等构成的区域性组织系统，而这种系统支持并产生创新，并且强调了区域创新系统的根植性和系统性[21]。阿希姆和伊萨克森[22]认为区域创新系统主要由区域主导产业集群中的企业（同时包括其支撑产业）和制度基础结构（如研究和高等教育机构、技术扩散代理机构、职业培训机构、行业协会和金融机构等）这两个主体以及他们之间的互动构成，即区域创新系统是由支撑机构围绕的区域集群。魏格和伍德[23]认为广义的区域创新系统应该包括教育培训机构、知识创新研究机构、产品创新企业群、支持创新的政府机构以及创新服务中介机构。国内学者如胡志坚和苏靖[24]认为区域创新系统主要由参与技术发展和扩散的企业、大学和研究机构组成，并且市场中介服务组织广泛参与的同时政府适当介入，该系统是一个为创造、储备和转让知识、技能和新产品的相互作用的创新网络系统。它作为国家创新系统的子系统，体现着国家创新系统的层次性特征。顾新[25]基于系统论的观点认为区域创新系统是在国家中一定地域范围内，将区域经济发展所需的新要素或者这些要素的新组合引入区域经济系统，从而创造出新的且更为有效的资源配置方式，实现新的系统功能，并使区域内的经济资源能够被更有效地利用，实现区域综合创新能力提高以及区域产业结构优化升级，并最终形成区域竞争优势，促进区域经济发展。任胜钢和关涛[26]认为区域创新系统是在特定区域内，由相互联系且共同协作的企业、高校、研究机构、中介组织和政府等创新主体构成的，在一定的制度、政策等环境中运行的空间组织结构系统，其最终目标是促进区域创新以及推动区域经济社会发展。王祥兵等[27]认为区域创新系统是企业与科研机构组成的合作创新、学习决策和动态博弈的区域系统。尽管国内外学者对区域创新系统的定义各有侧重，但是从总体上看，区域创新系统具有以下基本内涵：（1）具有一定的地域空间范围以及开放的边界；（2）企业、科研院所、高校、地方政府和服务业机构是创新的主体单元；（3）不同的创新单元通过网络相互连接，形成区域创新系统的组织与空间结构；（4）创新单元通过自组织及其与外部创新环境相互作用实现创新，进而影响本区域和外部区域；（5）创新过程通过自组织和与环境的相互作用维持创新的运行并实现创新的持续发展,从而促进区域经济的可持续发展[28]。

2.2 区域创新系统的特征

研究表明,区域创新系统具有多元性、整体性、自组织性、开放性和根植性等特征[25,29,30]。

多元性:区域创新系统的多元性指系统的创新能力受区域自然条件、历史条件、社会文化条件、经济发展水平以及技术发展水平等因素的影响,不同区域的经济发展要素各具特色,其创新活动有不同的起点、内容和途径,同时创新能力有高有低,因此区域创新体系具有多样性。尽管不同区域创新系统的特色不同,但较为完善的创新系统具有充分利用自身优势、系统创新能力和创新效率的特点。由于区域在创新资源和创新能力的差异,因此创新系统的创新效率存在较大差异,正是由于创新效率的差异,区域经济发展呈现出不平衡的特征。

整体性:区域创新系统的整体性指该系统是由内部各要素通过非线性相互作用而形成的有机整体,并非系统要素的简单叠加和随机堆积,同时系统中的要素通过相互影响与作用形成一种网络。在区域创新系统的运行过程中,要素与系统之间、要素与环境之间以及要素与要素之间进行着知识、信息、资本、人才、技术等方面的交流。创新是一个互动的学习的过程。成功的创新来源于作为创新主体的企业内部各种相关信息、知识、创造力和技能的交流与互动。这也是企业与竞争对手、合作伙伴、高校和科研机构密切合作的结果。

自组织性:区域创新系统的自组织性是指在系统环境的激励和约束下,区域创新系统通过创新主体的要素构成和结构的不断调整来实现其自组织行为。环境因素是促进区域创新系统实现自组织的外部动力。在知识经济时代,区域经济的发展离不开知识的生产、传播和应用。同时,知识经济对创新提出了更高的要求,如果原有的区域创新系统不能适应这种变化,系统自动就会进行调整,从而满足区域经济发展的要求。区域创新系统内部要素的对立统一是促进区域创新系统自组织的内在动力。区域创新系统的自组织是通过充分发挥系统行为主体的主观能动性来实现的。区域创新系统通过其自组织行为提高系统的有序度，在系统内部自发、持续地创新动力，以更好地实现系统的整体功能。

开放性：区域创新系统的开放性是指区域创新系统与其所处的环境之间具有物质、能量和信息等内容交流的能力，同时其开放程度决定交流的数量和质量。随着经济全球化的快速发展，研发国际化的趋势日益显著，研发与开发的全球化推动创新的全球化。创新资源和成果在全球范围内高速流通。区域创新系统必须与国内其他区域创新系统进行交流与沟通，与其他国家的区域创新系统进行竞争与合作。因此，区域创新系统本质上是一个开放的、国际化的系统。区域创新体系的开放性使区域不仅能够引进区域外甚至国外的创新资源，提高区域的创新能力，而且能够在区域外转移和传播创新。因此，区外企业、高校、科研院所等要素参与区域创新活动也构成了区域创新体系的一部分。

根植性：根植性一词最初来源于经济社会学，指经济行为嵌入社会关系之中。区域创新系统的根植性指创新系统内的各类创新要素不仅在地理上接近，更重要的是它们之间具有很强的本地联系，这种联系不仅是经济上的，还涉及社会、文化和政治等各方面，这是区域创新系统长期积累的历史属性。同时，不同区域的根植性要素不尽相同，区域创新系统的根植性一经形成就具有不可复制的特性，因此区域创新系统各具特色，具有不同的运作方式和连接结构，各创新主体之间的合作程度也对区域创新系统网络的效益有重要影响。

2.3 区域创新系统的分类

由于区域创新系统在生产系统、组织制度以及社会文化等多方面存在差异，为了更加准确和深刻把握区域创新系统的特征，学者们从不同视角对其进行分类。其中库克等[31,32]提出的基于治理结构和企业创新维度的分类应用最为广泛（见表2-1）。

表 2-1　　　　　　　　　区域创新系统分类

分类依据	类型	特征
治理结构的维度	基层型	区域创新系统的技术转移活动主要在当地进行，企业的资金筹集来源分散，研究能力偏重应用，区域合作程度高但正式协调程度低，非正式协作广泛，系统发展主要由当地倡导和推动。
	网络型	区域创新系统的技术转移活动在区域嵌入性组织和国家支持组织等多个层面间综合进行，受到多层次管制，企业的资金来源主要为银行，理论研究与应用研究并重，区域合作和系统运行高度依赖于各层次间的协调机制。
	统制型	区域创新系统中的技术转移活动主要由中央政府倡导，企业的资金由中央政府决定，侧重于基础性研究，系统协调程度较高。
企业创新的维度	当地型	区域创新系统很少有大的厂商或外资企业的分支机构，其研究范围较窄，并且公共创新或研发资源较少，但是企业间以及企业与区域政策制定者间的沟通与联系较为密切。
	交互型	区域创新系统中大型企业与中小型企业规模基本平衡，其研究范围存在变化，公共与私有研究机构规模也基本平衡，厂商间以及厂商与区域政策制定者间相互联系的紧密程度高于平均水平。
	全球型	区域创新系统中跨国公司占支配地位，研究范围较广，私有研究机构规模超过公共研究机构，厂商之间以及厂商与区域政策制定者之间缺乏联系。

资料来源：根据库克等[31,32]，傅利平等[33]整理。

通过对有关区域创新系统理论和实证研究的梳理可以看出，区域创新系统强调了创新的产生和发展并不是线性发生的，而是从基础研究到应用研究再到产品开发并最终走向产品商业化的综合过程，即创新的产生和发展事实上是一个系统的过程，是创新主体单元之间长期相互作用的结果[34]。关于区域创新系统和城市协同创新的关系，本书认为可以基于城市与区域的对立统一关系加以讨论。城市与区域的基本关系包含两个层次[35]，即城乡关系和城市体系关系。城乡关系强调城市化地区与乡村地区的关系，此时城市作为一个具有一定空间范围的特殊的"面"，若其内部企业、科研院所、高校、地方政府和服务业机构等创新的主体单元通过网络相互连接，通过自组织及其与外部创新环境的相互作用维持创新的运行并实现创新的持续发展，便形成了一个区域创新系统。而区域城市体系关系则是将城市作为区域内的"点"，强调区域内城市之间的关系，当不同城市的创新主体单元开展跨城市的联系与互动，并组织创新要素整合与流动,在实现持续创新的同时获得协同共赢的效果,便形成了在区域城市体系关系下的区域创新系统。如果将此区域创新系统中的组成要素关联到所属城市,便可以将区域内创新要素之间的联系转化为城市联系。可以看出,城市协同创新是区域创新系统在城市这一空间尺度的体现,是区域创新系统的一种特殊形式。因此,在城市协同创新研究中,区域创新系统理论的部分内容可以适当沿用。也就是说,城市协同创新系统同样具备区域创新系统的根植性、多元性、整体性、自组织性和开放性等基本特征。同时,在城市协同创新系统构建和运行过程中可以借鉴区域创新系统的做法,从城市协同创新的组织、制度和市场创新等方面开展综合研究,探讨特定城市的创新能力、协同创新政策和战略系统[36],具体可以归纳为以下几点关键问题:一是明确政府机构和政策制定者在城市协同创新中的主要功能和任务,重视跨地区政府之间的协同合作;二是关注城市协同创新网络的培育,应坚持市场导向,加强信息交流,促进城市协同创新多样化的发展;三是推动城市协同创新主体建设,加大对具有高创新活力中小企业的支持,同时加快大学和科研院所的市场化改革;四是在创造良好城市协同创新环境的同时需要注重地方优势产业的培育[37]。

第3章

城市网络理论

随着全球化和信息化进程的加速推进,世界各国的城镇体系发生深刻变化,城市间的联系超出了中心地理论的对边界限定和封闭系统的认知,并在多空间尺度下和多等级城市间形成了时空共享的网络关系[38],使基于等级体系理论和规模分布方法开展的城市间联系问题的研究已经不能满足新时期理论和现实的基本需求[39]。在这样的背景下,城市网络理论通过重点关注区域的专业化分工以及城市的外部性,以功能和职能上相似或互补的城市间构成的等级和非等级性的联系为切入点,成为研究这种新型空间组织结构的新视角[40]。

3.1 城市网络的内涵、类型与结构特征

城市网络的形成是全球经济转型和技术变革的产物[40]。关于城市网络的内涵,卡马尼和沙龙[41]认为城市网络起源于两个或两个以上相互独立的城市,是由大小不均且各具特色的紧凑城市组成的高度城市化地区的城市群体,同时在功能上具有潜在的互补性,在交通或通信基础设施的帮助下通过合作产生规模经济,是城市与城市连接相通的活动地点。王士君等[38]认为城市网络是在经济、文化、社会和政治关系驱动下,以信息、生产、交通和服务流通为代理人,以全球城市、国家与区域城镇体系、城市群为投影,在相对无约束的时空尺度下产生的一种城市关系。在这种关系中,城市依靠网络系统存在,并弱化了其物质资源禀赋的重要性,网络节点的功能地位和关联关系是城市网络的组织逻辑与运行机制。在城市网络中,网络参与者的目标包括以下三点:第一,效率目标,公共管理部门能够通过网络行为,如同在企业中一样提高决策效率;第二,协同目标,由城市网络整合各单个城市功能之后获得规模经济;第

三,能力目标,即通过与其他城市的合作,使单体城市获得地方上难以获取的效率知识和高等级城市政策[42]。

城市网络作为一种特殊类型的网络,兼具一般网络的普遍性,同时具有其特殊性。城市网络可以形成一个具有弹性交换关系的经济体,其多核心结构和灵活的功能使各参与城市受益于互惠、知识交换和创造力等共同合作[43]。卡佩罗[42]认为"城市网络"的概念主要由三类要素组成:第一类是网络要素,城市网络中的中心地间的关系不再仅被描述为非叠加的市场逻辑支配下的那种等级节制的层级关系,在同等规模但是功能不同或者相似的专业化城市中,网络中的非地方性联系和长距离的供需关系不断显现;第二类是网络外部性要素,这表明网络行为的主要经济优势由交通成本最低或者控制非叠加市场的最大控制力转向借由参与网络,通过互补关系实现协同性,同时只有参与该经济和空间网络中的行动者才能够获取上述效益;第三类是合作要素,合作关系作为城市网络范式的立足点,强调需要通过互动合作的方式获得城市规模经济效应,同时在各网络成员间配置溢出效应,并最终促进区域经济发展。

马学广和李贵才[43]基于"网络"的双重含义认为可以将城市网络分为物质—空间网络(基础设施网络)和组织网络两种,并且两者相互依赖,相互影响,其中一方属性的变化会带动另一方属性发生相应的改动。同时,"城市网络"是专业化中心之间水平的、非等级性的关系系统,因此,可以依据城市网络的空间组织逻辑将其划分为等级网络、互补网络和协同网络三种形式[41]。其中,等级网络围绕控制中心、物资和服务市场区以等级的方式构建,以乡村地区的农产品市场、公共管理的地方等级和大城市大中型企业的分支机构等最为常见。互补网络则由专业化、互补性的中心基于垂直整合经济构成,并通过市场的依赖沟通。协同网络由相似并且合作的中心构成,网络的外部性是其组合的基础,网络系统中的规模经济由整合各个中心市场区的网络产生。综上所述,城市网络是依靠关系和流组成的系统,以水平联系为主,非等级性是其本质,由专门化中心构成。

一般而言,可从网络的点、线以及群体特征等方面进行网络结构特征的分析。冷炳荣等[39]认为城市网络在网络系统的点、线、网络群体等方面具有以下结构特征:首先在城市节点方面,按照节点是否参与网络构建,可将节点划分为孤立节点和连接节点;按照节点在网络系统中的作用,可将节点划分为枢纽节点、半边缘节点、边缘节点;按照节点在局部网络中的作用,可将节点划分为具有"结构洞"性质的节点和结构对等的节点;按照节点在网络联系强度中的集聚程度,可将节点划分为高强度节点、中强度节点、低强度节点;按照信息发送与接收的关系,可将节点划分为孤立点、发送点、接受点和传递点。其次,在城市联系线方面,按照连接线的类型,可以划分为技术流、物流、人流、资金流和信息流;按照连接线重要程度,可以划分为骨干线、支线、"桥";按照连接线是否具有方向,可以划分为无向和有向两种线;按照连接线的连接强度,可以将其划分为高强度线、中强度线、低强度线三种;按照连接线是否依赖空间距离,可以将其划分为实空间线和虚空间线两种类型。在网络群体结构方面,按照整体网络连接特征,可以将网络系统划分为无标度网络、小世界网络和随机网络;按照局部网络特征,可划分为星状网络、环状网络及介于星状和环状的中间网络。此外,由于整体网络不同节点之间连接关系的差异,可以划分为不同的子群,用以分析城市网络体系的联系层次性。

3.2 城市网络形成与演化

目前对城市网络形成和演化的解释一般围绕新国际劳动分工理论、流动空间理论和中心流理论等展开[40]。此外,国内学者冷炳荣等[44]提出了基于结构动力机制视角的城市网络解释框架。该框架认为城市网络的作用机制可从社会分工、技术进步、地方背景三个方面进行解释。具体而言,在社会分工框架下,经济分工决定了不同地区之间生产活动的分工与合作,社会分层决定了社会流动主体(人)的流动差异,而经济分工和社会分工决定了流动要素的层次性;在技术进步分析框架下,企业的技术创新决定了成本的控制能力和核心竞争力,企业的技术创新和扩散是高层次合作的基础,交流方式的创新决定了合作的便利性,技术进步的演进决定了流动方式的差异性;在地方政府政策、地方产业组织和文化嵌入之间的关系中,政府政策通过产业政策影响地方产业组织,通过协调、宣传、挖掘、保护地方文化等方式影响地方文化要素,如地方产业关联导致文化要素的趋同,文化要素的嵌入带来交易成本的降低,同时存在相互制约,如文化要素的"强"关系特征导致区域内产业组织的"新老"困境。因此,一般来说,技术进步和社会分工是城市网络发展的根本动力。地方背景实质上是制度环境保护和本土化的空间载体单位。三者相互作用、相互补充，促进了城市网络的演进。

随着经济全球化和区域一体化进程不断向纵深发展，城市之间的联系越发紧密[45]，"流空间"逐渐取代"地方空间"成为信息社会主要的空间组织形式[46]，原先基于等级体系基本理论和规模分布基本方法对城市之间相互关系的研究已不能适应新时代的需求[39]。同时，随着全球发展步入知识经济时代，城市之间的创新联系开始成为塑造城市网络的重要推动力[47]，以专利转移[48]、论文合作[49]、创新企业联系[50]和创新人才迁移[51]等数据反映城市间创新关系的研究不断涌现，城市网络作为新的理论范畴为上述新型城市关系研究提供了独特视角以及方法论支撑。当前城市协同创新研究方兴未艾，城市网络研究方法的兴起，也为刻画知识流视角下城市协同创新的网络演化特征、剖析其空间组织模式与邻近性机理以及城市协同创新的实践与治理提供了较为综合的视角与方法：一是城市协同创新网络中城市特征的研究不仅需要关注其中心性，而且需要探讨其节点属性；二是城市协同创新网络中城市之间关系的研究应从等级从属转向功能互补；三是城市协同创新网络研究在空间尺度上更应注重全球—区域—地方之间的关联与互动。

第4章

创新经济地理

自从熊彼特提出创新理论以来,技术进步对经济增长的关键性作用受到了前所未有的关注,并形成了一系列经典的增长模型及实证研究成果[52]。随着研究不断深入,学者们逐渐意识到创新活动在空间上是有规律的。2003年英国学者波伦斯克教授在麻省理工学院主持的创新地理学研讨会上提出了创新经济地理学的概念,并于2007年牵头出版了"*The Economic Geography of Innovation*"。随后创新经济地理学的相关研究成果开始快速增长,经济地理学研究关注重点逐渐由"成本因素"向"创新因素"转变[53]。

4.1 创新经济地理的发展阶段

创新经济地理学是研究创新经济活动的空间特征、过程、机理和调控手段的学科,根据研究内容侧重点的不同,其发展过程大致可以分为三个阶段[53]。

第一阶段,国内外学者对创新经济地理学的基本概念和分析框架展开讨论。1990~2000年,国外创新经济地理学学者相继提出了本地学习型区域、技术区、区域创新系统等基本概念和分析框架。例如,摩根[54]以威尔士为例,论述了学习型区域构建、区域创新政策的重要性。格特勒[55]指出与合作伙伴邻近是企业成功和新技术推广的主要动力。斯托珀[56,57]认为学习和创新是区域保持技术优势和融入全球生产网络的关键因素,全球经济由众多"技术区"组成,而全球经济成功与否取决于这些技术区的开放程度。库克等[31]基于国家创新系统理论,首次提出了区域创新系统概念,并从演化经济地理视角分析指出区域创新系统是新区域科学。这一时期,国内创新经济地理学者则重点关注区域创新环境、企业根植性、知识创新、技术扩散等因素及其对本地化发展的影响[58,59]。

第二阶段，创新网络的主体及其相关关系得到了创新经济地理学者的关注。2000～2009年，邻近性、知识流动、集群创新、空间联系等问题成为研究热点。例如，博斯马2005年在"*Proximity and Innovation：A Critical Assessment*"一文中指出地理邻近对创新和学习推动作用有限，甚至有可能造成区域锁定，阻碍区域技术进步[60]。马丁和森利[61]强调了从公共政策视角研究产业集群的重要性，得出结论与前期产业集群研究不同。格特勒[62]系统分析了隐性知识与制度之间的关系，探讨了隐性知识的生产、搜寻和共享。朱利安尼[63]认为集群内创新知识流动具有不均匀特性，企业自身属性是影响地方创新的核心因素，其否定了地理邻近和根植性对地方网络创新的推动作用。另外，杨伟聪[64]指出嵌入全球生产网络程度决定了区域发展水平。同时还有研究表明，区内、区际关系对创新网络发展具有重要影响[65,66]。同期，国内创新经济地理学者则重点关注产业集群创新、学习、企业网络及全球价值链。王缉慈[67]指出，创新是产业集群最好的出路，企业在全球价值链的学习和创新发挥着关键作用。曾刚和文嫮[68]以上海浦东信息产业集群为案例，系统阐述了产业集群的内部机理，认为加强本地网络联系、激发集体学习、注重外部联系是推动信息产业集群建设的良好举措。苗长虹[69]以河南许昌发制品产业集群为例，研究了全球—地方网络联结的方式、动态及其对技术学习的影响，他认为全球与地方生产网络的构建，有助于促进传统产业集群技术学习。

2010年以来，创新活动的全球与本地联结、集群创新网络演化等问题成为创新经济地理学者的关注重点。哈拉尔德和帕特里克[70]指出本地知识创造、全球知识获取对区域创新发展具有同等重要性。罗伯特和皮尔斯[71]认为网络资本具有重要价值，本地网络与全球网络共同决定了区域经济增长路径。菲恰尔和胡贝尔[72]基于挪威418家公司层面数据，研究得出国际网络与区域、国家网络对于企业创新具有重要影响。图尔金娜等[73]分析了全球集群网络从本地化向跨区域层级结构演化过程及其对价值链演变的影响。而国内创新经济地理学者在城市之间、产业转移、不同空间尺度之间的创新联系等方面进行了积极的探索。方创琳等[74]以全国287个地级以上城市为研究对象，从自主创新、产业创新、人居环境创新和体制机制创新等方面进行评估，重点分析了我国创新型城市建设的水平、成效、问题及对策。潘少奇等[75]重点论述了产业转移过程中的技术溢出效应，认为产业转移技术溢出具有很强的时空情景性和权变性。司月芳等[76]首次对全球—地方创新网络的内涵、特征进行了界定，论述了其类型、结构、作用机理，认为全球创新网络与地方创新网络是密不可分的，全球—地方关系是理解创新网络发展演变的重要途径。曹贤忠[77]指出全球—地方创新网络是新时期企业创新结网的必然，并以上海高新技术产业为例，构建了包含全球、全国、全市以及全球—地方相互联系的创新网络分析框架，结果发现，企业发展阶段、企业规模和企业影响力对创新网络形成具有重要影响。

4.2 创新经济地理的研究内容

在对已有文献梳理的基础上，本书总结出创新经济地理研究的内容主要包括创新的地理测度、创新活动的空间与组织方式以及创新的空间效应和机理等基本问题。

（1）创新的地理测度：对创新活动的空间分布和集聚特征进行测度是创新经济地理研究的重要内容。西里利和伊万格丽斯塔[78]认为常用于研究创新空间分布特征的数据主要可以分为创新投入、创新产出和创新主体三类。创新投入指标主要包括研发人员和研发支出两类，如企业和大学研究开发的费用支出[79]和高技术产业就业人员数量[80]等。上述创新投入数据在实证研究中常用来作为知识生产函数的自变量从而对不同地区的知识溢出程度进行比较。创新产出指标既包括专利发明这一中间产出，同时也包括以商品化的创新产出。其中，由于专利数据的可获得性，使其成为创新领域的研究中应用最为广泛的指标[81,82]。创新主体数据，如大学、企业和研究机构等，更强调创新活动的地理区位特征，创新经济地理学家如亚当斯和谢斐[83]更倾向于使用企业或企业研发机构表征创新主体进行地方知识溢出研究。目前，已有大量学者基于创新投入和产出数据对创新的空间特征及其决定因素展开研究。李和张[84]通过专利数据研究了上海市创新活动的时空演变特征，他们发现创新在微观尺度上表现出强烈的集中倾向，并逐渐走向多中心模式，且不同创新参与者的创新表现具有异质性，由企业主导的整体城市创新产出受公共预算支出和城市绿地面积的影响显著。值得注意的是，上述创新投入和产出数据也存在一定的局限性，具体表现在：研究与开发只是创新投入的一种类型，因此不能完全反映技术的变化;并非所有发明都申请了专利,且专利的申请与授予具有滞后性,因此,专利数量在表征创新产出时缺乏真实性。

(2) 创新活动的空间与组织方式:20世纪90年代以来,伴随着全球化和科学技术的发展,创新在推动区域经济增长中的作用越发重要,但创新经济地理学者在创新活动研究空间尺度的问题上却一直存在分歧[53]。其中,"新区域主义"论者在研究地方产业集群、区域创新系统时强调创新具有黏性,认为区域内生因素、内部根植性和制度厚度对创新活动具有重要作用[21,69,85-87];"关系地理学"论者基于以全球生产网络、全球价值(商品)链的研究指出全球知识与地方知识互补更利于区域创新[65,88,89]。然而区域创新系统过于强调区域内部的联系和本地化知识的重要性,全球生产网络和全球创新网络则把全球、国家分别看作国家、地方的简单叠加,忽视了空间尺度的异质性,同时也夸大了跨国公司在区域发展过程中的作用。事实上,创新活动的最佳空间尺度在不同发展阶段、不同产业部门不尽相同,也并非一成不变[53]。随着经济全球化的快速发展以及信息技术的飞速进步,创新的地位被提高到了前所未有的地步,全球范围内的劳动分工也日益深化。在世界范围内出现的垂直产业分工以及外包等新型生产组织方式,将全球各地的产业中心通过产业链联系在一起。20世纪90年代以来,以跨国公司主导的全球商品链进一步强化了跨国联系,跨国公司之间的相互竞争亦重塑了全球生产格局,在此基础上出现了地方性产业集群和生产中心,并形成了治理范围较大的诸多超国家集团。与此同时,在龙头公司协调下,由企业和国家、国际组织、劳工组织、消费者、社会组织等主体围绕全球生产和服务的全球生产网络得到了长足发展。当前,网络已经是企业创新活动最具活力组织形式之一,而网络一般可分为联系网络和合作网络两类。其中合作网络以技术联合攻关为目的,主要关注重复、持久或持续的互动或联系[90],联系网络则以知识获取为目的,由创新主体之间非正式的互动和联系组成,组织更新和联系较为频繁。

(3) 创新的空间效应和机理:在知识经济全球化的背景下,国家和区域的经济发展高度依赖于创新和知识转化的能力[91],这也使创新成为众多学科关注的热点内容之一,其中创新经济地理学者主要关注创新的空间效应和机理,即创新活动的空间差异对其他地理空间要素的作用,以及这种作用产生的内在原因。近年来,随着创新网络逐渐成为创新经济地理学研究的重要领域,创新网络与区域增长关系的相关问题也成为学界讨论的重点。基于全球生产网络理论的研究表明，企业在全球网络中的联系越紧密，其生产率和销售增长效益越高，同时其所在区域竞争力、创新绩效及应对经济危机等能力越强[92]。对于地方创新网络而言，部分研究指出创新网络构建有利于区域知识流动、创新能力提升和区域发展。例如，阿西姆等[93]认为区域创新系统中不同知识的组合对区域发展路径构建起到了积极作用。Cao等[94]采用固定效应变系数模型的方法对中国长江经济带110个城市的实证研究发现研发投入与区域经济增长之间存在长期稳定的正向促进关系。但也有部分学者认为不同类型知识的组合对创新和区域发展的影响具有异质性，创新涉及分析知识、综合知识和符号知识三种知识库，当上述知识库均衡混合时最能有效提高企业创新能力[95]。关于创新网络对区域经济增长作用机制的研究，拉马达尼等[96]认为区域经济发展是创新网络运行经济效果的最终体现，创新是维持经济稳定增长和发展的必要条件，创新和知识产权主宰着经济发展。这是由于知识通过在不同主体间转移、转化影响区域多样化发展的同时其特性决定了网络价值，并最终影响区域增长[97,98]。此外，由于区域经济和创新轨迹不仅依赖本地化生产和知识创造，还需要结合"本地蜂鸣"和"全球管道"[99,100]，因此创新活动不同空间尺度下对区域发展的影响存在一定的差异[101]。

　　当前创新经济地理学的研究重点是创新及其网络的空间特征、过程和机理，对创新主体、创新的空间尺度、创新活动的组织方式以及创新的空间效应等研究成为学术争论的焦点。城市协同创新的研究包含城市协同创新主体、城市协同创新的时空过程以及城市协同创新调控与治理，很明显属于创新经济地理的研究范畴。因此，在中国城市协同创新的研究中需要注意以下几点：一是注重城市协同创新表征指标的甄选，由于现有衡量创新活动空间分布特征的指标或多或少存在一定的局限性，因此，在后续的研究中可以尝试通过多标量的方法反映城市协同创新水平；二是注重城市协同创新的多尺度研究，由于不同空间尺度下创新活动的效应具有明显异质性，因此城市协同创新研究应该在全球、国家、区域和地方等多种尺度下进行，同时需要辨析不同尺度之间互动关系对创新空间活动的影响；三是需要重点关注城市协同创新的影响因子、创新绩效和创新机理等问题。同时，还应开展不同地域类型的城市协同创新的比较分析，提出有针对性的调控与治理方案，为当前中国高质量城市发展提供支撑。

参考文献

[1] 李泽红. 城市复合生态系统与城市生态经济系统理论比较研究. 环境与可持续发展, 2019.

[2] 马世骏. 生态规律在环境管理中的作用——略论现代环境管理的发展趋势. 环境科学学报, 1981, 1 (1): 95-99.

[3] 马世骏, 王如松. 社会—经济—自然复合生态系统. 生态学报, 1984, 4 (1): 1-9.

[4] 王如松. 转型期城市生态学前沿研究进展. 生态学报, 2000, 20 (5): 830-840.

[5] 黄鹭新, 杜澍. 城市复合生态系统理论模型与中国城市发展. 国际城市规划, 2009, 24 (1): 30-36.

[6] 仇蕾, 王慧敏. 复合生态系统运行中的熵理分析. 科学管理研究, 2004, 22 (6): 1-3.

[7] 庞效民. 90年代西方经济地理学的文化研究趋向评述. 经济地理, 2000, 20 (3): 5-8.

[8] 泰勒. 原始文化. 连树声, 译. 上海: 上海文艺出版社, 1992: 34.

[9] 叶滢, 莫明浩, 章定富. 江西区域经济发展的文化因素分析. 经济地理, 2007, 27 (3): 400-403.

[10] 郑向群, 陈明. 我国美丽乡村建设的理论框架与模式设计. 农业资源与环境学报, 2015, 32 (2): 106-115.

[11] 谢依娜, 赵乐静, 刘云根, 等. 基于耦合协调模型的旅游型美丽乡村复合生态系统协调发展. 浙江农林大学学报, 2018, 35 (4): 743-749.

[12] 胡廷兰, 杨志峰, 何孟常, 等. 一种城市生态系统健康评价方法及其应用. 环境科学学报, 2005 (2): 269-274.

[13] 崔照忠. 区域生态城镇化发展研究; 武汉: 华中师范大学, 2014.

[14] 刘平, 王如松, 唐鸿寿. 城市人居环境的生态设计方法探讨. 生态学报, 2001, 21 (6): 997-1002.

[15] 景星蓉, 张健, 樊艳妮. 生态城市及城市生态系统理论. 城市问题, 2004 (6): 20-23.

[16] 丁圣彦, 李志恒. 开封市的城市生态位变化分析. 地理学报, 2006

(7): 752-762.

[17] Lundvall B-A, Dosi G, Freeman C. Innovation as an interactive process: from user-producer interaction to the national system of innovation. 1988, 349-369.

[18] Freeman R, Freeman C, Freeman S. Technology, policy, and economic performance: lessons from Japan. Burns & Oates, 1987.

[19] Nelson R R. National innovation systems: a retrospective on a study. Organization and Strategy in the Evolution of the Enterprise. Springer. 1996: 381-409.

[20] Cooke P. Regional innovation systems: competitive regulation in the new Europe. Geoforum, 1992, 23 (3): 365-382.

[21] Cooke P, Uranga M G, Etxebarria G. Regional innovation systems: Institutional and organisational dimensions. Research Policy, 1997, 26 (4-5): 475-491.

[22] Asheim B T, Isaksen A. Regional innovation systems: the integration of local 'sticky' and global 'ubiquitous' knowledge. The Journal of Technology Transfer, 2002, 27 (1): 77-86.

[23] Wiig H, Wood M. What comprises a regional innovation system? An empirical study. 1995,

[24] 胡志坚, 苏靖. 区域创新系统理论的提出与发展. 中国科技论坛, 1999 (6): 20-23.

[25] 顾新. 区域创新系统的内涵与特征. 同济大学学报: 社会科学版, 2001, 12 (6): 32-37.

[26] 任胜钢, 关涛. 区域创新系统内涵, 研究框架探讨. 软科学, 2006, 20 (4): 90-94.

[27] 王祥兵, 严广乐, 杨卫忠. 区域创新系统动态演化的博弈机制研究. 科研管理, 2012, 33 (11): 1-8.

[28] 陈德宁, 沈玉芳. 区域创新系统理论研究综述. 生产力研究, 2004 (4): 189-191.

[29] 吕国辉. 长江三角洲区域创新系统研究; 上海: 华东师范大学, 2008.

[30] 许斌丰. 技术创新链视角下长三角三省一市区域创新系统协同研究; 中国科学技术大学, 2018.

[31] Cooke P, Uranga M G, Etxebarria G. Regional systems of innovation: an evolutionary perspective. Environment and planning A, 1998, 30 (9): 1563-1584.

[32] Cooke P. Regional innovation systems: general findings and some new evidence from biotechnology clusters. The Journal of Technology Transfer, 2002, 27 (1): 133-145.

[33] 傅利平, 王向华, 王明海. 区域创新系统研究综述. 生态与农村环境学报, 2011, 27 (6): 8-13.

[34] 程新章. 创新, 产业集群与区域创新系统. 上海大学学报: 社会科学版, 2005, 12 (6): 39-44.

[35] 姜丽丽, 王士君, 朱光明. 城市与区域关系演化过程及新时代特征. 经济地理, 2009, 29 (8): 1307-1311.

[36] 黄鲁成. 关于区域创新系统研究内容的探讨. 科研管理, 2000, 21 (2): 43-48.

[37] 林迎星. 中国区域创新系统研究综述. 科技管理研究, 2002, 22 (5): 1-4.

[38] 王士君, 廉超, 赵梓渝. 从中心地到城市网络——中国城镇体系研究的理论转变. 地理研究, 2019, 38 (1): 64-74.

[39] 冷炳荣, 杨永春, 谭一洺. 城市网络研究: 由等级到网络. 国际城市规划, 2014, 29 (1): 1-7.

[40] 李迎成. 中西方城市网络研究差异及思考. 国际城市规划, 2018, 33 (2): 61-67.

[41] Camagni R P, Salone C. Network urban structures in northern Italy: elements for a theoretical framework. Urban Studies, 1993, 30 (6): 1053-1064.

[42] Capello R. The city network paradigm: measuring urban network externalities. Urban Studies, 2000, 37 (11): 1925-1945.

[43] 马学广, 李贵才. 西方城市网络研究进展和应用实践. 国际城市规划, 2012 (4): 65-70.

[44] 冷炳荣, 杨永春, 谭一洺, 等. 结构动力机制视角下的城市网络解释框架. 地理研究, 2013 (7).

[45] Castells M. Local and global: Cities in the network society. Tijdschrift Voor Economische En Sociale Geografie, 2002, 93 (5): 548-558.

［46］ 王录仓，刘海洋，刘清. 基于腾讯迁徙大数据的中国城市网络研究. 地理学报，2021，76（4）：853-869.

［47］ 马海涛. 基于知识流动的中国城市网络研究进展与展望. 经济地理，2016（11）：207-213.

［48］ 段德忠，杜德斌，谌颖，等. 中国城市创新技术转移格局与影响因素. ACTA GEOGRAPHICA SINICA，2018，73（4）.

［49］ Ma H, Fang C, Lin S, et al. Hierarchy, clusters, and spatial differences in Chinese inter-city networks constructed by scientific collaborators. J Geogr Sci, 2018, 28（12）：1793-1809.

［50］ 黄晓东，马海涛，苗长虹. 基于创新企业的中国城市网络联系特征. 地理学报，2021，76（4）：835-852.

［51］ Shi W, Du D, Yang W. The flow network of Chinese scientists and its driving mechanisms based on the spatial development path of CAS and CAE academicians. Sustainability, 2019, 11（21）：5938.

［52］ 姜彩楼，朱琴. 创新经济地理研究进展述评. 经济问题探索，2012（12）：124-127.

［53］ 曾刚，王秋玉，曹贤忠. 创新经济地理研究述评与展望. 经济地理，2018（4）：19-25.

［54］ Morgan K. The learning region: institutions, innovation and regional renewal. Regional Studies, 2007, 41（S1）：S147-S159.

［55］ Gertler M S. "Being there": proximity, organization, and culture in the development and adoption of advanced manufacturing technologies. Economic Geography, 1995, 71（1）：1-26.

［56］ Storper M. The limits to globalization: technology districts and international trade. Economic Geography, 1992, 68（1）：60-93.

［57］ Storper M. Regional "worlds" of production: Learning and innovation in the technology districts of France, Italy and the USA. Regional Studies, 1993, 27（5）：433-455.

［58］ 王缉慈. 知识创新和区域创新环境，1999.

［59］ 曾刚，袁莉莉. 长江三角洲技术扩散规律及其对策初探. 人文地理，1999，14（1）：1-5.

[60] Boschma R. Proximity and innovation: a critical assessment. Regional Studies, 2005, 39 (1): 61-74.

[61] Martin R, Sunley P. Deconstructing clusters: chaotic concept or policy panacea? Journal of Economic Geography, 2003, 3 (1): 5-35.

[62] Gertler M S. Tacit knowledge and the economic geography of context, or the undefinable tacitness of being (there). Journal of Economic Geography, 2003, 3 (1): 75-99.

[63] Giuliani E. The selective nature of knowledge networks in clusters: evidence from the wine industry. Journal of Economic Geography, 2007, 7 (2): 139-168.

[64] Yeung H W-c. Regional development and the competitive dynamics of global production networks: an East Asian perspective. Regional Studies, 2009, 43 (3): 325-351.

[65] Bathelt H, Glückler J. Toward a relational economic geography. Journal of Economic Geography, 2003, 3 (2): 117-144.

[66] Frenken K, Boschma R A. A theoretical framework for evolutionary economic geography: industrial dynamics and urban growth as a branching process. Journal of Economic Geography, 2007, 7 (5): 635-649.

[67] 王缉慈. 关于发展创新型产业集群的政策建议. 经济地理, 2004, 24 (4): 433-436.

[68] 曾刚, 文嫮. 上海浦东信息产业集群的建设. 地理学报, 2004, 59 (10): 59-66.

[69] 苗长虹. 全球—地方联结与产业集群的技术学习——以河南许昌发制品产业为例. 地理学报, 2006, 61 (4): 425-434.

[70] Bathelt H, Cohendet P. The creation of knowledge: local building, global accessing and economic development—toward an agenda. Journal of Economic Geography, 2014, 14 (5): 869-882.

[71] Huggins R, Thompson P. A network-based view of regional growth. Journal of Economic Geography, 2014, 14 (3): 511-545.

[72] Fitjar R D, Huber F. Global pipelines for innovation: insights from the case of Norway. Journal of Economic Geography, 2014, 15 (3): 561-583.

[73] Turkina E, Van Assche A, Kali R. Structure and evolution of global

cluster networks: evidence from the aerospace industry. Journal of Economic Geography, 2016, 16 (6): 1211 - 1234.

[74] 方创琳, 马海涛, 王振波, 等. 中国创新型城市建设的综合评估与空间格局分异. 地理学报, 2014, 69 (4): 459 - 473.

[75] 潘少奇, 李亚婷, 高尚, 等. 产业转移技术溢出效应研究进展与展望. 地理科学进展, 2015 (5): 617 - 628.

[76] 司月芳, 曾刚, 曹贤忠, 等. 基于全球—地方视角的创新网络研究进展. 地理科学进展, 2016, 35 (5): 600 - 609.

[77] 曹贤忠. 基于全球—地方视角的上海高新技术产业创新网络研究. 上海: 华东师范大学, 2017.

[78] Sirilli G, Evangelista R. Technological innovation in services and manufacturing: results from Italian surveys. Research Policy, 1998, 27 (9): 881 - 899.

[79] Jaffe A B. Real effects of academic research. The American economic review, 1989, 957 - 970.

[80] Varga A. University research and regional innovation: a spatial econometric analysis of academic technology transfers. Springer Science & Business Media, 1998.

[81] Godin B. Outline for a history of science measurement. Science, technology, & human values, 2002, 27 (1): 3 - 27.

[82] Verspagen B, Schoenmakers W. The spatial dimension of patenting by multinational firms in Europe. Journal of Economic Geography, 2004, 4 (1): 23 - 42.

[83] Adams J D, Jaffe A B. Bounding the effects of R&D: An investigation using matched establishment - firm data. National bureau of economic research Cambridge, Mass., USA. 1996.

[84] Li L, Zhang X. Spatial evolution and critical factors of urban innovation: evidence from Shanghai, China. Sustainability, 2020, 12 (3): 938.

[85] Maskell P. Social capital, innovation, and competitiveness. Social capital: Critical perspectives. Oxford University Press. 2000: 111 - 123.

[86] 文嫮, 曾刚. 全球价值链治理与地方产业网络升级研究——以上海浦东集成电路产业网络为例. 中国工业经济, 2005 (7): 20 - 27.

[87] 王缉慈. 超越集群——关于中国产业集聚问题的看法. 上海城市规

划，2011（1）：52-54.

［88］苗长虹，樊杰，张文忠. 西方经济地理学区域研究的新视角——论"新区域主义"的兴起. 经济地理，2002，22（6）：644-650.

［89］Yeung H W c. Rethinking relational economic geography. Transactions of the Institute of British Geographers, 2005, 30 (1): 37-51.

［90］Huggins R. Inter-firm network policies and firm performance: evaluating the impact of initiatives in the United Kingdom. Research Policy, 2001, 30 (3): 443-458.

［91］Tödtling F, Asheim B, Boschma R. Knowledge sourcing, innovation and constructing advantage in regions of Europe. Sage Publications Sage UK: London, England, 2013.

［92］Brancati E, Brancati R, Maresca A. Global value chains, innovation and performance: firm-level evidence from the Great Recession. Journal of Economic Geography, 2017, 17 (5): 1039-1073.

［93］Asheim B, Grillitsch M, Trippl M. Introduction: Combinatorial Knowledge Bases, Regional Innovation, and Development Dynamics. Economic Geography, 2017, 93 (5): 429-435.

［94］Cao X, Zeng G, Teng T, et al. The Relationships between Research and Development (R&D) Investment and Regional Economic Growth. Anthropologist, 2018, 31 (1-3): 34-47.

［95］Grillitsch M, Martin R, Srholec M. Knowledge base combinations and innovation performance in Swedish regions. Economic Geography, 2017, 93 (5): 458-479.

［96］Ramadani V, Gërguri S, Rexhepi G, et al. Innovation and economic development: The case of FYR of Macedonia. Journal of Balkan and Near Eastern Studies, 2013, 15 (3): 324-345.

［97］Boschma R. Relatedness as driver of regional diversification: A research agenda. Regional Studies, 2017, 51 (3): 351-364.

［98］Huggins R, Thompson P. Networks and regional economic growth: A spatial analysis of knowledge ties. Environment and planning A, 2017, 49 (6): 1247-1265.

［99］Bathelt H, Malmberg A, Maskell P. Clusters and knowledge: local buzz, global pipelines and the process of knowledge creation. Progress in Human Geography, 2004, 28 (1): 31 – 56.

［100］Storper M, Venables A J. Buzz: the economic force of the city; proceedings of the Journal of Economic Geography, F, 2004. Citeseer.

［101］曹贤忠, 曾刚. 经济地理学视角下创新网络与区域增长研究述评. 热带地理, 2019, 39 (3): 472 – 478.

城市创新网络

　　创新驱动是国家新时期实施的重要发展战略之一，创新更是"十四五"时期我国城市高质量发展的重要途径。随着区域协调发展国家战略的逐步实施，城市间发展从单打独斗向网络合作模式转变，其中城市创新网络受到了学界的高度关注。城市创新网络是指城市内外企业、高校、科研机构、中介服务机构等创新主体通过联合研发新产品、创造新知识而建立起来的网络组织，然而，创新主体的创新能力差异较大、且地域差异明显，影响了城市创新网络的创新效果。通过系统梳理创新网络与区域发展的关系，探讨生产网络与知识流动视角下的城市创新网络模式，为丰富完善创新地理学相关理论体系具有重要作用。此外，深入剖析了G60科创走廊、中国电子信息与生物医药产业以及展览会临时性集群等城市创新网络案例实践，为实施国家创新驱动发展战略和提升区域内外创新合作网络成效提供重要借鉴。

第 5 章

跨界创新网络与区域发展关系[①]

跨界创新网络是指创新主体跨越行政边界而形成的网络组织,在区域发展过程中发挥着重要作用。近年来,创新网络与区域发展的相关研究在经济地理学领域占据了重要地位,有必要对跨界创新网络与区域发展的关系进行系统梳理。本章重点从跨界创新网络类型与特征、影响因子及动力机制、跨界创新网络与区域发展的空间关系三大方面着手,对经济地理学领域相关研究文献分析发现,众多学者在这一领域进行了大量研究,成果丰硕,但是现有研究更多关注网络自身特征、演化动力,创新网络作用于区域发展的定量研究也多为西方发达国家案例,关于跨界创新网络的测度方法、形成与作用机制、空间效应等相关研究尚存较大争议。结合长三角 G60 科创走廊跨界创新网络实践,阐述了其起因背景、主要举措及取得成效。最后,本章还指出了未来进一步研究的方向。

5.1 跨界创新网络类型与特征

伴随着经济全球化的深化,创新范式从传统封闭式线性模式向现代开放式网络模式转变,科技创新与区域发展关系、创新网络特别是不同行政区域之间创新主体的跨界协同创新、企业创新网络合作机制及空间组织形式等逐渐成为经济地理学关注的前沿科学问题之一[1-4]。随着静态的"地方空间"向动态的"流动空间"转变,经济地理学理论也经历了从古典区位理论开始,到全球生产网络、区域创新系统、关系经济地理和演化经济地理等思潮的演

---

① 本章由曹贤忠撰写。

变[5,6]，人文与经济地理学者们开始重点关注不同空间尺度的创新网络研究，包括全球、地方、全球—地方等空间尺度[7,8]，取得了较丰硕的研究成果。

Freeman[9]最早开展了创新网络研究，并提出了创新网络的概念，Cooke[10]在其基础上，对创新网络内部主体关系进行了界定研究。从创新网络本质含义来看，可将创新网络看作一个联系紧密的实体或系统，创新网络是指政府、企业、高校、研究机构、中介服务机构等创新主体合作进行技术研发而形成的网络组织[11]。实际上，区域创新网络构建的最根本原因在于单个企业知识匮乏、创新能力不足、创新资源有限，因而企业为了获取知识、弥补自身的创新缺陷与其他企业合作创新[12]，因此，企业在构建创新网络过程中，往往需要跨越本地尺度与非本地的创新合作伙伴合作，从而获取本地难以获取的创新知识[13]。跨界创新网络就是指创新主体跨越行政边界而形成的网络组织。综合国内外经济地理学者的相关研究成果，与本章高度相关的研究成果主要集中在以下几个方面。

基于创新主体联系方式的不同，从网络基本功能、网络资源构成、网络知识类型三个方面，经济地理学者对跨界创新网络类型与特征进行了系统研究。

第一，根据创新网络基本功能的不同，可分为联系网络和合作网络两种模式，创新主体一般通过联系网络获取知识，通过合作网络进行合作创新。其中，合作网络主要关注重复、持久或持续的互动或联系，主要由正式的规则、制度、战略安排形成的创新联系[14,15]，如产业技术创新战略联盟、创新飞地、产业技术转移转化平台等；而联系网络则由组织间非正式的互动和联系组成，会频繁更新和改变组织间的联系，引起网络的动态演变[2,16]，如临时性展会交流网络等。两者在结网目的、类型和空间尺度上存在显著差异（见表5-1）。

表5-1　　　　　　　　不同类型创新网络关系比较

网络类型	联系网络	合作网络
结网目的	获取知识源	合作创新
结网方式	非正式	正式
结网类型	短暂、临时联系	持久、重复联系
网络结构	动态变化	较稳定
网络空间	全球为主，地方为辅	地方为主，全球为辅

资料来源：根据曹贤忠等（2016）修改。

第二,根据网络资源类型的不同,可以将网络资源分为社会资本(social capital)和网络资本(network capital)。Huggins 等[17]认为社会资本更加体现为非正式的交流,网络资本则更加体现为正式交流。其中社会资本包括义务和期望,主要依赖于社会环境的可信赖性、社会结构的信息流动能力、处罚规则[18,19],研究表明社会资本可较好地用于分析如何在组织内外获得知识,特别是隐性知识。虽然社会资本概念从社会能力与社会化视角解释了网络投资,但是对于经济效果方面则缺乏有针对性的研究,难以从经济预期方面来解释网络投资[20,21],而网络资本则可以解决这一问题。Huggins[22]首次提出了网络资本概念,该概念弥补了社会资本在解释网络投资方面的不可计算性,基于网络资本的可计算的和战略性的网络被认为可促进知识流动,且能帮助企业获取竞争优势[23]。两者在投资来源、运行机制、主体对象以及对网络收益的影响均存在着差异(见表 5-2)。

表 5-2　　　　　　　　　网络资本与社会资本特征比较

项目	特征	网络资本	社会资本
来源	合理性	经济	社会/规范
	网络	可计算网络,社会网络以副产品形式出现	社会网络,可计算网络以副产品形式出现
	投资	企业的关系投资	个人的关系投资
机制	互动	基于商业和专业期望的逻辑	基于社会能力和社会期望的逻辑
	平稳性	动态和平稳网络	平稳网络
	信任	明确	盲目
	管理	企业可通过战略管理实现	企业难以通过战略管理实现
	邻近性	网络主体邻近程度低	网络主体邻近程度较高
对象	核心对象	企业	个人
	企业规模	大型和成长型企业	小型和新企业
影响	网络收益	主要是经济收益,社会收益以副产品形式出现	主要是社会收益,经济收益以副产品形式出现

资料来源:根据 Huggins[22]修改。

第三,根据网络知识交流的不同,可分为正式交流和非正式交流。知识一般包括隐性、可编码化、科学、技术、文化、美学、表述和符号等类型[1,24]。其中,隐性知识(或缄默知识)和可编码化知识在学界应用最为广泛,两者在表达形式、交流方式、转移难易程度、地理空间范围等方面存在着显著的差异（见表5-3）。非正式社会交流被认为是本地隐性知识传输的重要方式[25,26]，正式交流则是编码化知识传输的重要方式[8]。

表5-3　　　　创新网络中编码化知识与隐性/缄默知识特征

特征	编码化知识	隐性/缄默知识
表达形式	表达方式多样	表达方式单一
交流方式	正式交流	非正式交流
转移难易	容易	较难
地理空间	全球	本地/区域
	全球和本地可互换知识	

资料来源：曾刚等[8]。

5.2 跨界创新网络的影响因子及动力机制

跨界创新网络形成过程中受到诸多因素影响，已有研究进行了大量研究，主要体现为创新主体属性和多维邻近性两个方面。

第一，跨界创新网络受到主体属性的重要影响，主要包括创新主体、创新联系、创新政策等因子。现有研究对创新网络形成的影响因素描述多从创新网络的生命周期、发展阶段出发，通过具体案例分析，对不同发展阶段的创新网络中创新主体数量、创新主体组成、联系通道种类和强度等进行归纳总结[27-29]。创新网络的影响因素众多，经济地理学者对此进行了较为深入的探讨，企业构建创新网络一般受到创新主体、创新联系、网络位置和创新政策等因子的影响，其中创新主体因子包括主体组成及结构，如企业性质、企业规模、所有制组成等[30,31]；创新联系因子根据不同标准，可分为企业、区域内外联系和企业垂直合作、水平合作联系等[32,33]；企业在网络中位置变化对创新网络形成与演化具有重要影响，而影响网络位置的因子主要在于现有专利知识库和社会空间联系[34-36]；创新政策因子包括产权制度、激励约束机制、市场状况、调控手段等创新政策制定、系统管治、智能专业化政策等[37,38]，地方政府可通过资助公益性或基础性较强的研究项目，通过软、硬基础设施的建设，促进当地创新水平的提高[11,39]。

第二，邻近性成为解析创新网络形成机制的重要分析框架。"邻近性"（proximity）问题是经济地理学关注的焦点，随着经济地理学领域对创新网络研究关注度的提高，邻近性成为经济地理学者解析创新网络影响因子、演化动力、作用机理的新视角[40]。邻近性研究起源于西方经济地理学界，构建的多维邻近性框架一般包括地理维度（以创新网络成员间物理距离的不同为特征）、认知维度（以知识相似性程度为特征）、组织维度（共同所有权程度，社会联系强度，共享标准、习惯、条例、法律的程度）三个维度，且被广泛应用于区域协同发展、创新网络等相关研究之中[41]。从当前相关研究成果可发现，不论是质性理论研究还是实证研究，均强调地理邻近、认知邻近和组织邻近（包括制度、文化和社会）对知识流动和企业创新网络的重要性作用[42,43]。

地理邻近性对创新网络影响及作用。地理邻近是企业之间物理距离上的邻近，企业之间的地理邻近增强了创新网络成员之间的社会联系，显著促进了隐性知识流动和创新产出[44,45]。虽然大量的创新合作发生在地理邻近的机构间，但地理邻近只是网络形成的一个潜在动力，不一定是最重要的动力[46]，这可能是由和地理邻近密切相关的其他邻近性所导致的[47]。实际上，大量研究表明其他形式的邻近性可能会替代地理邻近。随着信息通信技术（ICT）和交通运输方式的革新，地理已死或者地理距离对区域发展无关紧要等论断受到一些学者推崇[48]。但是，Desrochers[49]、刘承良等[50]、史焱文等[51]并不同意这一论断，他们认为现代技术和交通运输的快速发展，可以促进技术和知识转移，地理邻近仍然是企业间确保有效沟通的最佳方式。

认知邻近性对创新网络影响及作用。认知邻近是企业间在技术知识、能力、技术标准等方面认知的差异程度，企业之间的认知邻近可有助于双方有效沟通、弥补知识和能力不足、更易获取新的创新信息[52]。Müller 和 Stewart[53]认为，企业在创新结网时，需要共享一些知识，以便了解合作伙伴的技术能力。无效的认知邻近可能会导致双方无法沟通，但多个学者研究发现，拥有过多相同或类似的知识将导致企业学习动力不足，阻碍了新思想、新技术、新知识的传播，从而削弱企业的竞争力[54,55]。Breschi 等[47]研究发现，企业之间技术不兼容、知识水平差异大将严重滞缓新产品开发，企业现有知识基础强弱与否直接决定了企业开发新知识、新产品的速度与程度。贺灿飞和朱晟君[3]从认知邻近视角系统地分析了中国区域产业发展与布局动态演化规律，总结出中国产业发展与布局的"关联法则"。因此，企业构建的创新网络中，如果两家企业拥有适度相似的知识、技术和能力，那么创新网络的创新产出、创新效率、创新能力水平就会处于较高水平[56]。

组织邻近性对创新网络影响及作用。组织邻近是指企业组织安排被共享的程度，如企业层次结构、常规和规则，可由文化、结构、社会等邻近性组成[57]。文化邻近包括语言、惯例和规则等元素，以及个人与群体之间的互动程度[40,58]；结构或制度邻近是关于企业在诸如结构、体系、层次结构等宏观层面上推动知识转移，采取管制的相似程度[59]；社会邻近是企业通过非正式交流方式联系的强度[60]。组织邻近为企业创新网络构建提供了稳定的条件和一致的环境，进而提高了企业间的相互信任，有利于相互协调，并促进知识转让，但组织邻近程度较低可能会造成缺乏信任和沟通不畅、目标错位和文化冲突等问题[61,62]。

邻近性交互作用对创新网络影响。在经济全球化背景下，空间邻近性（Spatial Proximity）、密度（Density）和地方化过程（Localized Processes）很难解释新的经济现象，地方和全球之间的其他邻近性发挥着越来越大的作用[63-65]。众多学者研究成果表明，任何一种维度上的邻近性都有利于企业间相互作用及降低合作成本，但是过度邻近会带来一系列问题，导致网络锁定现象[66]，也有的学者将这一现象称为"邻近性悖论"[67]。但是另一些学者研究发现，"邻近性悖论"并非同时存在于所有邻近性之中，地理邻近性在制度差异大的企业协作中发挥重要作用，而对于制度邻近的合作伙伴发挥作用较小，这也表明不同邻近性之间有相互替代的可能[68]；地理邻近性对区域发展而言既不是必要条件也不是充分条件[69,70]，而其他非空间联系，如认知、组织、社会和制度等邻近性则是地理邻近的重要补充或替代[63,71]。Balland[27]则指出地理、制度及组织邻近对合作伙伴关系建立有促进作用，社会及认知邻近作用不大；Broekel 和 Boschma[42]研究指出除了制度邻近外，认知与组织邻近性对创新合作伙伴产出绩效有负向影响作用，而地理邻近和社会邻近具有正向作用。

5.3 跨界创新网络与区域发展空间关系

区域发展如何跨越行政边界障碍已成为经济地理学者关注的重点，创新网络则是促进区域跨界发展的重要途径[72]。区域经济发展是创新网络运行经济效果的最终体现，创新是维持经济稳定增长和发展的必要条件，已有研究成果表明，创新网络中知识流决定了技术创新能力与区域经济发展水平[73,74]。

创新网络中知识流对区域经济发展起着决定性作用。知识是区域经济增长的核心变量，知识溢出、空间集聚与收益递增紧密关联、相互作用，成为区域经济和新增长理论的重要概念之一[75]。在增长理论中，知识存量和知识流动扮演着中心角色，如Asheim等[76]明确区分了分析型、综合型和象征型知识，探讨了不同类型知识特性与企业创新、区域发展之间的关联，这一研究帮助经济地理学者更好地解析基于知识类型和知识流动的不同部门和区域经济增长机制，并更好地了解同一部门和区域内企业创新绩效差异。不同空间尺度的知识对区域发展的影响存在着较大差异，区域经济和创新轨迹不仅仅依赖本地化生产和知识创造，还需要结合"本地蜂鸣（Local Buzz）"和"全球管道（Global Pipelines）"[66,77]。本地知识创造、全球知识获取交互作用于区域经济增长[78,79]，其中具有较高竞争力的知识整合型企业（knowledge integrators）通过整合全球和本地技术知识进行创新[80]。Crespo[81]主要分析了本地知识网络的结构属性对区域竞争力提升的影响，而Breschi[82]指出非本地发明家主导的创新网络更有利于区域经济发展。

知识特性表征的网络资本对于区域发展具有重要推动作用。对于创新网络中的知识如何作用于区域经济增长，有学者指出知识通过在不同主体间转移、转化影响区域多样化发展[83]，知识特性决定了网络价值，进而影响区域增长[84]。创新网络结构属性影响知识流动效果，知识流动决定着区域或企业创新能力和绩效，区域发展受制于区域或企业创新能力，占据创新网络核心位置的区域也更容易带来区域经济的增长[85,86]。

知识多样化（相关与非相关）与专业化对区域发展作用具有显著差异。有学者研究了知识相关性对区域多样化过程的影响，即企业受益于地方知识和技术溢出效应或"本地相关外部性（local related externalities）"，其创新能力显著增强[67]。但也有学者指出，区域间知识联系的多样化对于区域发展水平的提升作用有限，相反，与本地区域和非本地区域相关产业联系的专业化程度有益于区域发展水平的提高[87,88]，即相关多样化是区域产业发展的主要方式[89,90]。

5.4 跨界创新网络的长三角实践

长三角 G60 科创走廊是典型的跨界创新网络实践。2021 年 4 月 1 日,科技部、国家发展改革委、工业和信息化部、人民银行、银保监会和证监会六部门联合发布《长三角 G60 科创走廊建设方案》(国科发规〔2020〕287 号),以持续有序推进 G60 科创走廊建设。2020 年 12 月 20 日,科技部印发《长三角科技创新共同体建设发展规划》(国科发规〔2020〕352 号),指出要发挥 G60 科创走廊九城市的创新资源集聚优势,先行先试一批重大创新政策,协同布局一批科技创新重大项目和研发平台,促进科技资源开放共享和科技成果转移转化。2019 年 12 月 1 日,中共中央、国务院印发了《长江三角洲区域一体化发展规划纲要》,指出依托交通大通道,以市场化、法治化方式加强合作,持续有序推进 G60 科创走廊建设,打造科技和制度创新双轮驱动、产业和城市一体化发展的先行先试走廊。G60 科创走廊秉持新的发展理念,聚焦以先进制造业为支撑的实体经济,在创新驱动发展、经济转型升级、深化改革开放和实现更高质量的区域一体化发展等方面走在全国前列,成为长三角贯彻新发展理念引领示范区建设的重要引擎。

5.4.1 起因背景

G60 科创走廊起源于上海松江段 G60 高速公路。G60 是指上海—昆明高速公路编号,东起上海松江,经过浙江嘉兴、杭州,一路延伸至云南昆明。G60 科创走廊经历了上海松江 G60 科创走廊(1.0 版)、沪嘉杭 G60 科创走廊(2.0 版)和长三角 G60 科创走廊(3.0 版)三个发展阶段。

1.0 版全称为 G60 上海松江科创走廊,涉及的区域范围在上海市松江辖区内,面积约 296 平方公里。2016 年 5 月 24 日,上海松江区提出沿 G60 高速公路构建产城融合的 1.0 版 G60 上海松江科创走廊,以科技创新和制度创新推动区域转型升级。《中共上海市松江区委、上海市松江区人民政府关于加快建设 G60 上海松江科创走廊的意见》(松委〔2016〕67 号)指出,通过构建以 G60 高速公路为廊道、以九大产业功能板块为载体的"一廊九区"总体空间布局、集聚重点产业发展、建设创新人才高地、营造良好创新创业环境、构建创新型体制机制等措施,将 G60 上海松江科创走廊建设成为上海及长三角地区重要产业基础创新策源地、重大科技成果转化承载区、先进制造业集聚区、开放型经济提升发展区、产城深度融合示范区。

2.0 版全称为沪嘉杭 G60 科创走廊,由松江区向浙江省延伸拓展,设计的区域范围为松江、嘉兴和杭州 3 地市。2017 年 7 月 12 日,松江区与杭州、嘉兴在上海签订《沪嘉杭 G60 科创走廊建设战略合作协议》,依托 G60 科创走廊,松江与杭州、嘉兴将深化全方位、紧密型的科创合作和产业对接,实现科创要素的自由流动,标志着 2.0 版的正式开启。沪嘉杭 G60 科创走廊以 G60 沪杭高速公路为主轴,由"两核一区"构成,"两核"是上海和杭州,"一区"为嘉兴。沪嘉杭 G60 科创走廊的主要目标是打造一个开放型、面向长三角的国家科创要素对接服务平台,打破上海、嘉兴、杭州等地的行政区划限制,使人才、技术、资金、项目、政策等要素自由流动、自由组合,共建共享区域创新体系,在建立要素对接常态化合作机制、推动产业链梯度布局、打造科创平台载体等方面为我国实现区域协调发展提供新模式。

3.0 版全称为长三角 G60 科创走廊。2018 年 6 月 1 日,长三角地区主要领导座谈会审议通过《长三角地区一体化发展三年行动计划(2018~2020 年)》。《三年行动计划》提出以沪苏湖合高铁建设为契机,在 2.0 版沪嘉杭 G60 科创走廊的基础上向苏湖宣芜合拓展,形成"一廊一核多城"的 3.0 版长三角 G60 科创走廊,辐射范围扩大至金华、苏州、湖州、宣城、芜湖、合肥,将 G60 科创走廊打造成为覆盖三省一市具有独特品牌优势的长三角地区协同融合发展平台。2019 年 6 月 1 日,松江区、嘉兴市、杭州市、金华市、苏州市、湖州市、宣城市、芜湖市、合肥市九地市在松江区共同发布《G60 科创走廊总体发展规划 3.0 版》,标志着 G60 科创走廊正式进入 3.0 时代,从城市战略上升为长三角一体化发展国家战略的重要组成部分。截至 2018 年年末,3.0 版长三角 G60 科创走廊覆盖面积约 7.62 万平方公里,区域常住人口约 4900 万人,GDP 总量约 4.86 万亿元,分别占长三角三省一市总量的 21.2%、22.3%、24.9%。3.0 版本主要目标提升为依托上海核心城市功能,面向长三角,共建共享覆盖三省一市的 G60 科创走廊,以科技创新为驱动,以先进制造业产业集群发展为支撑,构建优势产业突出、产业高度集聚、布局分工合理、基础设施完善、生态环境优美的世界级先进制造业产业集聚高地,成为科创驱动中国制造迈向中国创造高质量发展的示范走廊。

G60 科创走廊由原先的"一廊九区"扩容至沪嘉杭 3 个城市,再扩容至如今的苏浙沪三地 9 个城市,从原来的区域协同创新发展战略上升为长三角区域发展战略（见表 5-4）,三年内实现了从 1.0 版到 2.0 版再到如今 3.0 版的"三级跳",是 G60 科创走廊根据区域发展新机遇、新障碍和新形势不断进行新定位、新布局、新举措的最佳选择。随着长三角一体化发展的深入推进,预计 G60 科创走廊将会沿阜阳方向和南京方向进行新一轮的扩容。

表 5-4　　　　　　　　G60 科创走廊发展历程

版本	走廊名称	提出时间	空间范围	主要目标
1.0 版	G60 上海松江科创走廊	2016 - 5 - 24	G60 高速公路松江段两侧	松江区内部协同创新
2.0 版	沪嘉杭 G60 科创走廊	2017 - 7 - 12	上海、嘉兴、杭州	沪嘉杭城市协同创新
3.0 版	长三角 G60 科创走廊	2018 - 6 - 1	上海、嘉兴、杭州、金华、苏州、湖州、宣城、芜湖、合肥	沪苏浙皖协同创新先行示范

注：作者整理。

5.4.2　主要措施

（1）建立联席会议制度和联席会议办公室。

2018 年 7 月 9 日,G60 科创走廊联席会议办公室在松江挂牌,作为长三角区域合作办公室的分支机构,初步设有综合、产业、科创、商务、宣传 5 个工作小组,九地市共派工作人员 28 名,办公室设在松江区,作为常设机构,主要任务是协调推进重大规划的组织编制及实施、重大政策的制定以及重大工程,负责日常对接、协调和工作推进,及时汇总、上报、解决合作中遇到的各类问题。

（2）建立产业联盟和产业园区联盟。

长三角 G60 科创走廊已成立 9 个产业联盟和 1 个产业园区联盟。九城市各有所长,围绕产业链、创新链、价值链一体化布局,聚焦人工智能、集成电路、高端装备等七大先进制造业产业集群,已经成立新材料产业技术创新联盟、机器人产业联盟、智能驾驶产业联盟、新能源产业联盟、新能源和网联汽车产业联盟、人工智能产业联盟、生物医药产业联盟、集成电路产业联盟、智能装备产业联盟、通航产业联盟，并成立了产业园区联盟。通过建立产业联盟和产业园区联盟，可以打破行政区划、打破行政层级、打响优势品牌，推动长三角园区开发的规划、模式、标准一体化。此外，还有助于引导企业与高校、行业协会、技术联盟、研究院等组织合作，形成集联合研发、技术创新、人才培训、科技成果转化等于一体的"产学研"合作体系，促进行业内资源在九城市的集聚整合，以此提升企业产品及技术创新能力。

（3）全面开通"一网通办"服务平台。

长三角 G60 科创走廊在总结江苏"不见面审批"、浙江"最多跑一次"、上海"一网通办"经验的基础上，目前已将"一网通办"嵌入长三角 G60 科创走廊9个地市，以企业服务为突破口，实现9地市政务服务一体化。具体而言，在线上平台，通过流程再造和数据共享，9个地市已完成政务平台对接、电子签证互认和业务协同，线下在9个地市的行政服务中心均建立"G60 科创走廊综合服务通办窗口"，提供长三角 G60 科创走廊区域性一体化受理、收件、查询、发证等服务网，线上政务服务统一入口和出口，线下服务一窗受理、集成服务、就近办理。目前已累计为企业群众提供信息推送服务超过82000次，提供异地咨询服务超过2000次，提供异地证照服务超过400次。

（4）建立区域协同创新机制。

九城市进行大型科学仪器开放共享和科技创新券互认互通试点，首批公布了12类1796台（套）大型科学仪器开放共享清单；通过举办九城市科技成果专场拍卖会，促进科技成果在 G60 科创走廊落地转化，2019年6月12日，首届长三角 G60 科创走廊科技成果拍卖会在松江举行，共计成交数量42项，总成交金额达1.04亿元。2018年11月8日，九城市共同发布《G60 科创走廊九城市协同扩大开放促进开放型经济一体化发展的30条措施》，G60 科创走廊九城市将每年联合举办 G60 科创走廊国际化科创人才招聘会，聚焦先进制造业等重点产业领域的人才需求，集聚各类优秀国际化人才；设立 G60 科创走廊国际公共技术研发平台，对接企业需求与科研机构；协同建立九城市国际专利快速审查、确权和维权机制，推进知识产权诚信体系建设；加快构建 G60 科创走廊知识产权国际公共服务平台，积极参与国际化知识产权交易中心建设，加大对高质量专利和涉外专利的支持力度，促进涉外高价值知识产权转移转化。

5.4.3 取得成效

1.0版G60科创走廊沿线产业园区贡献了松江90%以上的工业产值,集聚了40多家世界500强企业,15个国家和省部级重点实验室、研究中心,以及100多个市区两级工程技术研究中心、企业技术中心,已成为松江产业与城市发展的主要空间承载地和创新要素集聚地。2016~2018年,松江共新设立各类市场主体84051户,与2013~2015年相比,增长69.84%,其中有超过3万家长三角地区的企业市场主体到松江注册投资发展。

2.0版和3.0版G60科创走廊建设以来,也取得了显著成效。自2018年6月1日启动长三角G60科创走廊建设以来,九城市R&D研发投入达1598亿元,发明专利授权38202项,拥有高新技术企业15816家,省级重点实验室及工程技术研究中心1262个,新增科技成果奖励337个,交互投资达2280亿元,实际利用外资236.7亿美元,增长8%。

G60科创走廊由原先的"一廊九区"扩容至沪嘉杭3个城市,再扩容至如今的苏浙沪三地9个城市,从原来的区域协同创新发展战略上升为长三角区域发展战略,三年内实现了从1.0版到2.0版再到如今3.0版的"三级跳",是G60科创走廊根据区域发展新机遇、新障碍和新形势不断进行新定位、新布局、新举措的最佳选择。

5.5 跨界创新网络与区域发展研究展望

综上所述,创新网络与区域发展是经济地理学长期关注的热点议题,网络视角解析区域发展空间效应具有重要意义,众多学者在这一领域进行了大量研究,成果丰硕。然而,现有研究更多关注网络自身特征、演化动力,创新网络作用于区域发展的定量研究也多为西方发达国家案例,关于跨界创新网络的测度方法、形成与作用机制、空间效应等相关研究尚存较大争议[91],尤其是仅采用科技论文合作、联合申请发明专利及引用单一数据表征创新网络、重网络结构轻关系机理分析现象较普遍,而且有些定量研究存在着结果难以解释的问题。尚存在以下不足之处。

第一,以往研究不区分区域内外创新网络,但实际上区域内部和跨界创新网络对企业创新能力、区域经济发展影响差异巨大,存在着本质区别,其中跨界创新网络由于其打破行政边界约束,跨区域开展创新合作,对区域发展空间效应具有更为重要的影响。因此,有必要重点基于跨界创新网络分析区域发展空间效应问题。

第二,创新网络是创新主体为了获取有用知识促进自身产业技术创新的渠道,综合受到多方面因素的交互影响,然而已有研究大多从创新政策、创新主体联系、多维邻近性单一视角进行分析,缺乏对创新主体属性、多维邻近性综合作用于创新网络的系统分析,难以科学有效解析区域创新网络构成及形成机制。

第三,众多研究表明,创新网络通过知识流动促进了区域经济发展,这一观点学界已达成共识。但随着创新网络体系的不断完善,创新主体对应的区域层面是否实现了跨区域、跨界发展,两者的空间响应机制尚不明晰,跨界创新网络的构建及作用机制如何引发区域跨界的空间响应,是当前社会各界关注的热点,也是经济地理学者发挥学科优势解决实际问题的重大责任。

参考文献

[1] Fernandes C, Farinha L, Ferreira J J, et al. Regional innovation systems: what can we learn from 25 years of scientific achievements? Regional Studies, 2021, 55 (3): 377-389.

[2] Bathelt H, Cantwell J A, Mudambi R. Overcoming frictions in transnational knowledge flows: challenges of connecting, sense-making and integrating. Journal of Economic Geography, 2018, 18 (5): 1001-1022.

[3] 贺灿飞,朱晟君. 中国产业发展与布局的关联法则. 地理学报, 2020, 75 (12): 2684-2698.

[4] 刘卫东. 新冠肺炎疫情对经济全球化的影响分析. 地理研究, 2020, 39 (7): 1439-1449.

[5] 苗长虹,魏也华. 西方经济地理学理论建构的发展与论争. 地理研究, 2007 (6): 1233-1246.

[6] 李小建. 中国特色经济地理学思考. 经济地理, 2016, 36 (5): 1-8.

[7] 吕拉昌,赵彩云. 中国城市创新地理研究述评与展望. 经济地理,

2021, 41 (3): 16-27.

[8] 曾刚, 王秋玉, 曹贤忠. 创新经济地理研究述评与展望. 经济地理, 2018, 38 (4): 19-25.

[9] Freeman C. Networks of innovators: a synthesis of research issues. Research Policy, 1991, 20 (5): 499-514.

[10] Cooke P. Regional Innovation System Barriers and the Rise of Boundary-Crossing Institutions. Academia-Business Links. Springer. 2004: 224-245.

[11] 王缉慈等. 创新的空间: 产业集群与区域发展. 北京: 科学出版社, 2019.

[12] Kogler D F. Relatedness as driver of regional diversification: a research agenda-a commentary. Regional Studies, 2017, 51 (3): 365-369.

[13] Wen H, Zhang Q, Zhu S, et al. Inter-and intra-city networks: how networks are shaping China's film industry. Regional Studies, 2021, 55 (3): 533-545.

[14] Turkina E, Van Assche A, Kali R. Structure and evolution of global cluster networks: evidence from the aerospace industry. Journal of Economic Geography, 2016, 16 (6): 1211-1234.

[15] 叶琴, 曾刚. 不同知识基础产业创新网络与创新绩效比较——以中国生物医药产业与节能环保产业为例. 地理科学, 2020, 40 (8): 1235-1244.

[16] 盛彦文, 苟倩, 宋金平. 城市群创新联系网络结构与创新效率研究——以京津冀、长三角、珠三角城市群为例. 地理科学, 2020, 40 (11): 1831-1839.

[17] Huggins R, Johnston A, Thompson P. Network capital, social capital and knowledge flow: how the nature of inter-organizational networks impacts on innovation. Industry and Innovation, 2012, 19 (3): 203-232.

[18] Kemeny T, Feldman M, Ethridge F, et al. The economic value of local social networks. Journal of Economic Geography, 2016, 16 (5): 1101-1122.

[19] 曹贤忠, 曾刚. 经济地理学视角下创新网络与区域增长研究述评. 热带地理, 2019, 39 (3): 472-478.

[20] Huber F. Do clusters really matter for innovation practices in Information Technology? Questioning the significance of technological knowledge spillovers. Journal of Economic Geography, 2012, 12 (1): 107-126.

[21] 赵雪雁,李文美,张亮,等. 社会资本对区域创新能力的影响. 干旱区地理, 2015, 38 (2): 377-383.

[22] Huggins R. Forms of network resource: knowledge access and the role of inter-firm networks. International Journal of Management Reviews, 2010, 12 (3): 335-352.

[23] 周灿,曾刚,曹贤忠. 中国城市创新网络结构与创新能力研究. 地理研究, 2017, 36 (7): 1297-1308.

[24] Pinch S, Henry N, Jenkins M, et al. From 'industrial districts' to 'knowledge clusters': a model of knowledge dissemination and competitive advantage in industrial agglomerations. Journal of Economic Geography, 2003, 3 (4): 373-388.

[25] Whitfield L, Staritz C, Melese A T, et al. Technological Capabilities, Upgrading, and Value Capture in Global Value Chains: Local Apparel and Floriculture Firms in Sub-Saharan Africa. Economic Geography, 2020, 96 (3): 195-218.

[26] 刘炜,李郇,欧俏珊. 产业集群的非正式联系及其对技术创新的影响——以顺德家电产业集群为例. 地理研究, 2013, 32 (3): 518-530.

[27] Balland P-A. Proximity and the evolution of collaboration networks: evidence from research and development projects within the global navigation satellite system (GNSS) industry. Regional Studies, 2012, 46 (6): 741-756.

[28] Ter Wal A L. The dynamics of the inventor network in German biotechnology: geographic proximity versus triadic closure. Journal of Economic Geography, 2014, 14 (3): 589-620.

[29] 李二玲. 中国农业产业集群演化过程及创新发展机制——以"寿光模式"蔬菜产业集群为例. 地理科学, 2020, 40 (4): 617-627.

[30] 曾刚,李英戈,樊杰. 京沪区域创新系统比较研究. 城市规划, 2006 (3): 32-38.

[31] He C, Wang J. Does ownership matter for industrial agglomeration in China? Asian Geographer, 2012, 29 (1): 1-19.

[32] Yeung H W-c. Organizing 'the firm' in industrial geography I: networks, institutions and regional development. Progress in Human Geography, 2000, 24 (2): 301-315.

[33] Bathelt H, Li P-F. Global cluster networks—foreign direct investment flows from Canada to China. Journal of Economic Geography, 2014, 14 (1): 45-71.

[34] Awate S, Mudambi R. On the geography of emerging industry technological networks: The breadth and depth of patented innovations. Journal of Economic Geography, 2018, 18 (2): 391-419.

[35] Rutten R. Openness values and regional innovation: a set-analysis. Journal of Economic Geography, 2019, 19 (6): 1211-1232.

[36] 李航飞, 韦素琼, 陈松林, 等. 粤台农业合作试验区台湾兰花技术扩散社会网络特征分析. 地理研究, 2020, 39 (11): 2479-2492.

[37] 符文颖, Diez J R, Schiller D. 区域创新系统的管治框架演化——来自深圳和东莞的对比实证. 人文地理, 2013, 28 (4): 83-88.

[38] Varga A, Sebestyén T, Szabó N, et al. Estimating the economic impacts of knowledge network and entrepreneurship development in smart specialization policy. Regional Studies, 2018.

[39] Grillitsch M. Following or breaking regional development paths: on the role and capability of the innovative entrepreneur. Regional Studies, 2019, 53 (5): 681-691.

[40] 顾伟男, 刘慧, 王亮. 国外创新网络演化机制研究. 地理科学进展, 2019, 38 (12): 1977-1990.

[41] Davids M, Frenken K. Proximity, knowledge base and the innovation process: Towards an integrated framework. Regional Studies, 2018, 52 (1): 23-34.

[42] Broekel T, Boschma R. Knowledge networks in the Dutch aviation industry: the proximity paradox. Journal of Economic Geography, 2012, 12 (2): 409-433.

[43] Cao X, Zeng G, Ye L. The structure and proximity mechanism of formal innovation networks: Evidence from Shanghai high tech ITISAs. Growth and Change, 2019, 50 (2): 569-586.

[44] Cortinovis N, van Oort F. Between spilling over and boiling down: network-mediated spillovers, local knowledge base and productivity in European

regions. Journal of Economic Geography, 2019, 19 (6): 1233-1260.

[45] 许吉黎, 杨帆, 薛德升. 德国汉堡生物医药集群研发和商务知识的网络结构与空间流动. 地理科学, 2019, 39 (2): 325-333.

[46] Hoekman J, Frenken K, Tijssen R J. Research collaboration at a distance: Changing spatial patterns of scientific collaboration within Europe. Research Policy, 2010, 39 (5): 662-673.

[47] Breschi S, Lissoni F, Malerba F. Knowledge-relatedness in firm technological diversification. Research Policy, 2003, 32 (1): 69-87.

[48] Cairncross F. The Death of Distance: How the Communications Revolution is Changing Our Lives. Boston, MA: Harvard Business Press, 1997.

[49] Desrochers P. Geographical proximity and the transmission of tacit knowledge. The Review of Austrian Economics, 2001, 14 (1): 25-46.

[50] 刘承良, 桂钦昌, 段德忠, 等. 全球科研论文合作网络的结构异质性及其邻近性机理. 地理学报, 2017, 72 (4): 737-752.

[51] 史焱文, 李二玲, 李小建, 等. 农业产业集群创新通道及溢出效应——以山东寿光蔬菜产业集群为例. 地理科学进展, 2019, 38 (6): 861-871.

[52] Ahuja G, Katila R. Technological acquisitions and the innovation performance of acquiring firms: A longitudinal study. Strategic management journal, 2001, 22 (3): 197-220.

[53] Müller M, Stewart A. Does temporary geographical proximity predict learning? Knowledge dynamics in the Olympic Games. Regional Studies, 2016, 50 (3): 377-390.

[54] De Man A-P, Duysters G. Collaboration and innovation: a review of the effects of mergers, acquisitions and alliances on innovation. Technovation, 2005, 25 (12): 1377-1387.

[55] 李琳, 韩宝龙. 地理与认知邻近对高技术产业集群创新影响——以我国软件产业集群为典型案例. 地理研究, 2011, 30 (9): 1592-1605.

[56] Bode R, Buenstorf G, Heinisch D P. Proximity and learning: evidence from a post-WW2 intellectual reparations program. Journal of Economic Geography, 2020, 20 (3): 601-628.

[57] Prabhu J C, Chandy R K, Ellis M E. The impact of acquisitions on inno-

vation: poison pill, placebo, or tonic? Journal of Marketing, 2005, 69 (1): 114 - 130.

［58］杨雪, 顾新, 王元地. 文化邻近对产学合作创新倾向影响的实证研究. 中国科技论坛, 2014, (10): 66 - 71.

［59］夏丽娟, 谢富纪, 王海花. 制度邻近、技术邻近与产学协同创新绩效——基于产学联合专利数据的研究. 科学学研究, 2017, 35 (5): 782 - 791.

［60］Caragliu A, Nijkamp P. Space and knowledge spillovers in European regions: the impact of different forms of proximity on spatial knowledge diffusion. Journal of Economic Geography, 2016, 16 (3): 749 - 774.

［61］Balland P - A, Belso - Martínez J A, Morrison A. The dynamics of technical and business knowledge networks in industrial clusters: Embeddedness, status, or proximity? Economic Geography, 2016, 92 (1): 35 - 60.

［62］Benneworth P, Pinheiro R, Karlsen J. Strategic agency and institutional change: Investigating the role of universities in regional innovation systems (RISs). Regional Studies, 2017, 51 (2): 235 - 248.

［63］Crescenzi R, Nathan M, Rodríguez - Pose A. Do inventors talk to strangers? On proximity and collaborative knowledge creation. Research Policy, 2016, 45 (1): 177 - 194.

［64］毛熙彦, 贺灿飞. 区域发展的"全球—地方"互动机制研究. 地理科学进展, 2019, 38 (10): 1449 - 1461.

［65］Wang S, Zhao M. A tale of two distances: a study of technological distance, geographic distance and multilocation firms. Journal of Economic Geography, 2018, 18 (5): 1091 - 1120.

［66］Bathelt H, Malmberg A, Maskell P. Clusters and knowledge: local buzz, global pipelines and the process of knowledge creation. Progress in Human Geography, 2004, 28 (1): 31 - 56.

［67］Boschma R, Frenken K. The emerging empirics of evolutionary economic geography. Journal of Economic Geography, 2011, 11 (2): 295 - 307.

［68］D'Este P, Guy F, Iammarino S. Shaping the formation of university - industry research collaborations: what type of proximity does really matter? Journal of Economic Geography, 2013, 13 (4): 537 - 558.

[69] Boschma R. Role of proximity in interaction and performance: Conceptual and empirical challenges. Taylor & Francis. 2005.

[70] 贺灿飞,朱晟君. 集聚经济:从地理邻近到认知邻近. 热带地理,2017,37(5):631-632.

[71] 胡杨,李郇. 多维邻近性对产学研合作创新的影响——广州市高新技术企业的案例分析. 地理研究,2017,36(4):695-706.

[72] Capello R, Caragliu A, Fratesi U. Breaking down the border: Physical, institutional and cultural obstacles. Economic Geography, 2018, 94(5): 485-513.

[73] Ramadani V, Gërguri S, Rexhepi G, et al. Innovation and economic development: The case of FYR of Macedonia. Journal of Balkan and Near Eastern Studies, 2013, 15(3): 324-345.

[74] 李娜,伍世代. FDI 技术转化及制造业集聚创新空间响应. 地理研究,2020,39(6):1311-1328.

[75] Arora A, Belenzon S, Lee H. Reversed citations and the localization of knowledge spillovers. Journal of Economic Geography, 2018, 18(3): 495-521.

[76] Asheim B, Grillitsch M, Trippl M. Introduction: Combinatorial knowledge bases, regional innovation, and development dynamics. Taylor & Francis. 2017.

[77] Storper M. Separate worlds? Explaining the current wave of regional economic polarization. Journal of Economic Geography, 2018, 18(2): 247-270.

[78] 童昕,王涛,李沫. 无锡光伏产业链中的全球—本地联系. 地理科学,2017,37(12):1823-1830.

[79] Esposito C R, Rigby D L. Buzz and pipelines: the costs and benefits of local and nonlocal interaction. Journal of Economic Geography, 2019, 19(3): 753-773.

[80] Buciuni G, Pisano G. Knowledge integrators and the survival of manufacturing clusters. Journal of Economic Geography, 2018, 18(5): 1069-1089.

[81] Crespo J, Suire R, Vicente J. Lock-in or lock-out? How structural properties of knowledge networks affect regional resilience. Journal of Economic Geography, 2014, 14(1): 199-219.

[82] Breschi S, Lissoni F, Miguelez E. Foreign-origin inventors in the USA: testing for diaspora and brain gain effects. Journal of Economic Geography, 2017, 17(5): 1009-1038.

［83］Boschma R. Relatedness as driver of regional diversification: A research agenda. Regional Studies, 2017, 51 (3): 351-364.

［84］Huggins R, Thompson P. Networks and regional economic growth: A spatial analysis of knowledge ties. Environment and planning A, 2017, 49 (6): 1247-1265.

［85］马海涛. 知识流动空间的城市关系建构与创新网络模拟. 地理学报, 2020, 75 (4): 708-721.

［86］Cicerone G, McCann P, Venhorst V A. Promoting regional growth and innovation: relatedness, revealed comparative advantage and the product space. Journal of Economic Geography, 2020, 20 (1): 293-316.

［87］Eriksson R H, Lengyel B. Co-worker networks and agglomeration externalities. Economic Geography, 2019, 95 (1): 65-89.

［88］钱肖颖, 孙斌栋. 跨区域产业技术关联与产业创新——基于中国制造业的分析. 地理科学进展, 2020, 39 (11): 1822-1831.

［89］Zhu S, Guo Q, He C. Strong Links and Weak Links: How Do Unrelated Industries Survive in an Unfriendly Environment? Economic Geography, 2021, 97 (1): 66-88.

［90］赵建吉, 王艳华, 苗长虹. 区域新兴产业形成机理: 演化经济地理学的视角. 经济地理, 2019, 39 (6): 36-45.

［91］Denney S, Southin T, Wolfe D A. Entrepreneurs and cluster evolution: the transformation of Toronto's ICT cluster. Regional Studies, 2021, 55 (2): 196-207.

第6章

生产网络视角下的城市协同创新①

城市作为经济集聚度高、知识资源富集、基础设施完备的重要区域单元，已成为企业生产和创新最重要的空间载体，对于产业价值链分工体系中附加值较高的创新环节而言更是如此。知识、网络、空间关系是经济地理学关注的热点词汇，不少学者从产业集群与多维邻近性、跨国社区与技术"守门员"、全球网络与本地联系以及知识的类型与流动等侧面，对创新及其网络特征进行了论述。中国装备工业作为传统实业经济代表，将创新驱动产业升级视为重要发展方向；而电子信息产业、生物医药产业作为战略性新兴产业中的高新技术产业，创新是其核心生产力。本章基于中国装备工业、电子信息产业、生物医药产业生产网络视角，探索不同产业视角下的城市协同创新格局及特征。

6.1 基于生产网络视角的城市协同创新理论综述

6.1.1 网络主体

资源基础理论指出，企业是受到行政管理框架协调、有一定边界的资源集合体，内部资源以及知识和能力的积累是企业保持竞争优势的关键，而企业竞争优势在于其生产产品的异质性资源而非最终产品[1]。但当企业在竞争中处于劣势时，需要通过不断向外合作获取新的核心资源，合作伙伴可以通过分担成本、共担风险和提供互补资源帮助企业提高竞争力。也就是说，合作创新是企

---

① 本章由王秋玉撰写。

业获得知识、弥补创新资源不足的有效途径。而社会网络结构对于信息和创新的扩散、技术和知识的交流非常重要[2]。Liefner[3]等学者则认为，企业与高校、研究机构等知识生产机构之间建立的基于R&D投资和人力资本的正式合作关系是创新的主要方式。Fitjar[4]进一步指出，与高校等研发机构合作产生的知识能够以编码化的形式进行传播，可以跨越更大的空间尺度，是企业创新的重要方式，而与供应商和竞争者的合作易受地理距离和认知距离的局限，有可能产生技术锁定，对创新的影响并不明显。生产网络视角下的城市协同创新网络中，科研机构肩负着创造、扩散知识与创新的任务，是本地和非本地知识溢出的关键来源，作为知识和技术网络的节点，是人才的集中地；企业作为知识溢出的主要受益者，接收网络中其他成员外溢的知识，通过实现创新产出带动整个网络创新能力的提高。对于知识密集型的企业来说，大学和研究院所的集中分布地区无疑具有明显的区位优势[5]。

6.1.2 网络格局

在城市尺度，经济地理学者主要关注科技进步、企业研发经费、创新人才、创新政策的空间差异及其对地方创新网络形成与发展的影响，重点分析区域内企业、研究机构、高等学校、地方政府等主体之间的交互关系，以及不同主体在创新网络中的地位、作用以及内外联系[6]。Bunnell和Coe[7]等学者认为，创新因子的空间"黏滞性"造就了产业集群，创新因子的空间"流动性"则推动区域产业和经济发展。Nambisan[8]指出，企业创新已从以企业独立创新向以合作创新为主的方式转变，企业通过组建虚拟社区引入外部资源，共享信息，实现技术创新。创新网络受发展阶段、技术条件、产业特性、空间尺度等因素的综合影响，造就了核心边缘等级结构和同级非等级结构，我国区域科技创新能力的极化现象突出[9]。Cao等[10]指出，上海产业技术创新战略联盟主导的长三角创新网络深受地方性影响，创新伙伴主要集中在中心城市区域。

产业集聚可以促进区域内企业、高校以及科研机构的合作，共同的社会、文化、制度背景可以增强相互信任，产业集群的竞争优势来自本地知识流动、劳动力市场等外部效应，有利于当地创新网络的形成。Ibrahim[11]指出，地方知识资源和知识溢出是美国通信集群竞争力的主要来源；Dicken等学者则指出，局限于区域内部的创新合作会导致区域锁定，企业获取外界知识的能力以及当地与外界知识节点建立联系的能力才是决定产业集群能否持续创新的重要因素;Lucas 等[12]分析了加拿大 6 个区域的 ICT 产业后指出,产业集群的外部联系比内部联系更加重要,产业集群内公司的竞争力来自全球通道的构建。Bathelt 等学者则认为,通过跨国公司的本地化和本地企业的国际化,集群才能得到更好的发展,本地结网、跨区域联系是合作创新的关键。事实上,在不同发展阶段、不同空间尺度,产业集群创新合作方式不同,全球通道在产业集群演化的始末都具有重要作用,在产业集群发展的后期本地蜂鸣的作用更强。李二玲和李小建[13]对河南钢卷尺产业集群网络的形成和演化分析后指出,本地创新网络重要性随集群的发展有所降低,而全球供应链网络重要性则不断提升。张云伟[14]对上海集成电路产业集群演化研究后发现,创新主要驱动要素逐渐由全球通道转向本地蜂鸣。

6.1.3 作用机理

网络联系来自地理邻近,产业集群和地方网络具有空间依赖特征,网络空间演化深受地方网络特征的影响,集群企业通过结构相似的组织带来知识流动而获益。特殊知识生态情境及"地方蜂鸣"是创新网络形成与演化的关键[15]。王缉慈[16]、苗长虹[17]等学者指出,内生要素以及产学研一体化、根植性、信任、制度厚度是促进企业创新、地方创新合作网络形成和发展的决定因素,是支撑第三产业等创新空间黏性的根基,也是推动北京中关村集群创新的关键因素。周灿等[18]发现产业集群中的创新主体更倾向于同本地和其他集群区域的创新主体合作,印证了关系经济地理学者提出的全球集群网络论断。Wen 等[19]将集群研究与全球城市网络研究结合在一起,发现城市合作是城市内部合作的重要补充和发展。

从创新网络作用机理来看,Boschma[20]指出,邻近性包括地理邻近性、组织邻近性、制度邻近性、认知邻近性、社会邻近性,对地方创新网络形成与发展产生重要作用。地理邻近性有利于创新主体之间的面对面交流,组织邻近性能够保持经济主体之间的灵活性和独立性,制度邻近性能够规范成员间的行为,认知邻近是促进内部学习的重要基础,社会邻近性是达成共识的前提,多维邻近性有利于培养信任关系,降低合作风险和成本,提升竞争力。马双等[21]指出,社会邻近、技术邻近对城市创新结网具有重要促进作用,而地理邻近效应不显著，但地理邻近可以间接通过社会邻近性而对创新结网产生影响。

专利是世界上最大的技术信息源，电子信息产业高度重视知识产权活动，故而专利被视为衡量该产业技术创新的重要指标。合作申请专利是指多个实体单位联合申请，并获得政府部门批准的发明专利，它能较好地刻画多个实体单位之间级别最高的科技创新合作水平。它能够共享、溢出和转移技术知识，其实质是基于关系嵌入的技术知识流动和创新资源整合的开放式创新，被国内外学者广泛应用于创新空间扩散、复杂知识地理空间、创新网络空间格局以及技术关联与区域创新绩效等研究。因此，本章基于专利视角分析三类产业在生产、研发过程中的合作互动情况，明确创新主体、探索城市协同创新的网络特征和空间现状，确定主要影响因子及其作用机理。

6.2 案例1：中国装备制造业的创新网络

2020年，我国工业增加值达31.3万亿元，连续11年成为世界最大的制造业国家，制造业对世界制造业贡献的比重接近30%。而我国的创新政策、创新主体等与德、美等发达国家存在着较大的不同，我国装备制造业合作创新网络与欧美相比究竟有何特点？内部作用机理有何异同？同时，改革开放40多年来，大量外资、廉价劳动力和土地促进了中国的快速工业化。然而，由于劳动力、土地成本的大幅上升、资源环境约束逐渐显现，低成本的工业化难以为继。作为提供技术装备的战略性产业，装备制造业创新水平的提高不仅对自身效率具有积极的影响，还能通过技术扩散，促进整个产业体系效率的提升。

6.2.1 创新网络主体：民营企业和高校崛起

1985年以来，我国装备制造业产学研创新合作主体结构发生了较大变化，"国退民进"趋势明显。从主体结构来看，早期，研究所和国有企业的数量分别高于高校和民营企业；随着企业的比例逐渐增加，民营企业成为最重要的创新主体。2000年之后国有企业和民营企业的比例一直超过50%，成为中国装备制造业创新网络的主体。

从创新主体合作网络演化情况来看，早期，国有企业、中科院部门以及北京和东北的高校非常重要，且均与钢铁、铝及化工等重工业相关。改革开放以来，为了促进科技的转移和扩散，中共中央、国务院启动了一系列改革计划，1987年将高科技企业从国有研究所和高校中剥离出来，北大方正脱离北京大学，清华紫光脱离清华大学，联想集团脱离中科院计算机研究所，20世纪90年代进一步将中央各部委所属的242个应用型研究所直接划入相关国有企业，极大地提升了企业的自主创新能力，为发挥企业创新主体作用创造了良好的条件。

随着有关民营企业的种种障碍被清除，以及民营创新服务体系的建立，民营企业不仅成为很多产业的主导者，在创新方面也取得了巨大成功，研发投入和专利发明不断增加。装备工业网络中具有较强中心性的创新主体除了国有企业外，华为等少数民营企业也成为重要的创新主体。随着研究型院校的建立以及企业研发对创新合作伙伴的需求不断提高，高校的地位不断提升，高校逐渐成为区域创新网络中的主角。但从地区分布来看，东北地区的东北大学、东北工学院的重要性下降，而长江三角洲的复旦大学、浙江大学、上海交通大学重要性上升。

近年来，创新网络规模非常庞大，创新主体之间合作密集。受惠于2006年的高校专业结构调整，高校成为最重要的创新节点，国有企业仅在矿产和能源等传统产业领域占据优势地位，民营企业仍然受制于创新资本匮乏，总体地位不高。不同所有制企业选择合作对象的倾向性不同。大型国有企业受上级政府影响，倾向于系统内的研究所合作，而中小型民企则出于自身利益考量，倾向于与高校合作。因此，我国装备制造业创新核心主体经历了从国有企业、民营企业，逐渐过渡到以高校为主的过程。高校和民营企业已经成为创新网络中重要的创新主体。

6.2.2 创新"二分法"：DUI主导制造业协作创新

在中国新一轮的区域创新系统建设中，以装备制造领头的先进制造业向中国纵深布局。由于强规划性的特点，装备制造业仍然集中布局于以集群为主要空间形态的各级园区和生产基地，其中最具代表性的有国家级的上海临港装备产业园与天津滨海新区装备产业基地等。然而，2000年之后，中国装备制造业创新网络的结网密度没有显著增加，创新合作距离也并未随着产业集聚趋势增强而缩短，始终在 426 千米上下轻微浮动[22]。

由于创新来源"二分法"的存在，知识学习（STI）和经验学习（DUI）有着迥异的创新合作方式和空间尺度特点。以中国装备制造企业问卷调查的一手数据为基础，研究发现，DUI 是装备制造业的主要创新源泉，产业伙伴而非知识伙伴对装备制造业的创新合作更重要；无论以何种创新模式为主，创新网络的区域尺度均重于本地尺度，创新伙伴的地理邻近非再必需[23]。中国装备制造业创新的 DUI 模式重于 STI 模式，且 DUI 创新合作的空间尺度大于 STI；两者的跨区域合作均高于本地合作，并表现出较弱的地理邻近性，存在"集群假象"；国家层面是寻找创新合作的最佳空间尺度，省、市行政边界的影响程度降低；区域创新能力影响创新模式选择，能力越低，DUI 合作比重越大；地方环境氛围与制度情境对网络构建影响不大，改善区域创新环境和增加政府支持并不能有效增强网络创新能力。

一方面，DUI 创新合作的空间尺度大于 STI，这意味着吸引跨国公司研发总部和大型配套企业（供货商）跨界转移的难易度存在差异，相较于研发企业、大学及研究院所，吸引供货商（特别是旗舰型供货商）的难度可能更大，从而使通过完善产业链来构建本地创新网络的难度加大。另一方面，装备制造业创新的跨区域合作均高于本地合作，并表现出较弱的地理邻近性，这与传统新区域主义学派强调本地创新网络构建不同。由于装备制造业具有显著的产品非本地性消费以及原材料、部件、组件的高比例全球采购特征，对本地创新合作的需求减弱，重要的客户、供应商往往位于集群以外的"飞地"，传统意义上的装备制造产业集群可能存在地理集聚而缺少创新合作的"集群假象"。

6.2.3 创新网络结构：等级式、通道式合作趋势明显

知识的外部性和流动性是创新合作的前提，不同创新主体相互作用形成的知识网络会提高创新源的创新能力，在空间上表现为城市创新网络。中国装备制造业产学研创新网络中，不同空间尺度主导的创新主体各不相同，创新网络空间结构呈现典型的等级式、通道式特征。由于各个城市拥有的科研机构、R&D 投资能力、政策环境不完全相同，北京、上海创新条件最佳，广州、杭州等省会发达城市次之，其他城市较差，条件较差城市除了接受条件较好城市

的知识、技术溢出之外,受创新成果的累积效应影响,还会主动寻求与条件较好的城市开展创新合作,借此提高自身创新能力,进而形成了以北京为中心的中国产学研创新网络层级式特征[24]。研究普遍显示,东部沿海城市在中国创新城市中具有引领地位,北京始终处于创新网络的顶端,长三角和珠三角次之,上海、杭州、广州、南京等城市创新中心地位逐渐强化,"创新三角"态势初现。从发展演化来看,成渝城市群在装备制造业创新合作网络中的地位开始缓慢上升,"创新三角"有向"创新四边形"发展的趋势。

总的来看,城市是我国装备工业合作创新网络最重要的空间载体,城市创新资源多寡、地方政府的创新政策、R&D 投入对创新合作网络建设具有重要影响。具体而言,由于创新资源空间分布的不平衡,创新水平排名前 30 位的城市是我国装备制造创新合作网络的重要支点,以北京为中心的京津冀城市群、以上海为中心的长三角城市群、以广州为中心的珠三角城市群构成了我国"创新三角"。从发展趋势看,成渝城市群可能会加入创新支点系列,有望构成"创新四边形"。与美、德、日等发达国家的装备制造创新网络最重要的空间载体为国际、最重要的创新主体为企业不同,我国最重要的空间载体为城市,最重要的主体为高校。因此,充分调动地方政府的积极性,推进高校的创新改革对于提高装备工业网络的创新能力和绩效具有十分重要的作用。

6.3 案例2:中国电子信息产业的创新网络

中国是全球最大的电子信息产品制造基地,但电子信息产业技术创新能力亟待提高。《2016 年全球信息技术报告》显示,中国在该技术领域每百万人 PCT 专利拥有量列第 26 位,与电子信息产业强国相比存在较大差距;2018 年陆续发生的"中兴事件""福建晋华事件""44 家军工企业事件"无疑暴露了其缺乏关键核心技术的短板。突破"大而不强""缺芯少魂"的困境与瓶颈,是其作为国家智能制造发展战略核心基础产业的迫切需求。鉴于创新绝非企业单打独斗行为,寻找协同创新网络形成与演化规律是推进中国电子信息产业创新发展的重要前提。现有文献主要探讨了中国电子信息产业转移与驱动因素、集群与技术创新、生产网络和贸易网络、创新网络演化与创新绩效等问题。对于依托政府主导的经济技术开发区和高科技园区呈现集群式产业空间格局、依托产业链分工和人才环流呈现"上海张江——广东东莞——台湾新竹——美国硅谷"等跨界集群合作的中国电子信息产业而言[25]，其技术创新呈现何种空间模式与演化路径则有待解答。

6.3.1 创新协作组织方式：集群化协作

中国电子信息产业创新联系层面，2013～2015年潜在集群创新联系研究发现，43个集聚区的创新合作在本地和外部尺度上呈现显著空间差异。京沪广深等城市本地创新合作与外部创新联系强度均较高。从空间集聚和创新联系角度，最终识别出32个电子信息产业集群，主要分布在环渤海、长三角、珠三角和福厦沿海以及中西部区域，均属于国家电子信息产业基地和产业园以及骨干企业的集中分布区域。信息产业部于2004年、2005年相继设立首批国家电子信息产业基地、首批国家电子信息产业园，主要以上述集群区域为核心承载区；中国电子信息行业联合会发布的"2016年（第三十届）中国电子信息百强企业""2017年中国电子信息行业创新能力五十强企业"中分别有78个、47个企业分布在上述集群区域。

中国电子信息产业不同空间尺度创新合作的重要载体是集群。由于电子信息产业知识基础具有缄默化特征，主要来源于供应商与客户之间交流以及实践社区，集群本地合作能够强化集体学习、促进新技术知识产生，多集群外部合作能够跨界整合创新资源、远距离溢出隐性知识。

6.3.2 创新网络空间格局：多核网络式发展

中国电子信息产业创新网络的核心节点是集群区域，创新合作呈现由少核主导向多核互联的集群网络模式演化。集群和非集群区域主体创新结网的空间区位呈现显著差异。集群区域主体具有技术积累相对优势，始终倾向于同易于知识溢出的集群区域合作；非集群区域主体的创新合作具有降低研发成本导向，区位选择的集群指向明显低于集群区域主体。中国电子信息产业创新的多集群跨界合作模式凸显，基于规模等级视角的传统中心地理论以及单集群视角的传统产业集群理论的解释力有限。

（1）从本地创新合作来看，研究时段内集群本地联系均明显高于非集群本地联系，表明集群能够强化集体学习、促进隐性知识溢出和驱动创新合作。北京具有科研资源禀赋优势，天津、上海、南京、深圳等集群的产业基础良好，是本地创新合作最为密切的区域。

（2）从外部创新合作来看，创新网络规模与网络密度不断增大，同时，创新网络空间范围和联系强度与区域创新能级相关，网络中心主要分布在创新能力较强的集群区域。台北、苏州、北京、深圳等集群始终为外部创新网络的核心节点，上海电子信息产业集群在第二阶段发展为新的核心节点，南京、杭州、武汉、广州等集群在第三阶段发展为核心节点。说明外部知识流动主要由核心集群主导，具有显著的空间非均衡性。

（3）多集群网络逐渐成为创新合作的核心子网络。第一阶段的核心知识流为苏州—台北、北京—北京、深圳—台北；第二阶段的核心知识流为深圳—台北、北京—北京、苏州—台北、上海—上海、佛山—台北、北京—深圳；第三阶段的核心知识流为北京—北京、深圳—台北、深圳—深圳、北京—南京、上海—上海、南京—南京、苏州—台北、北京—上海、北京—深圳。可见，主要创新流发生在核心集群内部与核心集群之间，以集群网络为核心的创新合作模式逐渐形成。

6.3.3 集群创新网络演化：社区化发展

中国电子信息产业在强化创新驱动发展的背景下，整合集群本地以及其他集群等多空间尺度的创新资源，协同攻关关键核心技术成为其创新的重要路径。一方面，集群本地和集群间的创新结网日趋频繁；另一方面，集群创新结网从基于地方根植性的本地知识溢出，发展到基于认知和社会等邻近性的跨集群知识获取。中国电子信息产业集群创新网络社区结构显示，集群创新网络演化路径呈现由地理邻近主导的本地化社区结构向超越集群的层级式社区结构转变[18]（见图6-1）。

（1）从社区规模来看，1985~1999年集群创新合作形成了34个社区，社区规模较小且社区间差异不大，规模最大的社区包含16个创新主体。2000~2008年形成了55个社区，社区规模有所增大，但社区等级差异尚不显著，规模最大的社区包含25个创新主体。2009~2015年形成了190个社区，社区规模具有明显的等级差异，规模最大的社区包含115个创新主体。

中国城市协同创新研究

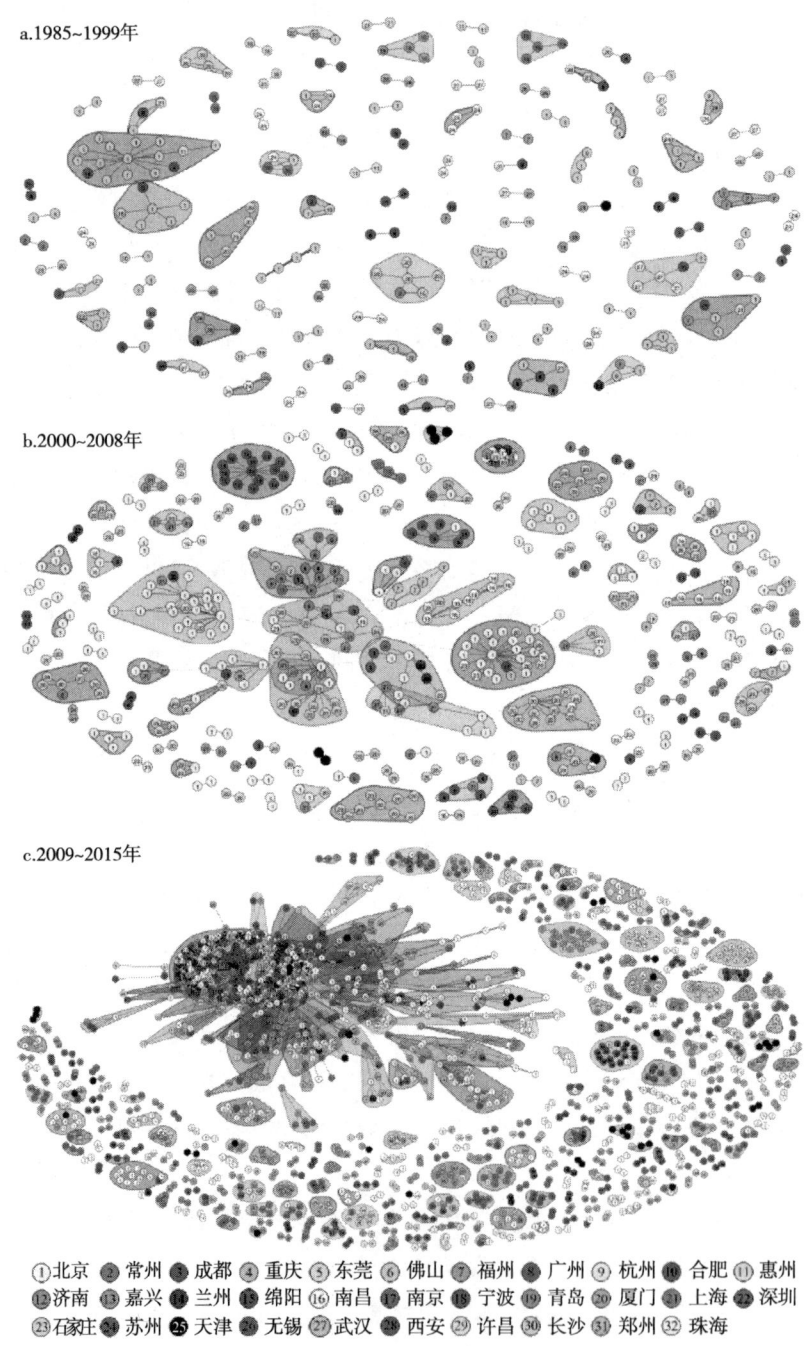

①北京 ②常州 ③成都 ④重庆 ⑤东莞 ⑥佛山 ⑦福州 ⑧广州 ⑨杭州 ⑩合肥 ⑪惠州 ⑫济南 ⑬嘉兴 ⑭兰州 ⑮绵阳 ⑯南昌 ⑰南京 ⑱宁波 ⑲青岛 ⑳厦门 ㉑上海 ㉒深圳 ㉓石家庄 ㉔苏州 ㉕天津 ㉖无锡 ㉗武汉 ㉘西安 ㉙许昌 ㉚长沙 ㉛郑州 ㉜珠海

图6-1 1985~2015年中国电子信息产业集群创新网络社区结构

(2）从社区空间范围来看，1985～1999年社区主要位于集群地理边界内，具有显著的地方化特征。2000～2008年社区与集群地理边界较为一致，少数规模较大的社区具有跨集群特征，呈现本地社区和跨集群社区并存的格局。2009～2015年出现了大量重叠社区，核心社区空间范围日益超越集群地理边界。

（3）从社区形成机制来看，1985～1999年中国电子信息产业集群创新处于技术引进阶段，创新主要源自"干中学"，隐性知识共享主要依托面对面交流，该时期地理距离显著制约了技能、技巧和诀窍等复杂知识的高效传递与精准理解，地理邻近是以本地合作为主导的集群创新网络形成的重要基础。2000～2008年地理距离不再是集群创新网络社区形成的唯一主导因子，企业通过收购整合以及建立分支机构等途径，逐渐与集群外部创新主体建立起合作关系，地理邻近的重要程度有所下降。2009～2015年多集群多空间尺度耦合的创新网络社区凸显。首先，伴随中国电子信息产业集群技术生命周期从萌芽到成长再到逐渐成熟的演化，技术知识编码化程度得以提高，知识流动和知识溢出不再局限于集群内部；其次，创新主体通过参与贸易博览会、研讨会和商务出差等经济活动，增加了远距离创新主体间交流与合作的机会，临时性地理邻近促进了隐性知识流动；最后，集群创新为避免路径锁定、实现路径创造，跨界整合其他集群的创新资源成为创新合作的重要选择[26]。

综上所述，中国电子信息产业创新呈现多集群多尺度合作模式，产业集群创新网络社区的空间组织呈现由本地社区为主，向本地与跨集群社区并存，再至跨集群社区为主的演化路径。地理邻近是技术引进阶段创新合作的核心驱动力，形成了位于集群地理边界内，具有显著地方化特征的社区结构。伴随技术知识编码化，空间距离对知识流动的制约减弱，以及创新主体通过会议和贸易博览会等临时性地理邻近交流隐性知识，社区空间范围日益超越集群地理边界。认知邻近和社会邻近逐渐成为集群创新结网的重要驱动力，呈现等级差异明显的核心—边缘层级式社区结构。研究揭示了其他邻近对地理距离的修正，应基于集群技术创新生命周期，动态看待地理邻近对于创新网络社区影响程度的阶段效应[27]。

6.4

案例3：中国生物医药产业的创新网络

生物医药产业是21世纪最有活力的高新技术产业，是主要国家重点发展的战略性产业之一。促进生物医药产业集群化发展成为美、英、日等发达国家相关激励政策的主要聚焦点，集群化成为国外生物医药产业发展的基本组织形态。近30年来，以基因工程、细胞工程、酶工程为代表的现代生物技术迅猛发展，人类基因组计划等重大技术相继取得突破，现代生物技术在医学治疗方面广泛应用，生物医药产业化进程明显加快。《促进生物产业加快发展的若干意见》《2010~2015年生物医药产业振兴规划》《促进生物产业加快发展的若干政策》等一系列政策措施的实施，促进了中国生物医药产业集聚区的快速成长。数据显示，2019年，我国生物医药市场规模达3172亿元，随着2020年"双循环"战略及"十四五"规划的推行，生物医药迎来新机遇，预测2025年我国生物药市场规模将达8310亿元。与此同时，全球范围内的生物医药产业也在面临着日益明显的生产率危机，公共和私人研发支出规模持续快速增长但获得审批的生物医药创新产品数量相对缺乏。如何优化集群创新政策、尽快提升中国生物医药产业的自主创新能力，成为实践中的迫切问题，这反过来又对现有的生物医药产业集群理论创新提出了新命题。

6.4.1 创新模式演化：网络式创新成为主导

20世纪70年代以前，生物医药产业普遍施行独立创新模式，大型制药公司严格控制着创新学习过程。随着药物研发难度的提高和研发成本的增加，该模式逐渐暴露出诸多弊端，如制药公司一味地过度依赖公司内部的研发技术库，人为阻碍外部创意的进入，最终导致制药公司内部官僚主义盛行、战略转变缓慢、墨守成规的筒仓心态和"非我发明"症等。生物技术革命与生物技术企业的快速发展加快了独立创新模式瓦解[28]。为了降低药物创新的不确定性、获得新的研究思路和整合创新资源，新药的研发往往吸引制药公司、生物技术企业、高校、科研院所和中介机构等多个行为主体参加。这些行为主体之间以合作伙伴的共同利益为基础，以资源共享或优势互补为前提，有明确的合作目标和合作规则，建立起基于信任的商业合作、研发合作、金融合作和许可合作等关系，在技术创新过程中共同投入、共同参与、共担风险，实现知识资源、关系资源与信息资源等的交流和反馈，提高新药研发创新效率。合作创新由此成为生物医药创新行为主体结网的根本驱动力[29]。

合作创新对生物医药创新网络的形成与演化，具有网络自我强化、网络创新能力提升等多重效应。首先，制药公司、生物技术企业、高校、科研院所、投融资机构等基于共同的产业发展愿景，集聚在特定区域内，随着相互合作和交流次数的增加，通过知识交流和溢出提高区域创新能力，吸引更多企业进入网络，进而形成新的合作，循环往复，构成一个垂直关系和水平关系纵横交错的生物医药创新网络。其次，合作导致网络创新能力的提升。Hagedoorn 和 Duysters[30] 指出技术创新网络可以使企业获取新知识，并且逐步增强企业技术创新的能力。在高度信任和实现专用资产投资情况下，不同行为主体在理论研究领域、临床试验阶段或药品生产营销阶段开展合作，相互学习、交流与沟通，促进彼此之间隐性知识的流动与溢出，既提高了参与方的知识水平，也有助于新分子实体或生物技术药品的发现。

Steinle 和 Schiel[31] 指出网络创新与个人发明、实验室创新不同，主要是凭借组织间的互动，实现知识的产生、积累和传递。蔡宁认为知识基础与集体学习机制是理解网络式创新能力的关键。生物医药产品的生命周期日益缩短（专利保护期）和快速获取新知识的能力要求制药公司加快开展协作研究。面临新药研发的时间压力和创新不确定性的挑战，制药公司和生物技术企业必须像学习编码化知识一样快速、有效地学习默会知识，而实现知识互补性需求目的的本地化学习和全球化学习相结合的集体学习模式，促进了生物医药创新网络演化和稳定发展。

6.4.2 知识流动视角：多样化主体差异化路径

知识流动的核心作用路径很好地揭示了节点自身知识存量与节点间合作状况对知识有效流动的重要保障作用。高校、科研院所更倾向通过与不同类型的合作伙伴广泛建立合作实现知识的有效流动，而企业则主要借助与少量伙伴的密切合作实现知识的有效流动。该特征很好地证明了技术创新网络的知识流动受到节点属性、网络结构和关系程度三者交互作用的影响。因此，不仅要考虑节点的技术实力和节点间知识互补性，还要注意合作关系的匹配性，以形成结构合理、关系稳定的合作网络，进而推动不同主体间知识的有效流动与共享。同时，由于企业与高校、研究机构的知识获取方式和实现方式存在一定差异，因而在产业化合作网络构建过程中，需要进一步明确企业主体的实际需求，根据企业自身特征和发展需要选择技术研发合作方式，以加强对我国生物医药产业知识流的合理引导与开发，进而有效保障创新产出和产业供给。

因此，应对企业和学研主体分别采取资助和认定激励。企业创新网络往往由于技术壁垒不利于创新扩散，归根结底是市场收益的角逐；高校、科研院所的原发和中介作用更加依赖科研人员自我实现的热情和持之以恒的动力。因此，出台针对性的激励措施是十分必要的。实际产学研合作创新网络中中等度数主体的关注程度，鼓励这些企业拓展合作渠道，避免资源过度集中于大型焦点企业。另外，地域间在保障连通前提下需要展开深入的协同合作。依赖异地合作的地方政府应该重点保障合作渠道畅通和资源分配的公平合理，特别是合作研发活跃的地方政府应该注重保护合作双方利益，以及承担高校、科研院所参与企业创新的中介责任。

6.5 结论与展望

基于合作专利数据、实地调研数据及网络统计数据，本章从生产网络视角出发，以中国装备制造业、电子信息产业、生物医药产业为例，分析城市间协同创新的产业主体、网络结构和空间格局以及演化方式。研究发现，对于中国装备制造业来说，"国退民进"趋势明显，民营企业和高校在创新网络中的地位提升；DUI创新合作的空间尺度大于STI，经验合作更为重要，对地理邻近不敏感；中国创新态势呈现明显的等级式结构，对于直辖市、省会城市等核心城市而言，本地合作已能满足创新需求，但从整体来看，国家尺度的合作成为主导，核心城市之间形成的合作通道越发稳固。对于中国电子信息产业来说，集群是创新合作的重要载体，电子信息的产业缄默化知识主要来源于供应商与客户之间交流以及实践社区，集群本地合作能够强化集体学习、促进新技术知识产生，多集群外部合作能够跨界整合创新资源、远距离溢出隐性知识，多核网络式、多样社区化发展成为产业协同创新的主要模式。中国生物医药产业因产业知识复杂性、研发高成本、技术壁垒等原因，网络式合作成为技术创新的主要模式，合作创新又具有网络自我强化、网络创新能力提升等多重效应，而技术创新网络的知识流动受到节点属性、网络结构和关系程度三者交互作用的影响。

随着创新成为产业升级的根本驱动力和区域高质量发展的关键，协作成为创新实现的必经路径，基于生产网络视角的城市协同创新研究不断涌现，对于经济发展提供了诸多借鉴。本章以装备工业、电子信息产业、生物医药产业三个国家战略性新兴产业为例，从创新主体、网络格局、作用机理出发，探究产业创新网络中的主体重要性差异，网络合作模式、网络组织形态以及演化特征。展望未来，一方面，针对产业创新网络的研究多基于单个产业的不同角度展开，进一步总结不同产业间的异同有助于为不同产业提供更具针对性、更有参考价值的建议；另一方面，随着集群式合作已然成为城市紧密连接重要方式和产业链有力协作通道，从城市间创新网络上升至城市群间创新网络对于一国范围内产业创新网络的研究具有更深远的意义。

参考文献

[1] Wernerfelt B. A resource-based view of the firm. Strategic management journal, 1984, 5 (2): 171-180.

[2] Asheim B, Coenen L, Vang J. Face-to-face, buzz, and knowledge bases: sociospatial implications for learning, innovation, and innovation policy. Environment and planning C: Government and Policy, 2007, 25 (5): 655-670.

[3] Liefner I, Hennemann S, Xin L. Cooperation in the innovation process in developing countries: empirical evidence from Zhongguancun, Beijing. Environment and planning A, 2006, 38 (1): 111-130.

[4] Fitjar R D, Rodríguez-Pose A. Firm collaboration and modes of innovation in Norway. Research Policy, 2013, 42 (1): 128-138.

[5] 刘燕华, 李秀彬. 国家创新系统研究中地理学的视角, 1998.

[6] Cooke P. Generative growth with 'thin' globalization: Cambridge's crossover model of innovation. European Planning Studies, 2018, 26 (9): 1815-1834.

[7] Bunnell T G, Coe N M. Spaces and scales of innovation. Progress in Human Geography, 2001, 25 (4): 569-589.

[8] Nambisan S, Sawhney M. Orchestration processes in network-centric innovation: Evidence from the field. Academy of management perspectives, 2011, 25 (3): 40-57.

[9] 王蓓, 刘卫东, 陆大道. 中国大都市区科技资源配置效率研究. 地理科学进展, 2011, 30 (10).

[10] Cao X, Zeng G, Ye L. The structure and proximity mechanism of formal innovation networks: Evidence from Shanghai high tech ITISAs. Growth and Change, 2019, 50 (2): 569-586.

[11] Ibrahim S E, Fallah M H, Reilly R R. Localized sources of knowledge and the effect of knowledge spillovers: an empirical study of inventors in the telecommunications industry. Journal of Economic Geography, 2009, 9 (3): 405-431.

[12] Lucas M, Sands A, Wolfe D A. Regional clusters in a global industry: ICT clusters in Canada. European Planning Studies, 2009, 17 (2): 189-209.

[13] 李二玲, 李小建. 欠发达农区传统制造业集群的网络演化分析. 地理研究, 2009, 28 (3).

[14] 张云伟. 跨界产业集群之间合作网络研究: 上海, 华东师范大学, 2013.

[15] Glückler J, Panitz R. Relational upgrading in global value networks. Journal of Economic Geography, 2016, 16 (6): 1161-1185.

[16] 王缉慈. 创新集群三十年探索之旅. 科学出版社, 2016.

[17] 苗长虹. 全球—地方联结与产业集群的技术学习——以河南许昌发制品产业为例. 地理学报, 2006, 61 (4): 425-434.

[18] 周灿, 曹贤忠, 曾刚. 中国电子信息产业创新的集群网络模式与演化路径. 地理研究, 2019, 38 (9): 2212-2225.

[19] Wen H, Zhang Q, Zhu S, et al. Inter-and intra-city networks: how networks are shaping China's film industry. Regional Studies, 2021, 55 (3): 533-545.

[20] Boschma R. Proximity and innovation: a critical assessment. Regional Studies, 2005, 39 (1): 61-74.

[21] 马双, 曾刚, 张翼鸥. 技术关联性, 复杂性与区域多样化——来自中国地级市的证据. 地理研究, 2020 (4).

[22] 王秋玉, 曾刚, 吕国庆. 中国装备制造业产学研合作创新网络初探. 地理学报, 2016 (2): 251-264.

[23] 林兰, 曾刚, 吕国庆. 基于创新"二分法"的中国装备制造业创新网络研究. 地理科学, 2017, 37 (10): 1469-1477.

[24] Andersson D E, Gunessee S, Matthiessen C W, et al. The geography of Chinese science. Environment and planning A, 2014, 46 (12): 2950-2971.

[25] Saxenian A. Brain circulation and regional innovation: the Silicon Valley – Hsinchu – Shanghai triangle. The economic geography of innovation. Cambridge: Cambridge University Press. 2007: 190 – 209.

[26] 周灿, 曾刚, 辛晓睿, 等. 中国电子信息产业创新网络演化——基于 SAO 模型的实证. 经济地理, 2018 (4): 116 – 122.

[27] 周灿, 曾刚, 王丰龙, 等. 中国电子信息产业创新网络与创新绩效研究. 地理科学, 2017, 37 (5): 661 – 671.

[28] 滕堂伟. 生物医药产业集群创新网络结构演化及其空间特性. 兰州学刊, 2015 (12): 185 – 191.

[29] 王飞. 生物医药创新网络演化机理研究——以上海张江为例. 科研管理, 2012, 33 (2): 48 – 54.

[30] Hagedoorn J, Duysters G. Learning in dynamic inter-firm networks: The efficacy of multiple contacts. Organization Studies, 2002, 23 (4): 525 – 548.

[31] Steinle C, Schiele H. When do industries cluster?: A proposal on how to assess an industry's propensity to concentrate at a single region or nation. Research Policy, 2002, 31 (6): 849 – 858.

[32] 蔡宁, 吴结兵. 产业集群的网络式创新能力及其集体学习机制 [J]. 科研管理, 2005 (04): 24 – 30 + 23.

第7章

知识流视角下的城市协同创新[①]

创新和知识创造是触发经济社会突破性变革的关键环节,自 Schumpeter 提出创新的概念[1],学术界在理解创新和知识创造方面已取得了很大的进步。通常,人们将知识分为显性知识(或可编码知识)、隐性知识(默会知识或不可编码的知识)。从把企业视为知识创造者的观点看来,知识是企业的决定性资产,知识创造是企业产生和维持竞争力的关键。从该理论视角来看,知识被视为发展学习型经济的关键资源。

Teece 在 1977 年提出知识流动的思想,并认为企业等行为主体积累大量知识,可通过国际技术转移实现知识的流动[2]。Hendriks 从关系的研究角度定义知识流动,认为知识流动是一种传播过程之间的知识转移,知识转移的意愿应通过各种途径,如演讲、教授的方式,与其他组织或个人进行沟通,从而实现知识的外部化;另外,知识接收方也要倾听和别人沟通的能力模仿、阅读等,并能接受知识的内化。因此,知识流动是基于知识资源的扩散和吸收,HanSen 基于知识复杂性实证研究表明,知识复杂性越高,组织间知识流动就越困难[3]。Lundvall 发现特定问题的解决方案与不同类型知识的组合结合方式有关[4]。

各种交流与互动是知识流动的重要载体和主要途径。经济地理学研究中的实践(行为)转向将人们对知识的视角转向知识循环的实践视角的必要性,这意味着知识不可能像其他商品一样可通过独立交易来销售或存储,知识是处于特定情境下的并在这些情境中创造出经济行动机会。这要求在获取知识的过程中,跨文化、政治或制度边界而对知识进行有意义的解释。对知识特别是契约化的信息型知识转化方面的研究认为,信息的流动性及转化与知识的质量、

---

① 本章由朱贻文撰写。

网络参与者及社会情境等都存在一定的相关性,而知识的黏性、随机模糊性及专有知识等特性是影响信息可获取、转化及诠释新知识的有效作用力。

知识获取主体间的吸收能力、地位及主体质量等都影响对新知识获取。参与主体间的关系质量也会影响社会情境中交流的动机、密度及其产生。网络关系的建立可使企业获得自身不具备的知识,来自外部参与者的知识长期以来被认为是创新成功的重要因素。企业为解决面对的问题,有必要识别知识的相关内容(know-what),找到有能力的合作伙伴(know-who),它们适合于特定的问题情境(know-why),认清如何有效地结合和运用知识(know-how)。知识的关系性特征表明,知识是社会关系的建构,在一个特定的互动情境之外,如果外部行动者无法理解该知识,那么那些知识对于他们甚至可能变得毫不相关。

7.1 知识的分类及其差异性

近年来经济地理学和演化经济学的文献,对隐性知识和编码知识进行了划分。简而言之,其观点是由于隐性知识显然不太容易以书面符号形式进行共享,而且具有较强的特定情境特性,因此通常通过直接当面的互动进行传播。那些高度依赖于隐性知识传播和应用进行创新的企业和行业存在与其客户、供应商和竞争对手共处一个空间内。相反,那些高度依赖于编码知识的企业和行业就不太愿意局限于这样的空间内。

这种分类虽然得到广泛认可,但是,也有很多学者从不同角度对此进行了评论。首先,生成和使用新知识的过程涉及几乎所有经济部门中的隐性知识和编码知识进行的相互作用和转化。换句话说,这两种知识类型是互补关系,而非互替关系。其次,不同行业的知识库存在系统性差异,且创新过程也因此具有相似特征。那么,本地集群内部和本地集群之间的知识流动路线也可以表明各行业的特征模式。近期,相关研究还发现"分析型知识库"和"综合型知识库"的区分,对此分析很有帮助。

在一些工业部门中,创新主要通过对现有知识的应用或结合,因此以综合知识库为主。在此类行业中,创新的驱动力通常是企业需要解决其与客户和供应商互动后产生的具体问题。复杂的工业工程(如专业设备的开发)就是典型案例。在此类部门中,基础研究的重要性不如终端的开发。这些部门通常会选择应用型研究,但最普遍的创新行为是渐进产品或流程开发,以解决客户提出的技术或产品问题。知识生成历经测试、实验和模拟流程,且通常为归纳性生成,而非演化性生成。技术解决方案中所包含的知识至少部分为编码知识,但是隐性知识更为重要,因为车间或办公室经验、在职培训以及通过工作、使用和互动的学习是知识生成的关键。大部分此类知识均为具体的专业知识、工艺和实践技能。

相反,在科学知识较为重要、知识生成通常以形式化规模、编码学和理性过程为基础的那些行业中,起主导作用的是分析型知识库。生物科技和信息通信技术行业就是一种典型案例。在这些行业中,生成新产品和新流程的核心活动是经系统组织的研发工作,而这种创新的行为主体不仅是企业本身,同时还包括大学和其他研究组织。相比综合知识案例,此类知识库中的知识投入和产出通常为编码知识(或可快速编码的知识),但这并不意味着隐性知识就不重要。当然,就像很多创新流程同时使用隐性知识和编码知识那样,很多行业也会同时使用综合型知识和分析型知识。医疗器械和技术部门就是一个很好的例子,在该行业中产品开发会利用不同领域的各类知识,包括生物科学、信息通信技术、软件、先进材料、纳米技术和机械工程。

综合型和分析型知识库的这种差异,会对我们就知识流动路线及其与集群的关系认识产生怎样的影响?很明显,本地化学习和知识流动在综合型知识行业更为重要,因为在这些行业中,隐性知识和企业与顾客和供应商的当面互动扮演了核心作用。像机械工程和专业工业机械这样的行业中,用户和生产者之间的互动式学习是主要的创新模式。同样的,在一些分析型知识占主导地位的行业中,可编码知识在创新流程中的显要地位,让我们认为知识流动和学习关系不会束缚于同样的本地情境。

但是,这种二元式框架[综合(隐性)=本地;分析(编码)=全球]可能过于简单,无法描述知识流动的复杂路线。与前面不同的是,Asheim 和 Gertler 指出[5],存在有力证据证明类似生物技术这样的分析型行业其实存在较强的集群倾向,在这些集群中,至少一些知识流动的类型受到了本地束缚。他们引用了有关知识溢出的文献,这些文献证明了专利引证存在较强的本地化路线。同时,他们还强调了一个地区内生物技术初创企业与文献高产,且引用次数多的学者之间建立密切关系的商业利益。他们得出结论,尽管在生物技术这样的行业中,很多科学知识具有可编码性,但是邻近新知识源(包括实验成功和未成功的知识)仍然具有巨大优势。

7.2 知识创造与本地网络的作用

从知识创造及获取知识的视角,已有研究指出地理与关系网络存在相互影响的作用。地理要素是外部性因素,组成了网络情境的一部分,而关系网络受地理的限制而形成。因此,地理情境可以是网络关系形成的条件和制约,而网络关系又是地理情境与知识创造的中介和制约。

7.2.1 知识获取与地理空间的关系

对知识获取与地理空间关系的讨论主要集中于两个方面:一方面是对地理距离的讨论,主要评价地理距离的邻近关系对经济及创新活动所产生的潜在作用,而通信技术和交通技术的作用,使地理距离只有在面对面交流成为知识获取唯一模式时才发挥作用。另一方面的研究关注地理情境的作用,企业成长理论的观点指出,将地理情境假定为资源和机遇,其被认为是地理偶然性作用的重要特征。某一特定区域或城市地方资源包括文化情境、经济发展情境差异及相关的偶然性特征。地理情境也包括地方关系结构如社会资本、制度资源等,因此,企业在知识获取中跨区域关系与其本身所处地理情境及该情境下的固有社会关系之间是相互影响的作用。跨区域进行的知识获取在一定程度上会重塑或改变原有的地理情境及关系资本,而企业原本所处的情境也会成为其知识获取关系建立的影响及约束力。

地理情境下的知识获取,在具备高技术知识的发达区域及相对以资源和劳动力为优势的发展中区域差异显著。对欠发达/发展中区域情境的研究,多关注区域中的企业与全球领先企业之间基于生产关系的纵向产业链联系,这种纵向关系对地方企业带来一定知识、技术及竞争力方面的提升。而其中对全球领导企业知识的获取及吸收转化程度,会因地方情境中的关系不同、知识类型不同等差异而异。因为在进行知识获取的合作中,特别是与全球领先企业合作过程中,在很大程度上与合作者之间的知识水平和互相信任相关,而这种关系及能力都是长期积累而建立的。在创新和知识获取过程中，最有效的合作过程与认同感、文化情境（如共同的语言）、共同的社会情境（如问题的解释方案）等都密切相关，而这些因素很难在不同地理情境下的企业间产生。从发达区域情境来看，跨国/跨区域合作主要以创新或知识升级为导向，与之不同的是发展中区域情境或欠发达情境下的企业合作，尤其与全球领导企业的合作多以低成本为优势。

7.2.2 集群与本地知识溢出

大量文献表明，企业位于集群内部主要存在两大潜在优势来源：集聚效益和知识溢出。同处相同区域或场所、可迅速获得大量资源的企业是集聚经济的主要来源。Porter 也对此表示赞同[6]，同时还强调了传统集聚经济中"钻石"效应造成的竞争优势而带来的效益。Porter 强调，通过更方便、更廉价地获取专业投入（包括组件、机械、商务服务和可避免纵向整合或非本地必要投入采购的相关人才），企业在集群内的位置可提升其生产力、工资和创新性。集群内部进行本地采购同样可以提升关键供应商之间的沟通，从这个意义上来说，价值链中本地供应企业的反复互动可以为企业开展以隐性编码知识为基础的反复交易创造可能性。集群为企业带来了独有优势，即获得经验丰富的专业人才。而集群本身就像一个磁铁，不断吸引技术人才加入集群工作。相反，地区内专业培训和教育机构可以为集群内企业稳定提供高素质劳动力。

还有一些文献虽未贬低集聚经济的重要性，但认为集群内企业竞争优势的关键来源是企业共享的独特性本地知识库。其中心论点是，在位置较近的经济行为主体之间，新知识的联合生成和传递效率最高。无论知识源于公开或私人研究机构或内嵌于领军企业，只要邻近知识的关键来源就可以推动企业获得新的技术知识，当相关知识位于研究前沿或包含大量隐性知识时尤为如此。在人际接触和企业间技术人才的流动中，此类知识的传播效率最高。但是该观点有可能高估了物理邻近的效应，因为纯粹的邻近并不足以解释本地知识溢出。这一派研究认为，针对本地知识溢出的研究忽略了更大范围内推动集群内部知识有效传递的因素和条件："取得成功的高科技集群存在一个关键特征：本地企业在密集知识共享网络的内嵌性较高，而起到推动作用的因素包括紧密的社交互动、建立互信和鼓励行为主体间建立非正式关系的机构。"

换句话说，企业接近本地普通知识库的程度不仅取决于空间邻近、文化亲和性或企业文化。从这个意义上来说，经济结构和组成集群的社会制度间存在强烈的相互依赖性。集群的制度情境决定了集群内的行事方式和知识产生的方式。

将不同知识溢出的类型加以区别极具重要性。很多有关知识溢出的文献，尤其是隐性知识作用的文献均假设被共享的知识具有高度的技术性，这主要由研究结果在本地嵌入的研究机构和私营企业之间进行转移造成。但是，各类知识流动因素导致了成功集群的竞争动态，而技术性研究结果只是各知识流动的元素之一。最重要的知识流动类型之一是高素质人才所具备的知识，这种知识可以通过毕业生从研究机构直接流入私营企业，也可通过劳动力的流动在企业间转移。文献认为，通过劳动力流动实现的新配置下的人才和初创企业的再次结合，是集群内创新活力的重要来源之一。

7.2.3 本地知识库的局限性

Maskell 在尝试对知识在维持集群上所扮演的角色进行进一步的探讨中提出了一种知识型集群理论[7]。他认为集群出现的主要原因是横向和纵向的两个互补性维度的知识创造有所提升。在横向维度上，集群减少了协调分散知识源的成本，以及克服生产相同产品、相互竞争的不同企业间信息获取不对称问题的成本。邻近的优势源于本地敌对性企业间进行持续性的相互观察、对比和监视；由于企业相互竞争赶超对方，因此这种邻近优势又促进了企业的创新。集群的纵向维度由那些通过供应商、服务和客户关系网络相互补充、相互连接的企业组成。

专业集群一旦发展起来，那么本地企业就会提升其对于专业服务和供应的需求。此外，集群一旦兴起，则其就会扮演"磁铁"的作用，一些需要获取集群内现有知识库或以其对自身知识库进行补充、进行经营行动的集群外企业就会被吸引过来并驻扎在集群内部。更重要的是，该知识型集群概念采纳了 Porter 的钻石模型，假设同一集群内的企业在相同产品市场内或部分本地供应链中为竞争对手，且竞争对手间的密切关注或买方—供方间的紧密互动是将企业与集群相连的重要元素。虽然这些条件适用于大多数现有集群内的工业或产品部分，但越来越多的证据表明，其并不适用于所有集群，对于那些处于专业领域、发展初期，或处于规模较小的公开国家经济中的集群来说尤为如此。

如果 Porter 提出的条件并不适用，那么这让我们对于全球和本地知识流动的关系提出了新的质疑，同时也让问题更为复杂化：本地企业集群是否必须仅依赖于本地知识源？知识型集群理论必须承认很少有集群可以完全实现内部知识库的自给自足。更复杂的技术发展需要精密组织网络的支持，以提供整体技术的关键元素或组件。虽然这些复杂技术的一些元素可能共处于同一个集群内，但是，越来越多的组织网络却分布在不同地方。这表明推动集群创新的通常是全球知识流动和本地知识流动。Bathelt 认为，成功的集群通常可以建立并管理来自世界各地的相关知识的渠道。

Bathelt 等人[8]将这两种知识流动分别称作本地蜂鸣和全球通道。根据 Storper 和 Venables 所述[9]，"蜂鸣"一词由物理共存引起，包括有计划的当面接触和较为分散的接触（即偶然会面和身处同一处）。蜂鸣是信息在本地经济体或社区中进行流通的推动力，同时也是社区内网络运行的支持机制。在此情境中不太可能通过各种接触点避免获取集群内其他企业的信息及其活动。另外，通道是指集群内企业和知识生成中心进行远距离互动时所使用的渠道。重要的知识流通过网络通道生成。

这些通道的有效性取决于在不同节点内现有社会关系的强度和企业间的信任度。全球通道的优势来源于身处多个选择环境中的企业融合，且每次融合均存在不同的技术潜力。使用上述全球通道可以促进其他企业和集群成功崛起的知识，并以此刺激本地产生新的创新。企业需要访问本地蜂鸣和通过全球通道获取知识。企业访问此类全球通道和识别外部知识所在地及其潜在价值的能力在很大程度上取决于企业的内部组织，也就是企业的"吸收能力"。

7.3 知识创造与远距离管道的作用

尽管有大量有关经济地理学及相关社会科学文献已经强调了本地网络的重要性，但是，除了一些有关工业区的著名案例研究外，鲜有实证研究提供具有说服力的实证证据，以证明本地互动确实优于非本地互动。即使在像旧金山湾这样经常被描述为区域创新网络范例的地区里，内部交易与外部关系相比也不占主导地位。越来越多的文献开始对本地学习过程的显性性质产生怀疑，

Oinas 发现"很少有学者研究'实际的学习过程',以支持'本地化学习'观点。由于没有有关学习过程的实证文献,因此学者似乎将一个行业内取得成功的企业集聚群体假定为本地化学习"[10]。

7.3.1 外部管道的必要性

Owen-Smith 和 Powell 使用了"管道"一词,来表明此类远距离互动中所使用的学习渠道[11]。他们在其针对波士顿生物科技社群的研究中总结认为,即使在区域网络内的知识外溢比跨区域网络的知识外溢效率更高,物理距离并非唯一影响。决定性、非递增型的知识流通常通过"网络通道"生成,而非间接、自发的"本地传播"。企业并非仅仅通过本地互动和区域互动掌握新知识,它们还通过策略性的跨区域和跨国伙伴关系获得新知识。因此,波士顿的生物技术企业不仅内嵌于区域创新网络中,同时还内嵌于社交网络中,这种社交网络没有地域限制或空间限制。针对伦敦 SOHO 区"广告村"的研究以及针对好莱坞电影和娱乐集群的分析均强调了跨域链接对于创造新知识、促进本地增长的重要性。

同时,尽管集群内的互动和信息交流(本地蜂鸣)拥有频繁性、非结构化和自动化特点,管道却以一种迥然不同的方式运行。企业一旦找到了外部潜在合作伙伴,那么它就必须决定向该伙伴透露多少信息,以及以何种程度对该企业进行监控和控制。因此,最后双方的互动会受到双方互信程度的巨大影响。与其他集群企业的本地关系案例不同的是,新的合作伙伴无法从任何互信中收益。相反,企业若想与新的合作伙伴建立全球管道,就必须有意识地建立系统性的互信,这一过程不但耗时还花费成本。并可以通过包含一系列交易和互动的程序规则实现互信的建立,这些交易和互动所包含的风险和责任义务逐次递增。

可以说,通过管道体系实现的跨域知识流并不依赖于本地蜂鸣。相反,有关洛杉矶电影业、伦敦广告业和硅谷高科技行业的研究表明,跨域知识流和本地蜂鸣可能是相辅相成的。参与跨域管道建设的集群内企业数量越多,则内部网络上的市场和技术新闻和信息就越多,同时,本地行为主体从蜂鸣中的受益也就越多。正因为全球管道可能会加剧本地互动,所以全球管道将提升集群凝聚力,并加强集群行为主体间的内部转化过程。

欧洲创新环境研究小组（GREMI 小组）认为，建立新集群与支持现有集群发展这两种做法的原因差别很大。他们对信息和通信技术集群进行了对比研究，并发现外部影响、集群因素和网络协同作用对于初期发展影响不大。相反，创业行为、创业者希望承担风险创立新企业的意愿以及其进入现有技术以外新领域和新市场的能力，对于被研究集群的产生具有决定性的作用。这些创业的成功主要源于企业在创业初期进入集群外主要市场的能力。集群关系的开放性以及对大型外部市场的积极搜索是理解集群成功崛起的关键。同样地，本地生产体系的绩效取决于本地和外地交易的正确融合，只有当外部市场与生产集群相连时才能带来强劲的增长。

总而言之，全球管道内的沟通过程具有偶发性和较大的不确定性。企业逐步建立共同的机制和程序规则，并根据其进展重塑。这确保了精细信息的传递以及更为复杂的工程合作。由于全球网络由全球各个地区嵌入不同社会制度和文化环境的企业组成，因此其运行位于各种选择环境。创新行业拥有前沿知识不断变化、不断演化更新、更好的产品和流程等特点，因此多环境运营的情况在创新行业中尤为明显。管道一旦成功建立，并基于共同的制度进行有效运行，那么它就可以为本地行为主体带来巨大的优势，让行为主体得以超过本地集群的惯例。企业可以在不同的技术和组织选项中，选择可以稳健应对制度环境变化的选项。

因此，我们可以假设本地蜂鸣和全球管道均可以为参与创新和知识创造的企业提供特别的优势。本地蜂鸣有益于创新流程，因为它可以为各种自发和预料以外的情况提供机会，在这些情况下，企业得以互动并成立。相反，全球管道的优势与多种选择环境的融合相关，这种融合可以带来各种潜力，促进本地诠释和其他地区的知识的运用。

7.3.2 外部管道形成的限制

进入外部知识库和与外部企业新建关系需要付出较大的努力。与集群内经常发生沟通和互动相反的是，成本考量使全球管道内的知识流和互动最好面向事先确定的目标。因此，这些跨区域沟通和互动通常具有专注性和狭窄性。

此外，通过管道的知识流并非自动进行，且参与管道并非免费。建立和维持全球管道背后的流程需要实现设计和计划，且需要相关投资。这将是包括一个复杂、昂贵的过程。在这里，第一个决策是选择外部合作伙伴。这其实并不简单，因为有关潜在合作伙伴的信息通常很不完善，关于这些企业的知识与具体能力的了解也不完全。全球管道两端的合作伙伴必须创造一个共同的信息环境以参与互动。企业必须了解不同的制度，以通过全球管道与世界其他地区的行为主体进行沟通和互动。这就要求企业具备各项复杂的技能，因为要想进入不同地区、地域和国家的不同文化绝非易事。事实上，缺乏对不同制度环境的共同理解，就不可能实现沟通。在此情况下，企业会继续"采用不同的语言"，因此也就不可能在不同的制度环境中进行信息翻译，并建立共同的解决方案。

因此，要想成功建立一个全球管道就需要建立共同的制度环境，以共同解决问题、进行学习和知识创造。这需要企业加倍努力以制订共同的活动框架和项目。随着时间的推移，企业间因经验积累而逐渐建立互信，并因此使双方进行更为深入复杂的互动。在此过程中需要投资和各种资源，同时企业所处理的管道总数很可能因此增加。但是，单个企业所发展和处理的管道数量有限。为了避免在建立全球管道中昂贵的失败风险，企业可能会选择流程。因此，一个决定性的问题就是如何选择适当的潜在合作伙伴以建立全球管道。我们认为企业可以通过多种机制完成这一选择。比如说，企业可以依靠剩余效应与外部行为主体进行接触。此外，企业还可以通过调动"弱关系"来对环境进行扫描，或通过召开定期会议或国际展会，以与其已经通过其他活动有所了解的潜在伙伴进行接触。同时，企业可以通过建立分支机构或收购其他远距离集群内的企业，目的在于在新的集群及其市场中建立当地链接。新的链接可能拥有外部管道，但是仍然将从不同集群蜂鸣的知识传递中受益。

由于管道建立是一种尝试克服本地知识库缺点、实现某些目标和希望的行为，因此行为主体已做好准备填补认知距离。虽然互动要求管道两端的行为主体拥有相同和不同的知识，我们可以假定这种相同和不同知识的混合知识库与本地蜂鸣的结构不同。在选择外部伙伴时，非常重要的是双方的能力和知识资产的重叠程度不能过高。建立此类关系的门槛越低，那么不同知识的最低数量限制也就越低，只有在这种情况下才需要为创造新关系进行投资。

7.3.3　外部知识的吸收能力

确定外部知识的价值和地点以及建立接触该知识的管道，只是提升企业创新能力过程中的一小部分。企业还要面临同样艰巨的任务,即吸收其通过管道获取的知识并成功进行商业应用。一家企业的吸收能力并不仅取决于其与本地环境之间的接触及其管道的数量和范围,还取决于信息在该企业内各部门之间进行转移的方式。内部"守门人"和跨区域协调人,在将外部知识转化为企业各部门或员工可以理解的形式上具有重要的作用。从这个意义上说,我们可以将吸收能力视作企业环境与组织适应性之间的中介变量。企业建立管道以获取其知识库以外的知识。但是,如果新知识与其现有知识的差异过大就容易被忽视,或被视作异类,并且不被重视。吸收能力的概念,强调了专业知识的多种角色及其在企业内部的分布和作用。对于较难分解的新知识而言,企业必须采用明确的组织层次进行处理,而这两个方面均会对企业处理此类知识的能力产生影响。同时,专业知识的分布,同样会影响企业各部门员工如何理解、处理那些通过管道进入企业的知识。一群员工作为一个整体,需要掌握背景知识以确保将信息的价值最大化,这种背景知识由共同语言和符号组成;但是,如果企业的所有员工共享完全一样的专门语言和符号表示,那么即使相关管道准备就绪,他们可能也就已经无法再进入多元化的外部知识源。

7.4

临时性产业集群的创新实践

产业集群研究表明,一个集群的成长取决于本地蜂鸣(local buzz)以及建立跨区域网络的能力[12]。Amin 和 Cohendet[13]指出,如果产业集群仅仅依赖于本地市场和内部知识,那么集群无法实现长期的增长潜力。那么,如何克服传统产业集群的固有缺陷,增强产业集群成员建立跨区域联系的能力?

Maskell[14]首次关注了博览会等临时性产业集聚活动在经济全球化时代下的重要作用,他们将这种经济活动视为一种"临时性产业集群"(temporary cluster)。以往观点普遍认为,博览会只是用来进行产品的展示,其作用也仅仅只是向观众进行推销,但如今,行业参与者越来越专业化,这种集聚活动正发挥着独特的交流功能,其影响范围也在逐渐全球化[15]。

在当今经济活动中,各个主体间的信息交流和关系建立已经成为获得竞争优势的重要途径之一[16],而临时性产业集群就能更高效地将不同经济主体聚集到一起,形成关系平台并促进产业创新升级[17],因此具有十分重要的战略意义。

7.4.1 临时性集群与产业创新升级

以国际博览会、国际商务会议为代表的行业临时性集聚活动,尽管是以暂时性和周期性的形式存在,但是它们却与永久性集群拥有相似的特征,因此可以将其称作临时性产业集群。临时性产业集群可以帮助企业系统性的掌握有关竞争对手、供应商和顾客的信息。产业中的经济主体通过定期出席此类活动,可以了解适合它们的潜在合作伙伴,甚至可以在研究、生产和营销方面开展长期合作、建立新的联系通道。

临时性产业集群是非常重要的经济活动,能够使全球不同行业、技术领域以及价值链的成员在某个时间段集聚到一起。这些互动除了可以支持有关市场和创新的知识流动外,还能为成员创造机会结识新的交易伙伴,并在全球范围内建立网络。例如,国际博览会的与会者可以就行业新发展进行讨论和演示,交换有关产品、市场和专家的信息和知识。众多行业精英临时性地共同出现在此类活动中,不仅可以让其进行面对面沟通互动,还让他们可以直接观察和体验新产品、新技术和新设计。

虽然临时性集群中一般不会当场完成直接贸易,但是临时性集群与永久性集群一样,也具有明显的纵向和横向集群维度[18]。企业、供应商以及客户等行业不同成员的纵向互动包含有关近期趋势和未来产品、服务要求的信息交流。参与者能够在其中安排与来自世界各地的现有供应商召开会议,以讨论产品规格、市场发展和未来的技术变动。同时,他们还可能根据新兴潮流调整自己的产业链,并为新技术应用提供机会。临时性产业集群中这些充沛的机会可以给行业学习、产业创新升级带来良好的契机。

此外,尽管临时性产业集群具有重要的全球影响,但其本地作用也是不能被忽视的。事实上,许多临时性产业集群,正是由本地的永久性产业集群衍生出来的,例如,许多专业博览会正是分布在该产品的重要生产地之上的。Rinallo 和 Golfetto[19] 等人发现,临时性产业集群可以进行本地的空间拓展,将其知识流动的创新效益从博览会场馆的空间扩散到整个城市。以意大利米兰为例,大量的参展者通过博览会同期举行的创新论坛和大型开放式晚会来吸引相关参与者的注意,地方政府和本地产业协会也会发起一系列与博览会有关的配套活动[20],这些都促使米兰家具设计产业的创新影响在整个城市范围流动并延伸。

7.4.2 以国际展会为代表的临时性集群

博览会是临时性产业集群最主要的表现形式之一，但并不能简单地认为所有的展会活动都是临时性产业集群。Maskell，Bathelt 和 Malmberg[21]就指出，相关产业中的经济主体在临时性产业集群中集聚，有助于他们系统地获取市场中竞争者、供应商和顾客的各方面信息。通过长期惯例式地汇聚到临时性产业集群，参与者能够通过学习获得重要信息，发现合适的伙伴，建立与长距离伙伴的信任（见图7-1）。总之，临时性产业集群可以显著地提升参与者的长期竞争力，而不只是作为一个短期销售的机会。

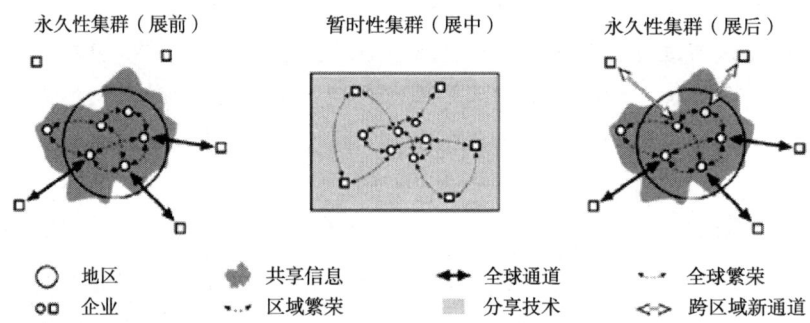

图7-1 基于博览会的临时性产业集群作用机理

资料来源：Bathelt & Schuldt（2008）。

因此，临时性产业集群相比于一般的博览会，其突出特点至少包括以下三个方面：（1）参展者目的主要在于促进知识交流；（2）参展者目的主要在于构建关系平台；（3）参展者目的不在于进行直接的销售。

在我国，会展业近年发展十分迅速。2011～2015年，全国各城市举办的博览会数量从6830场增长到9283场，展览总面积也从8120万平方米增长到11798万平方米；按可比口径测算，2015年，全国会展经济直接产值达4803.1亿元人民币，会展业增加值在服务业中的占比达1.41%。会展业在区域经济中的地位日益突出，许多城市将其列为近期的重点发展行业之一。

较早研究中国博览会的文献认为，中国的展会主要起到促进出口贸易的作用。正如他们强调的，"每年博览会上的商业交易占了中国常规出口贸易的四分之一，博览会成为促进中国中小型出口厂商发展的重要平台"。他们的研究

第 7 章 知识流视角下的城市协同创新

显示,在中国博览会中,直接的销售行为和合同签订十分普遍,而非贸易的目标和创新都还处在十分次要的地位。所有这些都认为,中国博览会还不是一个促进知识流动、构建关系平台的场所,他们与临时性产业集群的特征还相去甚远。

不过,许多近期研究表明,中国的博览会已经有了新发展。Bathelt 和 Gang[22]通过对上海(中国沿海城市)和成都(中国内陆城市)的两个博览会进行调研,发现中国博览会的发展具有异质性。虽然与欧洲主要博览会相比,创新在中国博览会上的重要性还较低,但直接的销售行为比之前研究所认为的要少得多。中国博览会上的参展者更多希望在博览会期间发现新伙伴以拓展他们的网络,或者是深化和保持现有的网络关系。Liu[23]、单双[24]对于中国工博会的研究列出了参展者目标的具体比例,进一步辅证了这一观点。其中,参与者来到这些博览会的主要目标在于提升市场影响力以及寻找潜在的合作伙伴,而销售目的在其中是微不足道的。朱贻文[25-27]分析了专业展会在本地创新网络中的重要作用,系统性地以实证证实了大型国际展会与本地知识网络、创新活动的密切联系,揭示了参展行为与创新活动之间的循环因果关系,并对以展会促进本地产业创新提出了政策建议。这些新近研究都表明,我国的博览会活动已经越来越具有临时性产业集群的特点,可以带动产业主体的集聚并促进产业创新升级。

参考文献

[1] Schumpeter, J. A. (1911). Theorie der wirtschaftlichen Entwicklung (Theory of Economic Development), Berlin: Duncker und Humblot.

[2] Grindley P., Teece D. (1997). "Managing Intellectual Capital: Licensing and Cross – Licensing in semi – conductors and electronics", California Management Review, Vol. 39, pp. 8 – 41.

[3] Hansen, K. (2000) "From selling to relationship marketing at international trade fairs", Journal of Convention and Exhibition Management, 2: 37 – 53.

[4] Lundvall, B. – Å. and Johnson, B. (1994) "The learning economy", Journal of Industry Studies, 1: 23 – 42.

[5] Asheim, B. T. (2000). Industrial districts. In: Clark, G. L., Feldman, M. P., and Gertler, M. S. (Eds.): The Oxford Handbook of Economic

Geography. Oxford: Oxford University Press, pp. 413 – 431.

[6] Porter, M. E. (1990) The Competitive Advantage of Nations, New York: Free Press.

[7] Maskell, P. (2001). Towards a knowledge-based theory of the geographical cluster. Industrial and corporate change, 10 (4), 921 – 943.

[8] Bathelt, H., Malmberg, A. and Maskell, P. (2004). Clusters and knowledge: local buzz, global pipelines and the process of knowledge creation. Progress in Human Geography, 28 (1), 31 – 56.

[9] Storper, M. and Venables, A. J. (2004). Buzz: face-to-face contact and the urban economy. Journal of Economic Geography 4: 351 – 370.

[10] Oinas, P. (1999): Activity-specificity in organizational learning: implications for analysing the role of proximity. GeoJournal 49: 363 – 372.

[11] Owen-Smith, J., Powell, W. W. (2004) Knowledge networks as channels and conduits: the effects of spillovers in the Boston biotechnology community, Organization Science, 15: 2 – 21.

[12] Bathelt, H. and Glückler, J. (2011) The Relational Economy. Geographies of Knowing and Learning, Oxford: Oxford University Press.

[13] Amin, A. and Cohendet, P. (2004) Architectures of Knowledge: Firms, Capabilities, and Communities, Oxford, New York: Oxford University Press.

[14] Maskell, P., Bathelt, H. and Malmberg, A. (2004). Temporary clusters and knowledge creation: The effects of international trade fairs, conventions and other professional gatherings. SPACES (2004 – 04). Toronto, Heidelberg: www. spaces – online. com.

[15] Belussi, F., Sammarra, A., & Rita Sedita, S. (2008). Managing long distance and localized learning in the Emilia Romagna life science cluster. European Planning Studies, 16 (5), 665 – 692.

[16] Chesbrough, H. (2003). Open Innovation: The New Imperative for Creating and Profiting from Technology. Harvard Business School Press, Boston.

[17] Dahl, M. S., & Pedersen, C. Ø. (2004). Knowledge flows through informal contacts in industrial clusters: myth or reality? . Research policy, 33 (10), 1673 – 1686.

[18] Malmberg, A. and Maskell, P. (2002) "The elusive concept of localization economies: Towards a knowledge-based theory of spatial clustering", Environment and Planning A, 34: 429 - 449.

[19] Rinallo, D. and Golfetto, F. (2011) "Exploring the knowledge strategies of temporary cluster organizers: A longitudinal study of the EU fabric industry trade shows (1986 - 2006)", Economic Geography, 87: 453 - 476.

[20] Power, D. and Jansson, J. (2008). Cyclical clusters in global circuits: Overlapping spaces in furniture trade fairs. Economic Geography, 84 (4): 423 - 448, doi: 10.1111/j.1944 - 8287.2008.00003.x.

[21] Maskell, P., Bathelt, H. and Malmberg, A. (2006) "Building global knowledge pipelines: The role of temporary clusters", European Planning Studies, 14: 997 - 1013.

[22] Bathelt, H. and Zeng, G. (2014). The development of trade fair ecologies in China: case studies from Chengdu and Shanghai. Environment and Planning A, 46 (3), 511 - 530.

[23] 刘亮. 基于国际展览会的暂时性集群发展研究 [D]. 华东师范大学, 2012.

[24] 单双, 曾刚, 朱贻文, 等. 国外临时性产业集群研究进展 [J]. 世界地理研究, 2015, 24 (2): 115 - 122.

[25] 朱贻文, 曾刚. 参展者在展会中的学习与创新——以中国国际工业博览会为例 [J]. 旅游科学, 2017, 31 (2): 82 - 94.

[26] Yi-wen Zhu, Harald Bathelt & Gang Zeng: Are trade fairs relevant for local innovation knowledge networks? Evidence from Shanghai equipment manufacturing. Regional Studies, 2020, 54 (9): 1250 - 1261.

[27] Yi-wen Zhu, Harald Bathelt & Gang Zeng: Learning in Context: A Structural Equation Modeling Approach to Analyze Knowledge Acquisition at Trade Fairs. Zeitschrift für Wirtschaftsgeographie, 2020, 64 (3): 165 - 179.

城市生态协同创新

党的十八大以来,习近平总书记高度重视生态文明发展,对生态文明建设进行了全面系统科学的部署,提出坚持生态优先、绿色发展等科学理念。作为"五位一体"总体战略布局的重要组成部分,生态文明建设既是我国当前的重要发展目标,也是发展方式。加之我国经济社会正经历着高速发展,城市环境治理模式也正在发生改变,环境治理的制度创新亟待被探索。通过理论分析地方政府在环境保护与经济增长协同治理模式下的行为选择,实证考察地方政府在城市环境治理模式中的治理效果,以探索城市生态协同创新发展之路,为实现生态文明重要发展目标提供借鉴。

第8章

城市环境治理与制度创新[①]

近年来，随着中国社会经济的快速发展，人们的生活水平有了根本性的改变，而环境污染问题却越来越凸显，这不仅缘于环境污染的严重程度，更缘于人们环保意识的迅速提高。城市环境治理越来越受到地方政府的重视，同时环境治理的制度创新也亟待去探索。

一方面是公众和中央政府的环境保护压力越来越大；另一方面是"唯GDP论"等传统政绩观的惯性影响，地方政府必须在回应公众及中央环境保护压力和维持辖区经济增长中进行平衡。在这种"保蓝天"和"保增长"的跷跷板中，虽然"保蓝天"往往被牺牲，但在某些政治更敏感、更需要照顾民意的特殊时期，政府可能就会相对更加重视蓝天，从而通过采取一些临时性的举措如动员式治理的模式，实现雾霾的临时性改善。因此，有必要严肃地讨论这种动员式治理的可行性和雾霾临时性改善的可持续性究竟如何。

8.1 理论分析与研究假说

作为严重影响民众健康和社会经济可持续发展的重要因素，中国的空气污染和雾霾问题近年来已经引起了学术界的高度关注。现有文献从能源结构[1,2]、轨道交通[3]、经济增长[4]、空间效应[5]等多方面对中国雾霾的成因和特征等，进行了诸多讨论，得到了丰富而富有启发的结论。本章分别以地方两会的召开以及生态环境部"约谈"为切入点，探讨近年来中国空气污染治理中存在的重要制度现象。为此，本章将详细梳理中国地方政府和官员在雾霾治

[①] 本章由石庆玲撰写。

理上的政治激励问题。

晋升是中国各级官员面临的最大激励,本章以此为切入点讨论在雾霾治理上地方政府和官员面临的激励问题。我国上级政府根据各方面的政绩来考核下级政府和选拔官员[6],而在"以经济建设为核心"的背景下,基础设施、GDP增长就比环境保护等在政绩考核中占据更重要的地位,因此,在这种情况下,地方政府和官员又激励牺牲环境保护以促进当地的经济增长[7-9]。不过,随着经济发展水平的提高,中国民众环境保护意识也逐渐提高,对政府加强环境保护也提出了越来越高的期待和要求。而政府也确实越来越强调环境保护工作,特别是中央政府,提出了如科学发展观、生态文明建设等发展理念[10]。同时,中央政府也越来越将节能减排作为地方政府和官员考核的重要依据,例如,国务院于2005年12月下发《关于落实科学发展观加强环境保护的决定》,首次明确将环境保护工作纳入地方政府官员的考核体系中,将环境保护的绩效作为地方官员选拔奖惩的依据之一。2013年9月国务院印发的《大气污染防治行动计划》也明确提出,2017年中国地级及以上城市PM10浓度应比2012年下降10%,优良天数逐年提高。Zheng等[11]发现在中央和公众对地方政府加强环境保护的要求和期待下,节能减排已经与经济增长一样,成为影响地方官员晋升的考核依据。Liang和Langbein[12]的研究则发现,如果环境绩效考核目标明确责任到位,且民众可见度高,污染治理效果就会很好,如大气污染;而如果可见度低,虽然纳入环境保护考核,污染治理效果也不会很好,如水污染;未纳入环境保护考核的污染指标,更是完全不被重视。黎文靖和郑曼妮[13]基于中国地级市空气质量指数和地级市层面统计数据,研究发现空气质量影响到了官员的晋升概率,而且当空气治理压力大时,迫于环境保护压力,各地会减少固定资产投资,增加环境污染治理投资。

讨论环境保护是不是已经成为地方官员的考核指标,乃至讨论其和经济增长在考核官员中孰重孰轻固然是重要的,但有一点需要注意的是,空气质量和经济增长衡量的时间窗口非常不同。空气质量每天乃至每小时都可能变化,经济增长只有经过较长时期才能发生缓慢变化。因此,虽然在较长的时间段内,如全年或其整个任期内,地方官员可能会相对而言更重视经济增长,而忽视甚至牺牲空气质量,但在某些特殊时期,在更短的时间窗口内,地方政府和官员可能就会相对更重视空气质量,因为对空气质量的暂时重视,并不会有损当地的长期经济增长,因为可以等到特殊时期过后,再恢复常态。此即为本章论证的中心议题：通过政府和官员短期重视而出现的暂时性空气质量改善。

考察政府在治理雾霾中面临的激励，首先是考察政府官员在治理雾霾中面临的激励。作为政治参与者，地方政府官员有非常强的激励去争取政治上的晋升，尤其是在中国，一旦离开政治市场，他们便难以再找到其他的政治升迁机会，因此地方政府官员是面临着锁定效应的，他们就只好去争取最大的努力以寻求晋升的机会[7,14]。而改革开放40多年以来，中央政府始终致力于紧抓社会经济建设，强调"发展是硬道理"。其对地方政府官员的晋升标准逐渐由过去的以政治表现为主转变为越来越以经济绩效为主，而在这种政绩观下，为了获得政治上晋升的利益，地方官员便致力于促进辖区的经济增长[15]。对于地方政府官员争相寻求的这种政治上的晋升激励，周黎安[7,14]在研究中将其概括为"晋升锦标赛"；张军和高远[16]将其概括为"为增长而竞争"；王贤彬和徐现祥[17]将其概括为"经济增长市场论"，实质上，这三种概述的内在逻辑是非常一致的。地方政府官员往往是由最低的行政职位开始，为经济增长而竞争，经过一步一步竞争而被提拔，从而进入这个典型的淘汰赛制下的锦标赛模式，并且优胜者凭借的不是绝对表现，而是相对表现[7]。与一般锦标赛的要求一样，地方政府官员必须在本轮比赛中获胜才有资格进入下一轮的竞赛中。这样的赛制要求其实给地方政府官员施加了非常大的竞争压力，从而逐渐形成了一种强激励。地方官员为了在政治晋升锦标赛中处于有利地位，至少不被淘汰，会采取各种手段同其他地区之间展开竞争，压低环境质量，以确保经济增长，就是其中的手段之一[7-9]。例如，于文超和何勤英[18]的研究发现，当地方的经济增长绩效较差时，当地的环境污染事故就会更加频发，而且这种关系在中国沿海地区表现得更为明显。地方政府官员从自身利益出发，如为了得到仕途的晋升机会，有激励忽略或放松对环境污染的监管，而将更多的精力投入促进经济增长，如更多的基础设施投资，而不是环境治理投资[9]。Jia[8]认为在官员考核体制更注重经济增长，而不是环境保护的情况下，为了提高晋升的可能性，地方政府会牺牲掉环境，在这一逻辑下，那些和上层政治圈关系更紧密、晋升可能性更高的官员，会更多地投资容易拉动GDP增长的产业，而这些产业往往都会带来较高的污染，同时也消耗掉较高能源。这一点在徐现祥和李书娟[19]的实证分析中，也得到了验证，他们发现一个地区走出去的高官越多，当地的环境污染就会越严重。

8.2
案例研究一：地方两会召开与环境污染治理

2015年9月3日，为纪念抗战胜利暨世界反法西斯胜利70周年，中国政府举行了隆重的阅兵仪式。为了保障阅兵的顺利举行，北京市联合周边省市在机动车、工业企业、施工工地等方面实施临时性管控措施。管制措施取得了良好效果，根据北京市环境保护局的统计，2015年8月20日至9月3日，北京市细颗粒物（PM2.5）平均浓度降低到17.8微克/立方米，相较于2014年同一时期，降低了73.2%。北京空气质量连续15天达到一级优水平，达到了世界发达国家大城市的平均水平，而且二氧化硫（SO_2）、二氧化氮（NO_2）、可吸入颗粒物（PM10）等空气污染指标也出现显著下降趋势。9月3日阅兵举行时，北京PM2.5的浓度仅为8微克/立方米，可谓完美实现了"阅兵蓝"。其实这种平常不太重视，而在某些特殊时期特别重视，采取超过平常力度的动员式治理，进而呈现出短暂的蓝天，之前在2008年北京奥运会期间和2014年APEC会议期间都曾出现过，似乎这种动员式治理已经成为中国各级政府空气污染治理的一大法宝。

本章利用2013年11月至2018年6月中国319个城市日度空气质量数据，包括空气质量指数（AQI），以及合成空气质量指数的主要单项污染物的浓度数据，采用双重差分法和断点回归的思想分析地方两会的召开对空气质量的影响。

由于各地两会大多集中在每年的1月至2月，但召开的时间并不完全一致，因此，一个地方两会召开期间，其他没有召开两会的城市就成为该城市的对照组，这样就构成了两会召开期间与两会召开前后，以及两会召开城市与非两会召开城市的双重差异，从而可以使用双重差分法进行回归。同时，就统计学意义上而言，空气质量应该随着季节和日期的变化而缓慢连续地变化，因此地方两会的召开与否又构成了一个类似于断点的情形，从而可以借鉴断点回归的思想。

设置如下回归方程：

$$Y_{cd} = \beta_0 + \beta_1 NPC_{cd} + \lambda X_{cd} + \delta_c + \mu_d + \varepsilon_{cd} \qquad (8-1)$$

其中，下标c表示该数据相应的城市、下标d表示该数据相应的日期

(年、月、日);Y_{cd} 以观测到的空气质量指数(AQI)以及细颗粒物(PM2.5)、可吸入颗粒物(PM10)、二氧化硫(SO_2)、一氧化碳(CO)、二氧化氮(NO_2)和臭氧(O_3)等单项污染物浓度数据加以衡量;本章定义哑变量 NPC_{cd},以刻画两会期间的空气治理改善的效果,当 d 日期 c 城市两会召开时,NPC_{cd} 为 1,否则为 0。β_1 表示两会期间动员式治霾的效果。

此外,模型中也加入了其他天气因素,作为控制变量 X_{cd},天气变量主要包括最高最低气温、是否下雨(哑变量)、是否下雪(哑变量),以及风力大小等,以控制天气对雾霾水平的影响。δ_c 为地区哑变量,反映各地在短时间内不会发生变化的地区固定效应。μ_d 是一组时间固定效应,主要包括年份哑变量、年份中第几个月哑变量、年份中的第几个星期哑变量等,用来控制季节性因素对雾霾的影响,以及法定节假日、星期当中的第几天哑变量等,主要用来控制人类工作时间安排对空气污染的影响。空气质量深受人类生产、生活的影响,但生产性污染和生活性污染又可能存在差异,通过引入节假日和一周七天的虚拟变量,可以对此因素进行初步排除。此外,对于部分城市,本章还控制了全国和省级两会对模型的影响。

主要解释变量是地方政府两会的召开。之所以选取地方两会作为"动员式治理"和"雾霾的临时性改善"效果的检验变量,这是因为:第一,地方两会是当地政治周期中最重要的政治事件之一,地方两会是执政党将其执政意图变成法律法规的重要一步,地方两会在地方立法、连接中央与地方等方面起着重要作用[20]。第二,地方两会是地方官员任免的关键会议,在政治升迁的零和博弈下,地方官员之间竞争激烈,恶性雾霾事件也会成为官员用来攻击竞争对手(例如,对于对环境保护负有职责的官员)的工具。第三,近年来,雾霾问题是两会时期人民最为关注的重点话题之一,此一时期也是媒体集聚、舆论关注的时间,更容易将此一时期雾霾的负面影响放大。地方政府有激励将舆论焦点向会议讨论决定的各项决策上引导,而非对雾霾天气的关注。第四,地方两会每年每地都要召开,便于进行大样本分析,相对于一次性的阅兵、国际会议等的个案性统计研究,更利于得到更可靠的计量证据。第五,根据惯例,地方政府的两会一般在 1 月或 2 月召开,但召开的时间略有差异,这样就构成了两会召开期间与非召开期间,以及两会召开城市和非召开城市的双重差异,从而适用于双重差分法①。

8.2.1 实证结果

回归结果中报告的是经过异方差修正的稳健标准误。首先进行全样本基本回归,表8-1报告了回归结果。表8-1显示,如果不包含季节性和节假日调整,两会期间的雾霾水平与其他时间没有显著差别,这是因为虽然两会期间雾霾理论上应该更低一些,但两会主要集中在1~2月,而这一时期仍基本属于冬季,雾霾水平高于其他季节,因此,在全样本分析中,两会效应不容易识别出来。

表8-1　　　　　　　　　　全样本回归结果

解释变量	(1) AQI	(2) AQI	(3) AQI	(4) AQI	(5) AQI
NPC	2.225** (0.972)	-3.921*** (0.922)	-3.817*** (0.931)	-3.431*** (0.927)	-3.823*** (0.826)
天气变量	YES	YES	YES	YES	YES
地区效应	YES	YES	YES	YES	NO
年—月效应	NO	YES	YES	YES	NO
年—月—地区效应	NO	NO	NO	NO	YES
星期效应	NO	NO	NO	YES	YES
星期几效应	NO	NO	NO	YES	YES
假日效应	NO	NO	NO	YES	YES
N	453067	453067	453067	448799	448798
R^2	0.261	0.343	0.354	0.354	0.509

注:①( )内数值为回归系数的异方差稳健标准误;②*、** 和 *** 分别表示10%、5%和1%的显著性水平。

---

① 对于"标准"的双重差分法,往往有鲜明的政策处理前与处理后,以及政策处理组和对照组的双重差异。但在本节模型设置中,所有城市都会召开两会,只是召开时间不一。这样不同时间召开两会的城市就相互构成了彼此的对照组。例如,1月召开两会的城市在其召开两会时,2月才召开两会的城市,就构成了1月城市的对照组,反之亦然。

表 8-1 第（2）至第（4）列则控制了时间固定效应。其中，年—月固定效应主要用于控制空气污染随时间的变化趋势，星期固定效应用于控制全年空气污染的季节性变化，星期几固定效应和假日固定效应来区分工作日生产污染和周末、节假日生活污染的不同影响。

回归结果显示，地方年度两会期间的空气污染系数显著为负，说明地方两会期间的空气污染显著低于非两会期间。由于不同城市的空气污染在一年内的变化趋势可能不同，表 8-1 第（5）列报告了控制年—月与城市相互作用的固定效应的回归结果。回归结果显示，在本地两会期间，空气质量指数显著下降。具体而言，如表 8-1 第（5）列所示，本地两会期间的空气质量指数比非两会期间低约 3.823，相当于整个样本期平均空气质量指数的 4.5%。

根据前面的回归结果，可以发现各地区两会召开期间，空气质量显著改善。然而，这种动员式治理带来的雾霾的临时性改善是否有可持续性呢？为考察这一问题，本章可以在方程中增加一些两会前后的哑变量。具体而言，以 5 天为一个单位，设置"'两会'前 6~10 天（before2）""'两会'前 1~5 天（before1）"，以及"'两会'后 1~5 天（after1）""'两会'后 6~10 天（after2）""'两会'后 11~15 天（after3）""'两会'后 16~20 天（after4）""'两会'后 21~25 天（after5）"等哑变量，并将这些哑变量和两会哑变量全部放入回归方程。

此时的回归结果见表 8-2。回归结果显示，两会前雾霾水平已经与平常时期变化不大，甚至略有下降，这也说明通过增加季节假日等虚拟变量后，季节性因素已经得到很好的控制。而两会期间的雾霾水平，相对于平常时期，则会显著更低，这跟前面的结果完全一致。不过，更有价值的是关于两会后的回归结果。回归结果显示，两会过后，雾霾水平迅速上升，超出平常水平一大截。具体而言，在表 8-2 中，在平均约 5 天的两会召开期间，空气质量指数降低了 2.256，但在两会刚过后的 5 天内，空气质量指数上升了 2.991。因此可以说虽然在雾霾治理中这种动员式治理的确可以取得一定的效果，创造一种雾霾的临时性改善，却是以政治事件过后更严重的报复性污染为代价的。动员式治理带来的雾霾的临时性改善虽然美好，却不可持续。

表 8-2　　两会前后空气质量指数的变化

解释变量	(1) AQI	(2) PM2.5	(3) PM10	(4) SO$_2$	(5) NO$_2$	(6) CO	(7) O$_3$
Before2	0.677 (0.866)	-0.290 (0.715)	1.454 (1.113)	-0.460 (0.322)	0.070 (0.259)	-0.007 (0.011)	-1.416*** (0.385)
Before1	0.527 (1.029)	-0.284 (0.864)	1.495 (1.246)	-0.630 (0.401)	0.899** (0.353)	-0.023* (0.012)	-0.490 (0.446)
NPC	-2.256** (1.040)	-2.714*** (0.873)	-1.690 (1.335)	-0.784* (0.423)	1.034*** (0.362)	-0.033*** (0.012)	0.936** (0.462)
After1	2.991*** (0.920)	2.085*** (0.769)	5.086*** (1.223)	0.925** (0.382)	2.661*** (0.332)	0.008 (0.010)	-0.184 (0.490)
After2	2.823*** (0.989)	2.128** (0.848)	4.457*** (1.384)	0.553 (0.408)	1.663*** (0.344)	0.007 (0.012)	-2.273*** (0.543)
After3	2.716*** (0.976)	1.825** (0.836)	2.798** (1.359)	0.404 (0.381)	0.740** (0.334)	0.016 (0.011)	0.629 (0.498)
After4	2.602*** (0.923)	2.142*** (0.791)	4.477*** (1.230)	0.677* (0.363)	-0.325 (0.316)	0.010 (0.011)	0.887* (0.487)
After5	0.054 (0.854)	-0.382 (0.686)	1.090 (1.138)	-0.890*** (0.288)	-0.931*** (0.251)	-0.008 (0.008)	-0.559 (0.440)
天气变量	YES	YES	YES	YES	YES	YES	YES
年—月—地区效应	YES	YES	YES	YES	YES	YES	YES
星期效应	YES	YES	YES	YES	YES	YES	YES
星期几效应	YES	YES	YES	YES	YES	YES	YES
假日效应	YES	YES	YES	YES	YES	YES	YES
N	448798	448751	448686	448766	448770	448755	439226
R^2	0.509	0.559	0.509	0.744	0.712	0.669	0.703

注：①（ ）内数值为回归系数的异方差稳健标准误；② *、** 和 *** 分别表示10%、5%和1%的显著性水平；③表中同时控制了天气变量、城市固定效应、年度效应、月度效应、星期效应、节假日效应、星期几效应等。

8.2.2　结论讨论

本节通过中国319个城市2013年11月至2018年6月的日度AQI以及合

成空气质量指数的单项污染物浓度数据进行了实证研究。研究发现：第一，各城市两会期间，空气质量显著改善，这说明动员式治理和雾霾的临时性改善不仅仅只出现在关乎国际形象的阅兵和国际会议期间，而是各地环境污染治理的形象工程的常规性举措。第二，部分空气质量指标的改善实际上在两会召开前就已经开始了，而在两会过后，空气质量迅速恶化，恶化的幅度比两会期间的改善还要大。换言之，这种依赖短期重视环境保护的动员式治理创造的碧水蓝天，是以更严重的报复性污染为代价的。这种空气质量的临时性改善现象虽然美好，却没有可持续性。

8.3 案例研究二：环保部"约谈"与环境污染治理

改革开放40多年以来，中国在经济发展方面取得了巨大成就，但是源于以"经济建设为中心"的政治环境，地方政府围绕经济增长开展了激烈的竞争，产生了粗放的经济发展模式，也导致了严重的环境污染问题，包括严重的空气污染问题。

由于环境的非竞争性和非排他性，市场在调节污染治理投入问题上会出现"失灵"，因此由政府提供优质环境这一公共产品成为一个普遍的选择。地方政府处于中央政府和企业和居民之间，实际上担任着一种中间人的角色。地方政府负责具体执行中央政府制定的各种环境保护政策，以及执行环保资金使用的具体渠道和方式。在最新修订的《环境保护法》中，环境保护的战略地位被特别强调，尤其突出强调了"地方各级人民政府应当对本行政区域的环境质量负责"，《大气污染防治法》第三条规定"地方各级人民政府对本辖区的大气环境质量负责，制定规划，采取措施，使本辖区的大气环境质量达到规定的标准"。

然而，虽然中央政府强调环境保护应该是地方政府的主要职责，但加强环境保护工作并不一定符合地方政府和官员的利益。特别是在长期强调"以经济建设为中心"的背景下，地方官员有激励牺牲环境，以促进经济增长[8]。因此，为了治理严峻的环境污染问题，特别是为了督促地方政府更加重视环保工作，中国的环保部门近年来采取了一系列行动，包括在2014年建立了"约谈"制度，即环保部门约见未履行环保职责或履行职责不到位的地方政府及其相关部门有关负责人。本章主要研究目的是从空气污染治理角度评估这一环保"约谈"制度的效果。

本节使用断点回归方法，探讨环保部"约谈"这一政策对空气污染治理的效果。断点回归方法的核心思想是：它将政策变量视为一个突然发生了改变的变量，因此通过采用某些方法将这一政策变量与其他没有发生改变的连续变化的变量（包括能够被观察到和无法被观察到的变量）的影响相剥离，从而对该政策实施产生的影响加以准确识别。断点回归常用来评估政策，在空气污染的文献中已被广泛使用，这些文献以时间为断点，考察在某事件发生时间之前和之后的空气质量是否发生突变[3,21-23]。使用断点回归的思想对"约谈"政策进行评估时，若能够观察到空气质量在"约谈"政策实施前后发生突变，并且其他影响因素又是连续变化的，就有理由认为这一空气质量突变是由"约谈"导致的，即"约谈"有空气污染治理效应，若空气质量的这种突变无法被观察到，则可以认为"约谈"政策并没有起到改善当地空气质量的效果。

$$AQI_{cd} = \beta_0 + \beta_1 YUETAN_{cd} + \beta_2 f(x) + \beta_3 YUETAN_{cd} f(x) + \lambda X_{cd} + \delta_c + \mu_d + \varepsilon_{cd}$$

$$(8-2)$$

其中，下标 c 表示该数据相应的城市、下标 d 表示该数据相应的日期（年、月、日）；AQI_{cd} 为城市 c 在日期 d 的空气质量指数；$YUETAN_{cd}$ 为代表环保部"约谈"的虚拟变量，c 城市在"约谈"日期 d 之后为 1，之前为 0。x 是执行变量，用来表示距离"约谈"的天数，记"约谈"当天 x 取值为 0，"约谈"之后 x 取值为正数，"约谈"之前 x 取值为负数，f(x) 则为 x 的函数。此外，本章也加入了其他天气因素，作为控制变量 X_{cd}，天气变量主要包括最高最低气温、是否下雨（哑变量）、是否下雪（哑变量），以及风力大小等，以控制天气对空气质量的影响。δ_c 为地区哑变量，反映各地在短时间内不会发生变化的地区固定效应。μ_d 是一组时间固定效应，主要包括年份哑变量、年份中第几个月哑变量、年份中的第几个星期哑变量等，主要用来控制季节性因素对雾霾的影响，以及法定节假日、星期当中的第几天哑变量等，主要用来控制人类工作时间安排对空气污染的影响。空气质量深受人类生产、生活的影响，但生产性污染和生活性污染又可能存在差异，通过引入节假日和一周七天的虚拟变量，可以对此因素进行初步排除。ε_{cd} 为随机扰动项。

8.3.1 实证结果

回归结果报告的均是经过异方差修正的稳健标准误。对于时间窗口,本节选择各城市被"约谈"日期前后 30 天。对于执行变量,为了进一步进行对比,参考现有文献做法,依次加入时间趋势项的一次项、二次项以及三次项。在回归中,包含地区固定效应,以及年份、每年的第几个月、每年的第几个星期、法定节假日及调休日、每星期内的第几天等几个虚拟变量,来对空气污染实施季节性和节假日的调整,表 8-3 为其回归结果。此外,表 8-3 第(1)至第(3)列为常时间趋势,即不包含"约谈"政策变量与多项式的交互项,而表 8-3 第(4)至第(6)列则将这一交互项包含在内,即允许"约谈"政策实行前后的时间趋势发生改变。回归结果显示,无论是常时间趋势还是变时间趋势,环保部"约谈"对空气质量都有负向影响,但显著性不是很理想。这说明在有效控制了处理组和对照组的匹配问题后,从全体"约谈"城市角度综合而言,环保部"约谈"的治霾效果并不明显。回归结果显示,此时环保部"约谈"哑变量的系数显著为负,说明各地被环保部"约谈"后的雾霾水平显著下降。具体而言,以表 8-3 第(5)列为基准,环保部"约谈"可以使空气质量指数下降 17.3,相当于样本期雾霾均值的 16.66%。

表 8-3　　　　　　　　　　RD 回归结果

解释变量	(1)	(2)	(3)	(4)	(5)	(6)
	AQI	AQI	AQI	AQI	AQI	AQI
	常时间趋势			变时间趋势		
YUETAN	-2.627	-2.558	-12.844*	-2.641	-17.338**	-16.487
	(6.248)	(6.232)	(7.435)	(6.214)	(8.266)	(11.805)
TEMP_H	2.490***	2.494***	2.519***	2.489***	2.475***	2.469***
	(0.497)	(0.497)	(0.493)	(0.498)	(0.498)	(0.497)
TEMP_L	1.802***	1.800***	1.791***	1.803***	1.798***	1.763***
	(0.651)	(0.651)	(0.646)	(0.651)	(0.647)	(0.646)
RAIN	2.056	2.017	2.211	2.061	2.174	2.403
	(2.967)	(2.976)	(2.957)	(2.975)	(2.968)	(3.006)

续表

解释变量	(1) AQI	(2) AQI	(3) AQI	(4) AQI	(5) AQI	(6) AQI
	常时间趋势			变时间趋势		
SNOW	-17.803** (7.463)	-17.802** (7.461)	-17.201** (7.442)	-17.803** (7.466)	-17.263** (7.438)	-17.133** (7.460)
WIND	-9.435*** (2.915)	-9.423*** (2.912)	-9.861*** (2.967)	-9.436*** (2.912)	-9.785*** (2.954)	-9.824*** (2.988)
时间趋势	一次项	二次项	三次项	一次项	二次项	三次项
地区效应	含	含	含	含	含	含
季节假日	含	含	含	含	含	含
N	1491	1491	1491	1491	1491	1491
R^2	0.528	0.528	0.530	0.528	0.531	0.531

注：*、**、*** 分别表示 10%、5%、1% 的显著性水平。

不同城市被"约谈"的原因并不一样，基于研究目的，本节将被"约谈"的原因划分为因为空气污染原因被"约谈"和非因为空气污染原因被"约谈"两组。表 8-4 将这两组城市分别纳入回归中，表 8-4 第（1）至第（3）列为因空气污染原因被"约谈"城市的回归结果，从中看出，三个结果均显著为负，特别是二次项和三次项的结果，数值差异也不大。这说明，对于那些由于空气污染的原因而被环保部"约谈"的城市，环保部"约谈"对该城市的空气污染治理就产生了效果。

综上所述，在环境工作属地化管理的体制下，环保工作被赋予了地方政府，然而加强环保工作，又不一定符合地方政府的利益，特别是在环境保护可能有损当地经济增长的可能下。然而，虽然在较长的时间段内，如全年或其整个任期内，地方官员可能会相对而言更重视经济增长，而忽视甚至牺牲环境，但在某些特殊时期，在更短的时间窗口内，地方政府和官员可能就会相对更重视环境治理。环保部的"约谈"就创造了这种时机，根据新闻报道，在"约谈"会上，地方主要官员全都是下决心加大环境治理力度，甚至会采取动员式的治理。例如，据新闻报道，陕西咸阳市 2016 年 4 月 28 日被环保部"约谈"后，第二天就开展了大气污染集中整治工作，一大批违法企业被处罚。其他城市也有类似的新闻，这说明环保部"约谈"至少在短期内还是会有效果的，特别是对空气污染这种靠"动员式治理"，在短期内就可以实现快速改善的环保领域。

而作为对照的表8-4第（4）至第（6）列回归结果则显示，如果不是因为空气污染原因被"约谈"，则没有明显的治霾效应。这说明地方政府对环保部"约谈"的政策是"'约谈'什么就治理什么"：因为空气污染原因被"约谈"，就治理空气污染；不是因为空气污染原因被"约谈"，就不治理空气污染。这与现有文献的结论也是非常一致的，Liang 和 Langbein[12]的研究就发现，如果环境绩效考核目标明确责任到位，且民众可见度高，污染治理效果就会很好，如大气污染，而如果未纳入环境保护考核的污染指标，就完全不被重视。而李静等[24]也发现"十一五"和"十二五"期间针对边界地区高污染采取的针对性举措，减排效果也仅体现在纳入考核指标的化学需氧量和氨氮等污染物上。

表8-4 因空气污染原因被"约谈"和非因空气污染原因被"约谈"

解释变量	(1)	(2)	(3)	(4)	(5)	(6)
	AQI	AQI	AQI	AQI	AQI	AQI
	因空气污染被"约谈"			非因空气污染被"约谈"		
YUETAN	-15.905*	-48.337***	-41.188**	7.225	8.118	13.669
	(9.579)	(13.823)	(17.599)	(7.625)	(10.866)	(14.168)
时间趋势	一次项	二次项	三次项	一次项	二次项	三次项
天气变量	含	含	含	含	含	含
地区效应	含	含	含	含	含	含
季节假日	含	含	含	含	含	含
N	839	839	839	652	652	652
R^2	0.579	0.587	0.588	0.564	0.565	0.567

注：*、**、***分别表示10%、5%、1%的显著性水平。

在进行回归估计的同时，也可以根据断点附近的散点图进行简单的绘图。如图8-1和图8-2，非参拟合图显示，二项式函数对断点前后的空气质量指数的拟合较好。从中可以看出，对因空气污染原因被"约谈"的城市，在"约谈"前后，空气质量指数AQI的走势出现了明显的断点；而对非因空气污染原因被"约谈"的城市，在"约谈"前后，AQI并没有明显的断点。这说明本章使用断点回归估计"约谈"对空气污染治理的局部处理效应（LATE）是适宜的。

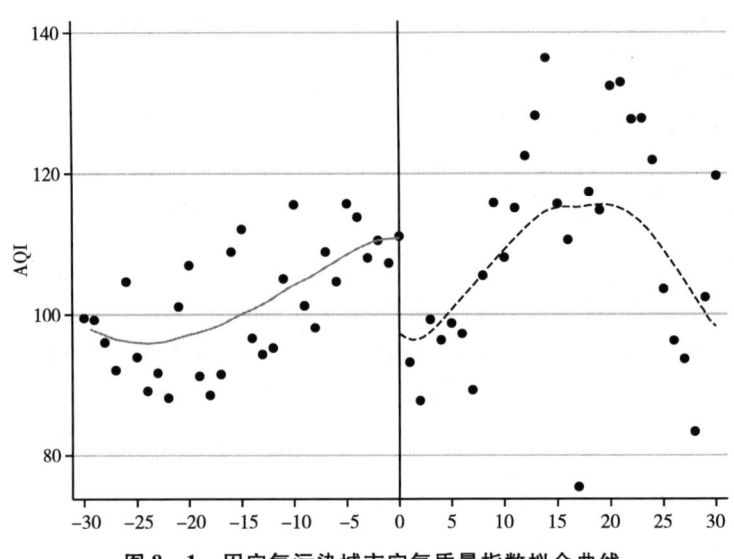

图 8-1 因空气污染城市空气质量指数拟合曲线

数据来源：作者绘制。

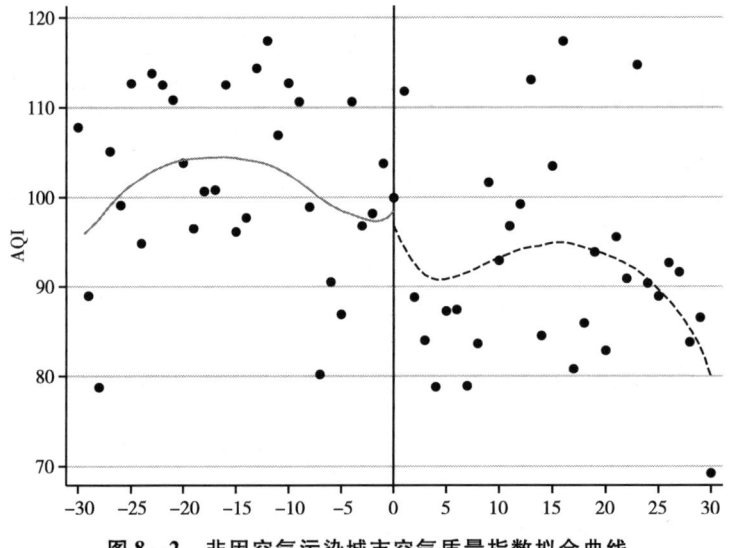

图 8-2 非因空气污染城市空气质量指数拟合曲线

数据来源：作者绘制。

8.3.2 结论讨论

本节的实证结果发现，如果该城市是因为空气污染原因而被环保部进行

"约谈"的，则环保部的"约谈"对该城市的空气污染治理有显著的效果，但如果该城市并不是因为空气污染的原因而被环保部"约谈"的，则环保部的"约谈"对其空气污染就没有影响。对单项污染物的分析（PM2.5、PM10、SO_2、CO、NO_2、O_3）则发现，"约谈"的治霾效果主要体现在 PM2.5 和 PM10 上，而对其他污染物没有系统性的显著影响，这与目前空气污染治理主要就是考核 PM2.5 和 PM10 完全一致。因此，在"约谈"会议上的痛下决心，以及"约谈"过后的迅速整治，对雾霾进行的动员式治理，的确起到了污染治理的效果，带来了雾霾的临时性改善。但本章的实证分析显示地方政府对"约谈"的应对，呈现出"约谈"什么就响应什么、考核什么就治理什么的特征，其他的环境污染问题则一切照旧，或者对其再进行"约谈"和考核时，再给予重视。并且，本章进一步的实证分析还发现环保部"约谈"对空气污染治理只有非常短期的效果，"约谈"过后不久，空气污染就会恢复常态。

8.4 政策与启示

当前，依然严峻的空气污染严重影响了中国民众的健康，本章的研究结论显示，实现碧水蓝天，不能指望这种政治性动员、动员式管制造就的碧水蓝天。由于市场"失灵"，解决雾霾问题政府的作用不可或缺，特别是地方政府的作用。如果将空气污染治理当成一种在特殊时期用来装点门面的政绩工程，通过临时性的重视，甚至动员式治理创造一种暂时的碧水蓝天，这是非常容易通过领导高度重视来实现的。但本章的研究结论显示，这种短期重视造就的碧水蓝天，往往是以更严重的报复性污染为代价的，因此不仅不能有效治理雾霾，还有副作用。

因此，必须清醒地认识到，环境污染的完全治理绝非短期内就可以全部实现的，中国环境污染高发可能还将持续很长一段时间，因此必须有长效的制度安排，而不是短期政治热情。因此，应变环境污染的动员式治理为常态监管。在环境保护执法上，应该加大环境保护部门在处罚污染单位时的权限，使环境保护走上常态化轨道，而不是现在这样的动员式、行政命令式执法。在产业转型上，要切实稳妥地淘汰落后产能，并将这项工作同地方政府的政绩考核相挂钩，而不是平常放任不管，敏感时期暂时停产以应付检查。在治理机制上，要完善环境质量监测体系和考核指标，建立快捷高效的环境质量发布体系和预警机制，出台应急措施，应对重度环境污染事件的发生。

根据本章的实证分析结论，对完善中国的环境管理体制制度，本章有以下几个政策建议：

第一，以"约谈"为重要抓手，健全"督政组合拳"。本章实证结果发现，至少在短期内，环保部"约谈"还是有一定治理效果的，特别是"约谈"聚焦的领域，治理效果更加明显。因此环保部"约谈"制度要继续坚持和完善。一方面要继续将"约谈"制度作为监督地方政府履行环境保护职责的重要抓手，同时建立"约谈"制度与地方政府各部门在执行环境保护责任时的联动性。环保部门和组织部门要联动，环保"约谈"整改情况要报被"约谈"方上级组织部门，纳入官员考核指标体系。另一方面应通过媒体介入和公众参与等方式进一步加大信息公开，在"约谈"过程中考虑邀请媒体、人大代表、群众代表等列席，从而为公众监督整改落实的情况拓宽途径。"约谈"会议纪要、整改报告全部公开，接受公众和媒体监督，给地方政府施加压力。

第二，对被"约谈"城市，根据"约谈"事由，建立起定期回访机制和长期整改机制。本章实证结果发现，环保部"约谈"的环境治理效果只有短期的效果，没有可持续性。治理环境污染，既有短期可以解决的问题，也有需要花费较长时间才能解决的问题，如产业结构调整、转型升级等，因此"约谈"者应与"被约谈"者共同列出问题清单，以及逐步解决方案，从而明确问题的轻重缓急，急事急考核，慢事长考核。对慢性问题，要给地方政府留有一定时间，但又要避免不了了之，要不定期回访，真正将环保工作嵌入地方政府的日常议程中，而不是靠动员式、临时性治理。

第三，完善环境管理体制。本章实证结果发现地方政府对环保部"约谈"的反应是"约谈"什么就治理什么，即环保部指出了什么问题，地方政府就改正什么问题，没有指正的，不管其程度如何，就选择性无视，因此环境污染的有效和可持续治理，还要进一步完善环境管理体制。改革开放40多年以来，中国在很多方面的工作上都使用属地化管理，各方面工作都需要由地方政府来执行，实践证明，属地化管理确实带领中国实现了社会经济的飞速发展。但与此同时，为避免地方政府在属地化管理体制下出现各自为政的局面，中央政府也设置了垂直管理制度。空气污染具有一定的跨区域负外部性特征，因此，迫切需要加强环保部门的权威来制衡地方政府,在探索环保监测督察执法垂直管理的同时,还是要加强上级环保部门对下级地方政府的督察和巡视。

参考文献

[1] 席鹏辉,梁若冰. 油价变动对空气污染的影响:以机动车使用为传导途径. 中国工业经济,2015,10(100):114.

[2] 东童童,李欣,刘乃全. 空间视角下工业集聚对雾霾污染的影响——理论与经验研究. 经济管理,2015(9):29-41.

[3] 梁若冰,席鹏辉. 轨道交通对空气污染的异质性影响——基于RDID方法的经验研究. 中国工业经济,2016(3):83-98.

[4] 王敏,黄滢. 中国的环境污染与经济增长. 经济学(季刊),2015(1):557-578.

[5] 马丽梅,张晓. 中国雾霾污染的空间效应及经济,能源结构影响. 中国工业经济,2014(4):19-31.

[6] Xu C. The fundamental institutions of China's reforms and development. Journal of economic literature,2011,49(4):1076-1151.

[7] 周黎安. 中国地方官员的晋升锦标赛模式研究,2007.

[8] Jia R. Pollution for promotion. 21st Century China Center Research Paper, 2017-05.

[9] Wu J,Deng Y,Huang J,et al.:National Bureau of Economic Research,2013.

[10] 郑思齐,万广华,孙伟增,等. 公众诉求与城市环境治理. 管理世界,2013,6(72):84.

[11] Siqi Z,Kahn M,Sun W,et al. Incentivizing China's urban mayors to mitigate pollution externalities:the role of the central government and public environmentalism. 2014.

[12] Liang J,Langbein L. Performance management,high-powered incentives,and environmental policies in China. International Public Management Journal,2015,18(3):346-385.

[13] 黎文靖,郑曼妮. 空气污染的治理机制及其作用效果——来自地级市的经验数据. 中国工业经济,2016(4):93-109.

[14] 周黎安. 晋升博弈中政府官员的激励与合作——兼论我国地方保护主义和重复建设问题长期存在的原因. 经济研究, 2004, 6 (33): 40.

[15] Li H, Zhou L-A. Political turnover and economic performance: the incentive role of personnel control in China. Journal of public economics, 2005, 89 (9-10): 1743-1762.

[16] 张军, 高远. 官员任期, 异地交流与经济增长. 经济研究, 2007 (11): 91-103.

[17] 王贤彬, 徐现祥. 地方官员来源, 去向, 任期与经济增长——来自中国省长省委书记的证据. 管理世界, 2008 (3): 16-26.

[18] 于文超, 何勤英. 辖区经济增长绩效与环境污染事故——基于官员政绩诉求的视角. 世界经济文汇, 2013 (2): 20-35.

[19] 徐现祥, 李书娟. 政治资源与环境污染. 经济学报, 2015 (1): 1-24.

[20] Nie H, Jiang M, Wang X. The impact of political cycle: Evidence from coalmine accidents in China. Journal of Comparative Economics, 2013, 41 (4): 995-1011.

[21] Davis L W. The effect of driving restrictions on air quality in Mexico City. Journal of Political Economy, 2008, 116 (1): 38-81.

[22] Viard V B, Fu S. The effect of Beijing's driving restrictions on pollution and economic activity. Journal of public economics, 2015, 125: 98-115.

[23] 曹静, 王鑫, 钟笑寒. 限行政策是否改善了北京市的空气质量? 经济学 (季刊), 2014, 13 (3): 1091-1126.

[24] 李静, 杨娜, 陶璐. 跨境河流污染的"边界效应"与减排政策效果研究——基于重点断面水质监测周数据的检验. 中国工业经济, 2015 (3): 31-43.

第9章

产业集聚特征对城市绿色发展的影响研究[①]

随着经济的迅速发展，产业集聚水平不断攀升，成为推动我国经济飞速发展的一股重要力量。然而，伴随着产业集聚规模的不断扩大，却带来了一系列的生态环境问题，如雾霾、酸雨、重金属污染等，给人类的生产生活带来了严重的负面影响，阻碍着经济社会的可持续发展。面对这一系列严重的环境污染问题，进行环境保护已经刻不容缓。为此，2018年6月16日，我国政府在《中共中央、国务院关于全面加强生态环境保护坚决打好污染防治攻坚战的意见》中提出："坚决打赢蓝天保卫战，着力打好碧水保卫战，扎实推进净土保卫战。"

产业集聚作为一种全新的产业组织形式，如同一把"双刃剑"。一方面，产业集聚的快速发展，带来了严重的环境污染问题，这似乎意味着产业集聚是导致环境污染加剧的关键因素；另一方面，产业集聚又通过企业间的相互协作，进行技术创新，在某种程度上提高了污染物排放的效率，对环境污染具有缓解的作用。基于此，我们不禁提出了这样的疑问：产业集聚的发展是加剧环境污染还是缓解了环境污染？为此，本章将探讨不同类型的产业集聚与环境污染之间的关系，从而认清这把"双刃剑"，既要发挥其缓解环境污染的作用，又要发挥其促进经济社会发展的作用，由此才能更加有效地实现经济与环境协同发展的目标。

长江经济带作为我国经济发展水平最高的区域之一，在国民经济发展中具有战略支撑作用，其范围包括上海、重庆两个直辖市，以及江苏、浙江、安徽、江西、湖南、湖北、四川、贵州、云南九个省份，人口和GDP占据全国的50%左右。依托长江这一黄金水道，长江经济带沿线形成了众多世界级的产业集群，涵盖的产业包括电子信息设备、装备制造、家用电器、汽车、纺织服装等。这些

[①] 本章由朱妮娜、陆琳忆撰写。

产业在推动长江经济带工业经济迅速发展的同时，也带来了严重的工业污染，尤其是一些重化工业[1]。虽然通过技术创新、能源替代等方式能够降低工业污染的强度，但是并不能从根本上解决问题。因此，正确认识和处理长江经济带产业集聚与工业污染排放之间的关系对于该区域可持续发展具有重要的现实意义。

9.1 文献综述

关于产业集聚对工业污染排放强度的影响研究，学者们主要从产业集聚的环境外部性出发进行探讨。然而，现有的研究并没有对此问题形成统一的认识，仍然存在分歧，主要存在以下三种观点。

第一种观点认为，产业集聚对环境污染具有负的外部性，即产业集聚加剧了环境污染。产业集聚主要是将大量的企业聚集在同一个区域内，由此便会造成区域内资源和能源的大量消耗，并且所产生的污染不能及时地自我净化，从而对环境产生污染。de Leeuw等[2]通过对欧盟200个城市的分析发现，产业集聚对空气污染产生负面影响，并且污染强度与产业集聚程度存在较强的相关性。Duc等[3]以东南亚国家为研究对象，研究结果表明，产业集聚加剧了当地的水污染，工业废水中排放的大量化学污染物导致河流严重富营养化。东童童等[4]以中国31个省（区、市）的面板数据为基础，证明了产业集聚加剧环境污染的重要因素主要是产业集聚过程中的资本和劳动力的集聚。

第二种观点认为，产业集聚对环境污染具有正的外部性，即产业集聚减轻了环境污染。大量企业的聚集，使企业间能够通过知识溢出、技术溢出等方式进行技术创新，从而提高能源利用率，并通过利用清洁能源的方式实现节能减排的目的，进而改善环境污染情况。Wang和Wheeler[5]以我国31个省（区、市）为基础，指出产业集聚能够产生规模经济，降低污染治理成本，从而减轻环境污染，产业集聚对环境污染具有正的外部性。李勇刚和张鹏[6]认为，产业集聚不仅会减缓环境污染，并且这种减缓作用存在空间异质性，对我国东部地区的环境改善作用要好于中西部地区。同样，Hosoe和Naito[7]也认为，产业集聚会产生技术溢出效应，使集聚区内的企业选择更加高效和清洁的生产方式进行生产，从而减轻环境污染水平。Zeng和Zhao[8]的研究则指出制造业集聚可以缓解"污染天堂"效应这一研究结论。

第三种观点认为，产业集聚与环境污染之间的关系复杂，并非简单的线性关系，而是存在"U"形、"N"形、倒"U"形和倒"N"形等这样复杂的关系。但无论是哪一张关系，都表明产业集聚对环境污染的影响是不确定的。部分学者认为我国的产业集聚与环境污染属于"U"形关系，并且目前正处于"U"形线的左侧，即当前情况下产业集聚并没有对环境污染产生负面影响[6,9]。与之相反，部分学者则认为产业集聚与环境污染并非"U"形关系，而是倒"U"形关系。例如，张可和豆建民[10]基于三种不同类型的环境污染指标，分析了产业集聚对他们的影响，发现产业集聚对三种不同类型的环境污染指标的影响存在差异，其中，与工业二氧化硫之间的关系呈现倒"U"形，而与其他两种环境污染指标之间的关系呈现"S"形。此外，还有小部分学者指出产业集聚与环境污染之间属于"N"形和倒"N"形的关系[11,12]。

随着研究的推进，不少学者尝试将马歇尔外部性和雅各布斯外部性迁移到经济与环境的领域进行研究，讨论不同集聚方式下的环境外部性差异[13-17]。由于专业化集聚与多样性集聚的形成机制存在区别，导致两者对环境的影响也存在较大差异。对于马歇尔外部性，部分学者认为专业化集聚能够产生马歇尔外部性，专业化的集聚能够使企业间进行环保设施的共享、提高专职环保人员的素质、增强环境治理的规模效应，从而降低生产成本和污染排放，有利于环境保护。与此相反，有的学者认为专业化集聚会导致"拥挤效应"，使污染排放增加，不利于环境保护。对于雅各布斯外部性，有研究认为多样性集聚更加容易产生技术和知识溢出，能够降低环境污染排放强度，但也有实证研究表明我国的多样性集聚并没有体现环境正外部性。

综上所述，关于产业集聚及其不同形式与工业污染之间的关系，在理论和实证上都仍有较大的讨论空间。而厘清这一问题，对长江经济带发展集聚经济、缓解经济与环境的矛盾有重要的意义。

9.2 数据说明与研究方法

9.2.1 数据来源与处理

本章以长江经济带九省两市的地级市为研究对象，研究时段为2004~

2012 年。由于部分地级市进行了整改，本章进行以下处理：2011 年安徽省撤销巢湖市并将其划分到合肥、芜湖和马鞍山，因此，巢湖市 2011 年及以前的数据将按照其划分到三个地区的比例进行统计。同年，毕节和铜仁撤地改市，由于前期数据缺失严重，这里将其剔除。最终，本章共整理得到了长江经济带 108 个地级市的数据。根据地理位置和经济联系，进一步将长江经济带划分为上游、中游和下游。其中，下游包括上海和江苏、浙江和安徽，中游包括江西、湖北、湖南，上游包括重庆和四川、云南、贵州。

本章的被解释变量为工业 SO_2 排放强度（pso），数据来源于《中国城市统计年鉴》，解释变量为不同集聚类型的程度，在度量城市的专业化程度与多样化程度时以城市细分行业的就业人数为基础，通过熵指数法对城市产业集聚形式进行测度。其中，行业数据来自《中国工业企业数据库》[①]，在使用前进行了以下处理：首先，将产值为负数、空值和异常值的企业数据进行剔除。其次，基于 GB/T 4754—2002 国民经济行业分类代码，对企业行业进行分类整理，得到了涵盖了 40 个大类（二级行业代码）、189 个小类（三级行业代码）的企业经济数据。在此基础上，按照企业所在地的地市区号进行加总，得到 108 个地级市分行业（包括二级行业和三级行业）的工业企业主营业务收入总值和就业人数总和。由于中国工业企业数据库在 2012 年后不再统计企业从业人员数量，因此，本章的数据只选取到 2012 年。需要注意的是，《中国工业企业数据库》在 2011 年后将统计口径提升至 2000 万元，导致 2011 年和 2012 年企业样本数量减少。但是，经过测算发现，统计口径变化后相应城市的工业产值和企业就业人数没有发生巨大变化，与前几年的数据仍有可比性。

本章的控制变量为经济发展规模、外商直接投资、科学技术、环境规制和经济结构。其中，经济发展规模（gdp）采用各城市当年的 GDP 来衡量，外商直接投资（fdi）采用各城市每年外资的实际利用资额来衡量，科学技术（tech）采用各城市地方财政一般预算内支出中的科技支出（万元）来衡量，其数据都来源于《中国城市统计年鉴》。环境规制（gov）采用各城市当年的 PM 2.5 浓度值来反映环境规制强度，PM 2.5 浓度值越高，代表环境规制越宽松。该数据来源于哥伦比亚大学国际地球科学信息网络中心（CIESIN）所属的社会经济数据和应用中心发布的 PM 2.5 浓度数据，已得到广泛应用[18,19]。

---

① 即国家统计局建立和维护的"全部国有及规模以上非国有工业企业数据库"。

경제结构(stru)主要基于2012国民经济行业分类标准,将黑色金属采矿和选矿(B08),有色金属采矿和选矿(B09),非金属矿产开采与选矿(B10),电、火电生产与供应(D44),生产与选矿气体供应(D45),生产及供水(D46)行业列为资源密集型产业,上述产业的企业主营业务收入在全市工业企业主营业务收入中的比重代表经济结构,数据来源于中国工业企业数据库[16]。

本章以2004年为基期,用历年年均居民消费价格指数(CPI)对城市GDP、实际使用外资金额、科技财政支出等数据进行了平减换算。对于个别城市数据缺失的情况,则通过插值法进行补齐,最后得到了平衡面板数据。变量的描述性统计见表9-1。

表9-1　　　　　　　　变量描述性统计

变量符号	变量名称	N	均值	标准差	最小值	最大值
lnpso	工业污染排放强度	972	3.987	0.939	1.198	7.024
spe	专业化集聚程度	972	0.450	0.136	0.224	0.921
rdi	多样性集聚程度	972	3.465	0.660	0.977	4.485
rv	相关多样性集聚程度	972	0.813	0.321	0.026	4.137
uv	非相关多样性集聚程度	972	2.660	0.406	0.906	3.207
lngdp	经济规模	972	15.766	0.991	13.129	19.122
lnfdi	外商投资	972	9.504	1.962	3.135	14.233
lntech	科学技术	972	8.743	1.840	-2.040	14.713
lngov	环境规制	972	3.646	0.386	2.023	4.304
lnstru	经济结构	972	-2.581	1.205	-7.586	2.351

9.2.2　研究方法

(1) 熵指数法。

参考张德常[20]等学者的方法,本章利用产业就业人数占比反映产业专业化集聚程度:以所选的40个二位数行业的就业人数为基础,计算居前三位的大类就业人数之和占比,比重越大代表该城市的专业化集聚程度越高。

结合研究需要,产业多样性集聚程度则采用熵指数法,其优点是它可以将产业多样性分解为相关多样性和非相关多样性[21]。"熵"（entropy）一词来源于热力学，用于度量系统的混乱程度。熵值就越大，说明系统越混乱；反之，越有序。本章中，"熵"用于表示就业人员在城市层面的"紊乱程度"。熵值越高，表明就业人员分布的行业类别越丰富，即产业多样性程度越高。首先，根据企业数据加总，计算得到长江经济带各城市的产业大类（两位数行业代码分类）和产业小类（三位数行业代码分类）的指标数据；其次，采用各城市产业大类下，产业小类的熵指数来衡量城市的相关多样性集聚水平；最后，采用城市产业大类的熵指数来衡量非相关多样性集聚水平，反映城市产业部门间的多样性。多样性集聚程度的计算公式为：

$$rdi_i = \sum_{i=1}^{n} P_i \ln\left(\frac{1}{P_i}\right) \tag{9-1}$$

其中，rdi_i 代表多样性集聚水平，i 代表城市的产业小类，P_i 表示 n 个产业小类的就业总人数占全市就业总人数的比重。当 n = 1 时，P_i 为 1，此时多样性集聚程度为 0，即产业多样性在最低水平。若城市存在 g 个产业大类，那么 g 个产业大类之间的熵指数代表该城市的非相关多样性集聚水平，在书中用 uv 表示：

$$uv = \sum_{g=1}^{m} p_g \ln\left(\frac{1}{p_g}\right) \tag{9-2}$$

g 个产业大类下共有 n 个产业小类，每个产业大类就业人数比重就是每个产业大类下产业小类就业人数的比重之和，那么产业大类下的产业小类的多样性可以用 D_i 表示：

$$D_i = \sum_{i \in g}^{n} \left(\frac{p_i}{p_g}\right) \ln\left(\frac{p_g}{p_i}\right) \tag{9-3}$$

根据熵指数的分解性，可以以将产业多样性进行如下分解：

$$\begin{aligned} rdi_i &= \sum_{i=1}^{n} P_i \ln\left(\frac{1}{P_i}\right) = \sum_{g=1}^{m}\sum_{i \in g} p_i \ln\left(\frac{1}{p_i}\right) = \sum_{g=1}^{m}\left(\sum_{i \in g} p_g \frac{p_i}{p_g}\left(\ln\frac{p_g}{p_i} + \ln\frac{1}{p_g}\right)\right) \\ &= \sum_{g=1}^{m}\left(p_g \sum_{i \in g}^{n} \frac{p_i}{p_g}\ln\frac{p_g}{p_i}\right) + \left(\sum_{g=1}^{m} \ln\frac{1}{p_g} \sum_{i \in g}^{n} p_i\right) \\ &= \sum_{g=1}^{m} p_g\left(\sum_{i \in g}^{n} \frac{p_i}{p_g}\ln\frac{p_g}{p_i}\right) + \sum_{g=1}^{m} p_g \frac{1}{p_g} = \sum_{g=1}^{g} p_g d_i + uv \\ &= rv + uv \end{aligned} \tag{9-4}$$

其中，rv 为相关多样性指数，反映产业大类下内部存在较强联系的产业小类的多样性程度。通过式（9-4）的分解，多样性集聚被分解为相关多样性集聚和非相关多样性集聚。

（2）面板回归模型。

在城市中企业规模收益不变的前提下，企业的生产函数符合柯布—道格拉斯函数[16]。当同一城市集聚了大量企业时，由于集聚外部性的存在，城市的总生产函数不再是企业所有生产函数的简单总和，而是有必要考虑集聚外部性对总生产函数的影响。企业在经营过程中，会产生污染排放 P_i，为了满足政府对环境保护的要求，理性的企业不会无限地排污，并将 θ 份额的产出用于环境污染治理[22]。由此，城市 i 的实际产出 X_i 可以表达为：

$$X_i = (1-\theta) \cdot G_i(\text{agg}) \cdot \sum_{j=1}^{m} L_{ij}^{\alpha} K_{ij}^{\beta} T_{ij}^{\gamma} R_{ij}^{1-\alpha-\beta-\gamma}$$
$$= (1-\theta) \cdot G_i(\text{agg}) \cdot L_i^{\alpha} K_i^{\beta} T_i^{\gamma} R_i^{1-\alpha-\beta-\gamma} \qquad (9-5)$$

其中，j 代表企业，L 代表劳动力投入，K 代表资金投入，T 代表技术投入，R 代表资源投入，agg 代表城市产业集聚水平，G(agg) 则代表城市产业集聚效应。下一步，本章参考谢荣辉、袁毅君[9]等学者的做法，将企业排污函数设定为：

$$P_i = A^{-1} \cdot X_i \cdot (1-\theta)^{\beta-1} \qquad (9-6)$$

其中，$\beta > 1$，这保证了总产出在扣除生产过程中污染排放 $X_i \cdot (1-\theta)^{\beta-1}$ 后仍然有剩余，另外，污染排放量 P_i 是关于 θ 的减函数，这说明企业污染治理投资量越大，则企业向环境中排放的污染量越低。A 代表全要素生产率，与污染排放量的变化方向相反。全要素生产率的提升主要与技术进步相关。对我国而言，技术进步主要有两个途径：一是自主研发（tech），这与城市的研发投入相关；二是外商投资（fdi）带来的技术溢出效益。因此，技术进步函数可以表达为：

$$A = \gamma_0 + \gamma_1 \text{tech} + \gamma_2 \text{fdi} + \varepsilon \qquad (9-7)$$

此外，根据现有文献，导致环境污染的因素主要有经济规模、产业结构和技术水平等[23,24]。本章在模型中加入了产业结构（stru）来代表影响污染排放的结构因素，加入区域经济规模（gdp）来代表影响环境污染的规模效应。综合上述考虑，本章设置以下计量模型。为了削弱序列的共线性、异方差对估计结果的影响，同时使数据保持平稳性，本章对被解释变量和控制变量进行了对数处理，详见下式：

$$\ln P_{it} = \alpha_{it} + \beta_1 spe_{it} + \beta_2 rdi_{it} + \beta_3 rv_{it} + \beta_4 uv_{it} + \beta_5 X_{it} + \varepsilon_{it}$$
$$X_{it} = \{\ln gdp_{it}, \ln gov_{it}, \ln fdi_{it}, \ln tech_{it}, \ln stru_{it}\} \quad (9-8)$$

其中，i 表示长江经济带的城市；t 表示年份，α 代表截距项，β 代表各变量的估计系数，ε 表示随机扰动项。spe_{it}、rdi_{it}、rv_{it}、uv_{it} 是本章重点考察的解释变量，分别是专业化集聚、多样性集聚、相关多样性集聚和非相关多样性集聚。另外，本章引入控制变量与各类集聚形式的交互项，通过交互项的显著性和估计系数符号来辨别影响专业化集聚、多样性集聚环境外部性的因素，即产业集聚对环境污染的影响是否会受到这些调节变量的干扰。详见下式：

$$\ln P_{it} = \alpha_{it} + \beta_1 spe_{it} + \beta_2 rdi_{it} + \beta_3 rv_{it} + \beta_4 uv_{it} + \beta_5 X_{it} + \beta_6 agg_{it} \times X_{it} + \varepsilon_{it}$$
$$X_{it} = \{\ln gdp_{it}, \ln gov_{it}, \ln fdi_{it}, \ln tech_{it}, \ln stru_{it}\} \quad (9-9)$$

9.3 长江经济带产业集聚特征

9.3.1 专业化集聚的演变与空间布局

图 9-1 给出了长江经济带专业化集聚程度在 2004~2012 年的变化趋势。总体上，整个长江经济带的专业化集聚程度在 0.42~0.46 波动，呈下降趋势，尤其在 2009 年达到峰值后其下降速度开始加快。分区域来看，上游城市的专业化集聚程度高于中游和下游以及长江经济带的平均值，始终保持在 0.48 以上，同样呈现出波动下降的趋势。中游城市的专业化集聚程度变化趋势与整体的变化趋势相似。下游城市的专业化集聚程度始终低于 0.44，与上游和中游不同的是，下游在 2010 年达到峰值，然后开始快速下降。相比较而言，上游与中游和下游的专业化集聚程度相差较大，而中下游城市的专业化集聚程度相差较小。

为了从空间上更好地识别各城市专业集聚程度变化的差异性，图 9-2 给出了长江经济带 2004 年、2008 年和 2012 年各城市专业化集聚程度的空间格局。根据 ArcGIS 中的自然断点法，这里将长江经济带各城市的专业化集聚程度划分为 5 类。从三个年份的空间格局上看，长江经济带各城市的专

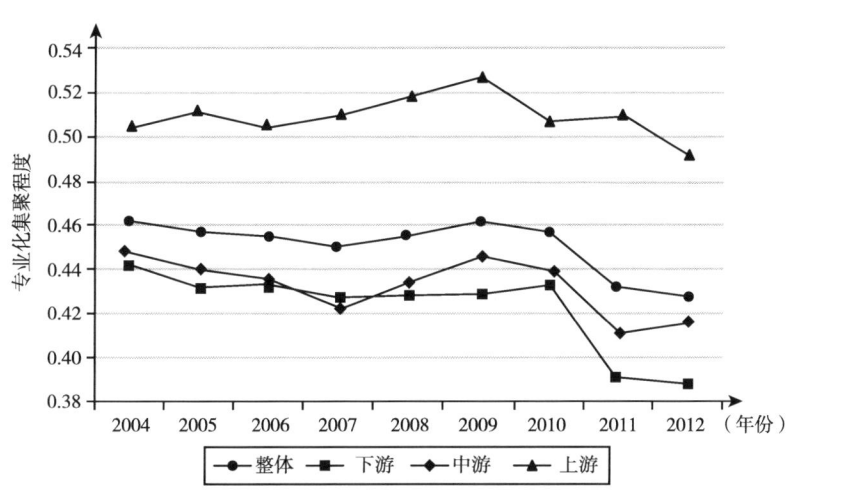

图 9-1　2004~2012 年长江经济带专业化集聚程度的变化趋势

资料来源：作者自绘。

业化集聚程度在 2004~2012 年发生了较大的变化，专业化集聚程度高的城市有向长江经济带上游集聚的趋势。但总的来说，上游城市的专业化集聚程度较高，其次是中游和下游，整体上呈现"西高东低"的格局。上海、杭州、苏州等上游城市的专业化集聚程度较高，主要是因为这些城市经济发展水平较高，经济结构中第三产业的比重上升，并且随着发展的需要，非主导地位的重工业企业开始大量外迁。另外，2012 年，四川东部至云南西南部呈现出一条专业化集聚程度高值带，尤其是六盘水、攀枝花、临沧等资源型城市的专业化集聚程度显著高于周边城市。这主要是因为经济转型过程中存在路径依赖，资源型产业和其他相关产业形成紧密的产业链，导致新产业进入和发展的难度大。

9.3.2　多样性集聚的演变与空间布局

图 9-3 给出了长江经济带 2004~2012 年多样性集聚程度的变化趋势。总体上，长江经济带整体的多样性集聚程度呈现上升趋势，其中，2010 年之前多样化集聚程度变化比较平稳，而 2010 年之后多样化集聚程度呈现迅速上升的趋势，2012 年多样化集聚程度的水平达到 3.7。分区域来看，上中下游城市同样呈现波动上升趋势，其中，上游城市在 2009 年后的上升速度明显加快，

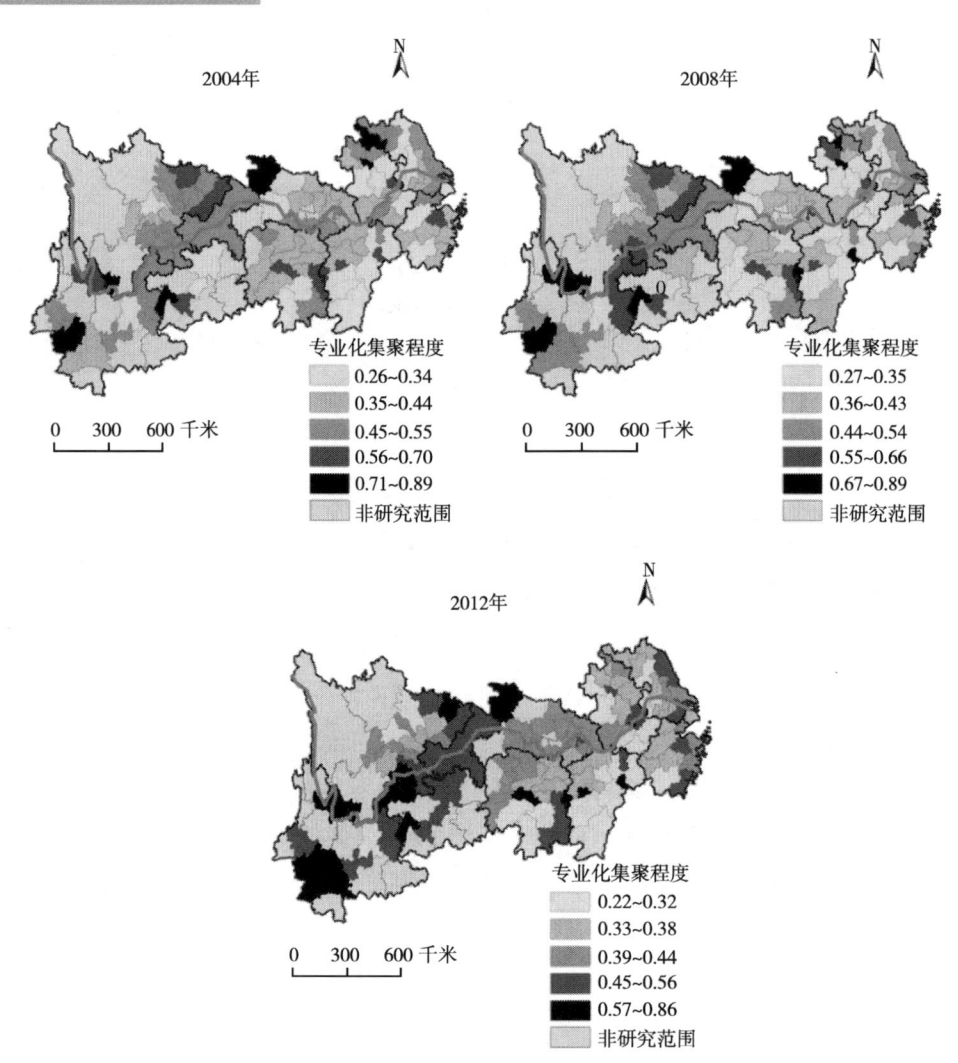

图9-2 2004~2012年长江经济带专业化集聚程度的空间布局

资料来源：作者自绘。

中游和下游则在2010年后多样性集聚程度的上升趋势明显。同样，中游城市多样化集聚程度变化趋势和整体的变化趋势较为相似。

2004年、2008年和2012年长江经济带多样性集聚程度的空间格局见图9-4。同样，根据ArcGIS中的自然断点法，这里将长江经济带各城市的多样化集聚程度划分为5类。长江经济带各城市多样性集聚程度存在比较明显的空间差异。除了成都、昆明等个别城市之外，长江下游城市的多样性集聚程度普遍较

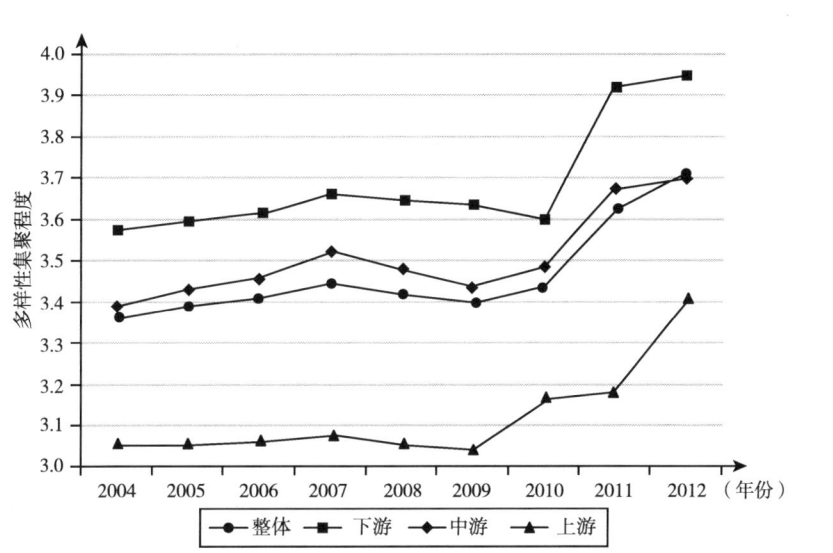

图 9-3　2004~2012 年长江经济带多样性集聚程度的变化趋势

资料来源：作者自绘。

高，长江中游城市次之，长江上游城市最低，整体呈现"东高西低"的空间布局。长江经济带下游集聚了较多经济发达城市，工业化起步较早，城市产业类型较多，因此，该区域多样性集聚程度较高。中游城市的多样性集聚程度比长江经济带整体均值略高。上游城市的多样化集聚程度较低，主要是因为该区域存在较多资源型城市，这类城市的发展主要依托资源开发，经济结构以资源类产业为主，产业结构较为单一，并相对固化，缺乏吸引力[25]。

9.3.3　长江经济带工业污染排放强度的空间格局

接下来，图 9-5 给出了长江经济带 2004 年、2008 年和 2012 年工业污染排放强度的空间格局。总体来看，工业污染排放强度有所下降，说明近年来长江经济带各城市开始重视"绿色"发展。另外，工业污染排放强度整体上呈现"西高东低"的空间分布格局。具体来看，2004 年，工业 SO_2 排放强度的高值区主要集中在四川东部和贵州西部城市，并且在四川西南部和安徽北部也有零星的分布。2008 年相对 2004 年工业污染排放强度的空间格局变化比较小，四川东部和贵州西部城市的工业污染排放强度仍然相对较高，而下游地区

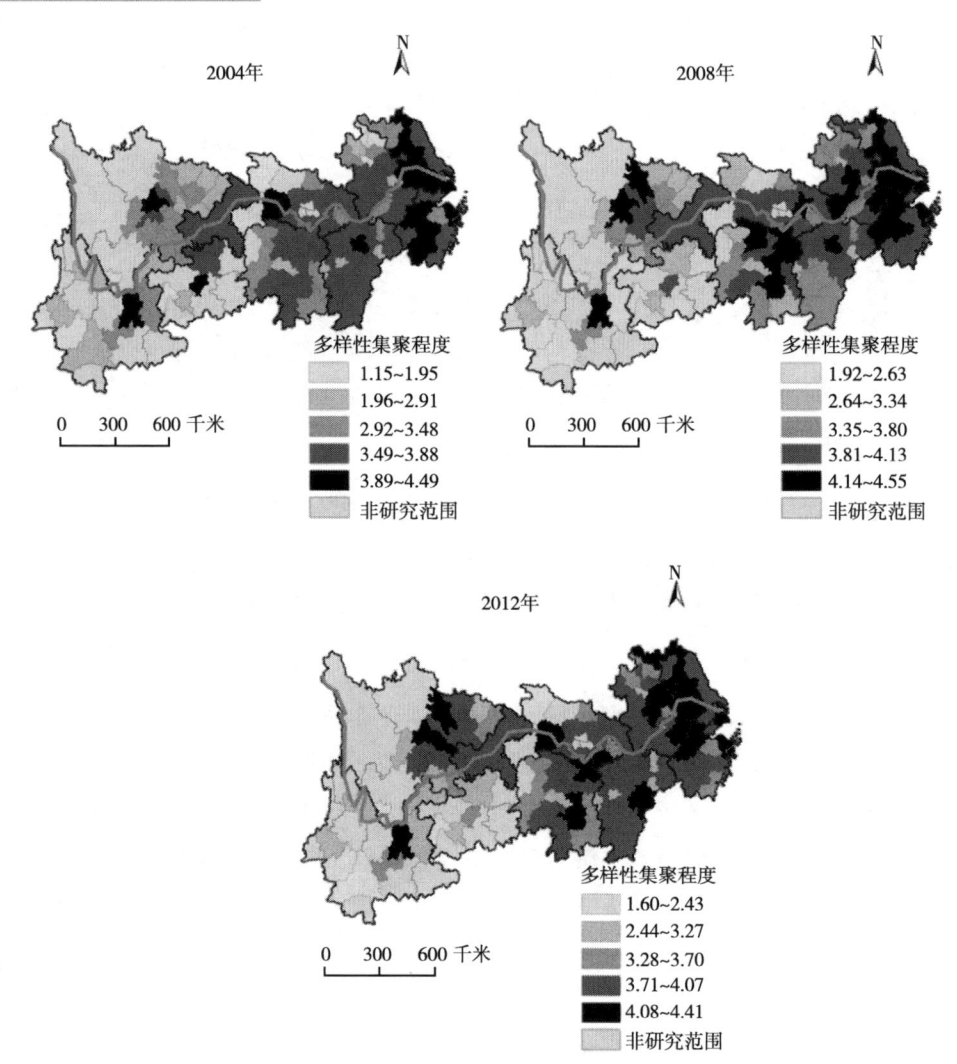

图 9-4 2004 年、2008 年、2012 年长江经济带多样性集聚的空间分布
资料来源：作者自绘。

的工业污染排放强度仍然较低。2012 年，工业污染排放强度的高值区域向西南方向迁移至贵州西南部和云南东北部城市。由此可以看出，工业污染强度较高的城市逐渐向长江经济带上游集中，主要是由于产业转移造成的。近年来，下游城市不断处于经济转型过程中，将大量污染密集型的工业迁移至西部地区，从而改善了环境污染情况。而与此同时，上游地区的经济虽然得到了发展，但由于重工业的集聚而面临着严重的环境污染问题。

第9章 产业集聚特征对城市绿色发展的影响研究

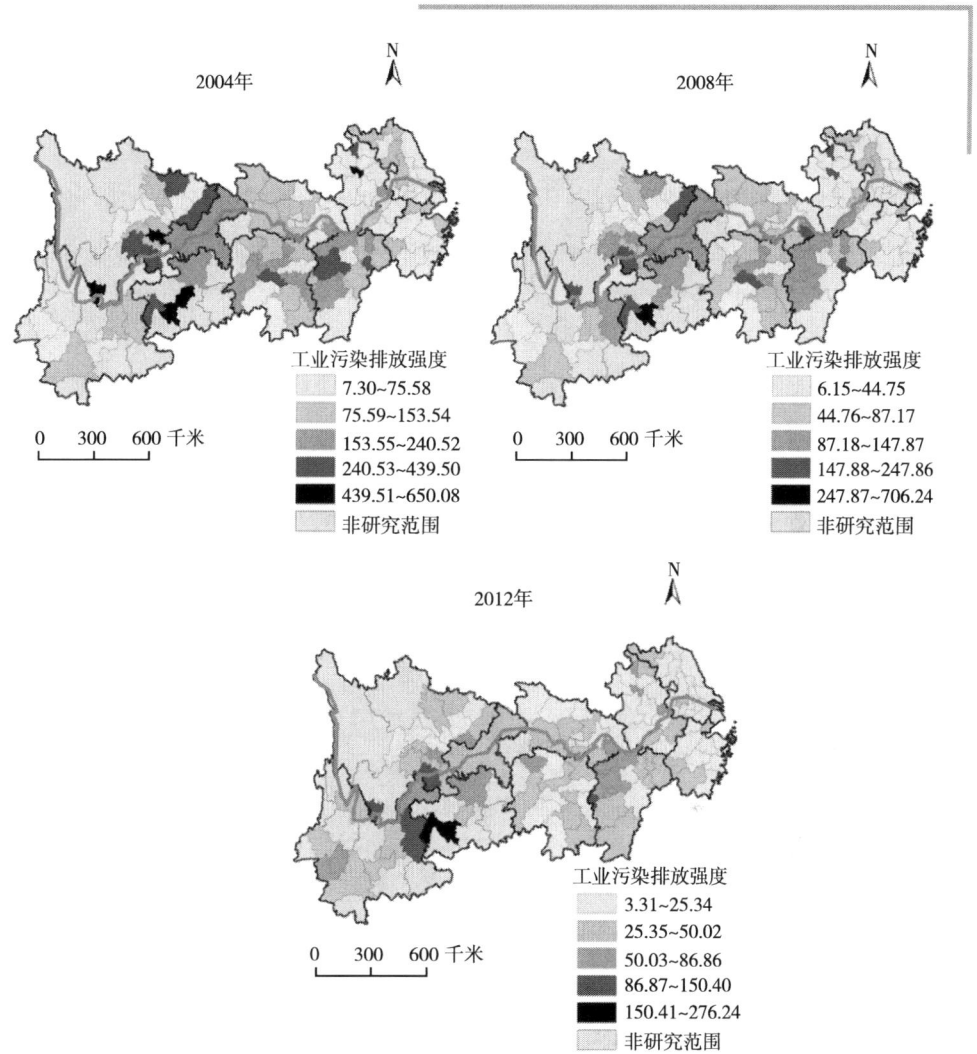

图9-5 2004～2012年长江经济带工业污染排放强度的空间格局

资料来源：作者自绘。

9.4 产业集聚特征对工业污染排放强度的影响

9.4.1 实证结果分析

在进行回归分析之前，本章首先对各变量进行平稳性检验，结果显示各变量在取对数（取对数是为了消除量纲和异方差的影响）后均为零阶平稳；其次采用豪斯曼检验后发现，相比随机效应，固定效应最优，因此应采用固定效应模型进行分析；最后，由于面板固定效应又分为个体固定效应、时间固定效应以及时空双向固定效应，这里根据F检验的值，最终选择时空双向固定效应模型。考虑到工业污染排放强度存在连续性，将被解释变量的滞后项也加入模型中，记为l.lnpso。基于此，最终的面板回归结果如表9-2所示。

根据表9-2中模型（1）显示，专业化集聚的估计系数显著为正，说明专业化集聚程度的提高会加剧工业污染排放强度，长江经济带专业化集聚具有负外部性。主要是因为长江经济带在2004~2012年工业规模快速扩张，低水平同质化建设的现象突出。专业化集聚的规模扩张效应明显，很多城市都存在产能过剩、能源消耗过度等问题。从控制变量的回归结果来看，经济规模和科学技术的估计系数都显著为负数，说明了经济的发展和科技进步有利于缓解工业污染减排。环境规制的估计系数显著为正，说明当环境规制趋于宽松时，当地的工业污染排放强度会相应提高。这个结果在一定程度上印证了"污染避难所"假说，污染集聚型企业基于利润最大化的考虑，会向环境规制宽松的地方集聚，导致这些地方的环境受到污染。

根据表9-2中模型（2）至模型（6）可知，外商投资与专业化集聚交互项的系数显著为负，说明外商投资有负的边际效应，专业化集聚程度每提高1个单位，工业污染排放强度会增加1.0576个单位。长江经济带的外商投资可能具有技术溢出效应，能够促使专业化集聚产生创新和技术进步，从而降低了对环境的不良影响。科学技术交互项系数同样显著为负，专业化集聚程度每提高1个单位，工业污染排放强度会增加1.0184个单位。这说明科学技术的边际效应为负，提高科学技术水平能够降低专业化集聚对环境的负面影响。另外，环境规制交互项的系数显著为正。由于环境规制是负向的指标，因此环境规制每降低1个单位，工业污染排放强度会增加0.7931个单位。这说明如果环境规制趋于宽松，那么专业化集聚带来的工业污染强度也会相应增加。这个结果验证了环境规制与工业污染的间接关系，再次表明"污染避难所"假说在长江经济带是成立的。有学者利用空气质量指数进行实证检验，也得到了与本章类似的结果[26]，说明了本研究结果的可信度。另外，经济规模、产业结构与专业化集聚程度的交互项在模型中回归结果不显著，说明经济规模和产业结构对专业化集聚的环境外部性的影响并不明显。

表 9 – 2　　专业化集聚影响工业污染排放的面板回归结果

被解释变量：lnpso	(1)	(2)	(3)	(4)	(5)	(6)
l. lnpso	0.8518*** (0.0163)	0.8512*** (0.0163)	0.8495*** (0.0163)	0.8510*** (0.0163)	0.8526*** (0.0163)	0.8686*** (0.0159)
spe	0.2269** (0.1007)	2.7848* (1.6804)	1.1616** (0.4721)	1.1237** (0.4824)	0.4791* (0.2717)	0.3485* (0.1986)
spe × lngdp		−0.1656 (0.1086)				
spe × lnfdi			−0.1040** (0.0513)			
spe × lntech				−0.1053** (0.0554)		
spe × lngov					0.3140*** (0.1844)	
spe × lnstru						0.0169 (0.0700)
lngdp	−0.0291** (0.0265)	0.0424 (0.0539)	−0.0362 (0.0267)	−0.0311 (0.0265)	−0.0376*** (0.0277)	−0.0374** (0.0277)
lnfdi	−0.0154 (0.0117)	−0.0159 (0.0117)	0.0338 (0.0269)	−0.0153 (0.0116)	0.0044*** (0.0116)	0.0044** (0.0116)
lntech	−0.0318*** (0.0122)	−0.0328*** (0.0122)	−0.0335*** (0.0122)	0.0134 (0.0267)	−0.0343*** (0.0119)	−0.0344*** (0.0119)
lngov	0.0508*** (0.0159)	0.0526*** (0.0159)	0.0548*** (0.0159)	0.0508*** (0.0375)	0.0966** (0.0485)	0.0529*** (0.0375)
lnstru	0.0143* (0.0100)	0.0130 (0.0100)	0.0125* (0.0100)	0.0130 (0.0100)	0.0138* (0.0100)	−0.0020 (0.1266)
cons	1.1478*** (0.3271)	0.0447** (0.7938)	0.8150** (0.3655)	0.7886*** (0.3774)	1.0173*** (0.4095)	0.9580*** (0.2412)
回归模型	固定效应	固定效应	固定效应	固定效应	固定效应	固定效应
R – sq	0.6438	0.6448	0.6451	0.6459	0.6436	0.6437
Prob	0.0000	0.0000	0.0000	0.0000	0.0000	0.0000

注：*、**、*** 分别表示在 0.1、0.05 和 0.01 置信水平上显著，括号内为残差值。

同理，表 9-3 给出了多样性集聚对工业污染排强度的影响结果。结果显示，多样性集聚的估计系数显著为负，说明长江经济带多样性集聚具有正外部性，多样性集聚能够显著抑制工业污染排放强度。这说明了雅各布斯外部性所产生的创新溢出效应和协同发展效应不仅能够促进区域经济增长，也能够对地区的环境保护产生积极影响。从控制变量的估计结果来看，环境规制的估计系数显著为正，环境规制抑制工业污染排放的作用再次得到验证。经济结构的估计系数也同样显著为正，说明经济结构会对污染排放强度有重要影响，当资源密集型和污染密集型产业的比重增加时，工业污染排放强度会随之增加。

表 9-3　多样性集聚影响工业污染排放强度的面板回归结果

	被解释变量：lnpso					
	(1)	(2)	(3)	(4)	(5)	(6)
l.lnpso	0.8721*** (0.0157)	0.8742*** (0.0158)	0.8678*** (0.0159)	0.8731*** (0.0157)	0.8685*** (0.0159)	0.8722*** (0.0157)
rdi	-0.0622*** (0.0244)	-0.2752** (1.1864)	0.9590** (0.4865)	-0.1847** (0.0993)	-0.1283 (0.4926)	-0.0746** (0.0415)
rdi × lngdp		-0.1531*** (0.0246)				
rdi × lnfdi			-0.0718* (0.0523)			
rdi × lntech				-0.0147*** (0.0133)		
rdi × lngov					-0.0149 (0.1029)	
rdi × lnstru						-0.0053 (0.0143)
lngdp	-0.0261 (0.0269)	-0.1004 (0.0878)	-0.0356 (0.0277)	-0.0269** (0.0269)	-0.0641* (0.0603)	-0.0257** (0.0270)
lnfdi	0.0033 (0.0116)	0.0034 (0.0116)	0.0371 (0.0265)	0.0025** (0.0116)	0.0532** (0.0218)	0.0033 (0.0116)
lntech	-0.0328** (0.0119)	-0.0346** (0.0121)	-0.0369** (0.0121)	-0.0861*** (0.0169)	-0.0859*** (0.0169)	-0.0331*** (0.0120)

续表

	被解释变量：lnpso					
	（1）	（2）	（3）	（4）	（5）	（6）
lngov	0.0540*** (0.0158)	0.0533*** (0.0381)	0.0552*** (0.0377)	0.0531*** (0.0382)	-0.0235 (0.0684)	-0.0184** (0.0381)
lnstru	0.0032* (0.0105)	0.0025 (0.0105)	0.0048* (0.0105)	0.0022* (0.0105)	0.0039* (0.0137)	0.0542*** (0.0158)
cons	0.9772*** (0.0105)	0.904** (0.8501)	0.6553** (0.3268)	0.6400*** (0.4329)	1.0508*** (0.3404)	1.2188*** (0.2600)
回归模型	固定效应	固定效应	固定效应	固定效应	固定效应	固定效应
R-sq	0.8624	0.8635	0.8740	0.8637	0.8642	0.8634
Prob	0.0000	0.0000	0.0000	0.0000	0.0000	0.0000

注：*、**、***分别表示在0.1、0.05和0.01置信水平上显著，括号内为残差值。

从表9-3中模型（2）至模型（6）可以看出，经济规模交互项的系数显著为负，说明了扩大经济规模可以降低多样性集聚对环境的负面影响，多样性集聚程度每提高1个单位，工业污染排放强度会增加0.4283个单位。在经济规模较大的城市，往往产业类型更加丰富，企业之间的交流活跃，并且已经形成完善的上下游或投入产出关系，企业协同发展能力较强，雅各布斯外部性的环境减排作用也较为明显。科学技术交互项的估计系数显著为负，多样性集聚程度每提高1个单位，工业污染排放强度会增加0.1994个单位。这说明科学技术水平提升有利于多样性集聚发挥工业污染减排作用。外商投资交互性的估计系数显著为负，说明外商投资在一定程度上可以降低多样性集聚带来的工业污染排放。其主要是由于外商投资存在技术溢出效应，能够帮助各企业内部提高技术创新能力和管理能力，有效降低单位产值的工业污染排放。另外，环境规制、经济结构与多样性集聚的相互项也分别为负，但是并没有通过显著性检验，说明其对工业污染排放强度的影响不明显。

为了进一步细分不同类型多样性集聚对工业污染排放强度的影响，表9-4给出了相关多样性和非相关多样性集聚对工业污染排放强度的影响。这里只着重考察经济规模和科学技术，观察在考虑产业关联度后这两个因素对工业污染排放强度分别产生怎样的影响，结果见表9-4。

相关多样性集聚的估计系数显著为负如表9-4中模型（1）所示，说明相关多样性集聚能够显著降低工业污染排放强度。经济规模与相关多样性集聚交互项的系数均显著为负数，即相关多样性集聚程度每提升1个单位，工业污染排放强度会提升0.0686个单位。科学技术交互项的系数也为负数，说明了提升科学技术有利于发挥集聚的环境正外部性。非相关多样性集聚的估计系数显著为负如表9-4中模型（4）所示，这说明非相关多样性集聚也会降低工业污染排放强度，但是这种作用并没有相关多样性集聚的作用显著。经济规模、科学技术与非相关多样性集聚交互项的估计系数虽然为负，但是并没有通过显著性检验，说明经济规模、科学技术无法提升非相关多样性集聚的环境正外部性。

表9-4 相关多样性和非相关多样性集聚影响工业污染排放强度的面板回归结果

	被解释变量：lnpso					
	（1）	（2）	（3）	（4）	（5）	（6）
l.lnpso	0.4513*** (0.0350)	0.4431*** (0.0349)	0.4307*** (0.0354)	0.4467*** (0.0354)	0.4464*** (0.0355)	0.4453*** (0.0355)
rv	-0.1018** (0.0874)	0.5259** (0.2287)	0.3044*** (0.7754)			
uv				-.01425* (0.0812)	-0.1004 (0.1933)	0.2781 (0.6794)
rv × lntech		-0.0629*** (0.0212)				
uv × lntech				-0.0053 (0.0221)		
rv × lngdp			-0.2358*** (0.0755)			
uv × lngdp						-0.0438 (0.0702)
lnpgdp	-0.4858*** (0.1250)	-0.5185*** (0.1248)	-0.3394** (0.1328)	-0.4892*** (0.1249)	-0.4907*** (0.1252)	-0.3766* (0.2196)
lnfdi	-0.0122 (0.0221)	-0.0224 (0.0223)	-0.0219 (0.0222)	-0.0078 (0.0116)	-0.0084 (0.0224)	-0.0101 (0.0226)
lntech	-0.0788*** (0.0223)	0.1211*** (0.0263)	0.0882*** (0.0224)	0.0798*** (0.0223)	0.0946 (0.0656)	0.0810*** (0.0224)

续表

	被解释变量：lnpso					
	(1)	(2)	(3)	(4)	(5)	(6)
lngov	0.2843**	0.2753**	0.2670**	0.2630**	0.2618*	0.2584**
	(0.1498)	(0.1491)	(0.1490)	(0.1498)	(0.1500)	(0.1501)
lnstru	-0.0100*	-0.0091	-0.0107	-0.0084	-0.0082*	-0.0077
	(0.0125)	(0.0124)	(0.0124)	(0.0124)	(0.0125)	(0.0125)
cons	5.1563***	5.2597***	3.8283***	5.5216***	5.4321***	4.4814***
	(1.408)	(1.4015)	(1.4633)	(1.4294)	(1.4782)	(2.1969)
回归模型	固定效应	固定效应	固定效应	固定效应	固定效应	固定效应
R-sq	0.7151	0.7191	0.7195	0.7134	0.7134	0.7136
Prob	0.0000	0.0000	0.0000	0.0000	0.0000	0.0000

注：*、**、*** 分别表示在 0.1、0.05 和 0.01 置信水平上显著，括号内为残差值。

总体来看，相关多样性集聚的环境正外部性程度高于非相关多样性集聚的环境正外部性，并且，经济规模和科学技术的作用主要通过相关多样性集聚产生。由此说明产业关联对于多样性集聚环境外部性存在重要的影响。在产业关联较弱的企业之间，合作关系很难建立，企业之间的技术溢出自然相对较弱。因此，多样性集聚的创新溢出效应和协同发展效应无法发挥，对环境污染减排的作用也不明显。

9.4.2 稳健性检验

为了验证前述实证结论的可靠性，本章通过更换被解释变量的方式进行稳健性检验。将被解释变量替换为工业废水排放强度，用单位 GDP 的工业废水排放量表示。同样地，将工业废水排放强度的滞后项也加入模型中，记为 l.lnpwater。回归结果见表 9-5。

结果表明，专业化集聚的估计系数为正，并且通过了 0.01 显著水平的检验。说明专业化集聚程度提升会导致工业废水排放强度提高，即专业化集聚的环境负外部性更加明显。多样性集聚的估计系数显著为负，说明多样性集聚程度提升有利于降低工业废水排放强度。多样性集聚的环境正外部性更明显。另外，相关多样性集聚和非相关多样性集聚对工业废水排放强度的影响均表现为负向，分别通过了 0.05 和 0.1 显著水平的检验。说明两类集聚都有利于工业废水减排，但相关多样性集聚的作用更加显著。总体来看，结果与前面基本保持了一致，说明了本章的结果是稳健的。

表 9-5 专业化集聚、多样性集聚影响工业污染排放强度的稳健性检验结果

	(1)	(2)	(3)	(4)
被解释变量：lnpwater				
l. lnpwater	0.0404 (0.0301)	0.0364 (0.0300)	0.0385 (0.0302)	0.0406 (0.0301)
spe	0.1797*** (0.0605)			
rdi		-0.0490*** (0.0139)		
rv			-0.0262** (0.0216)	
uv				-0.0569* (0.0206)
lngdp	-0.1413*** (0.0155)	-0.1331*** (0.0158)	-0.1387*** (0.0163)	-0.1423*** (0.0155)
lnfdi	0.0072 (0.0056)	0.0090 (0.0057)	0.0063 (0.0057)	0.0077 (0.0057)
lntech	0.0139*** (0.0043)	0.0130*** (0.0043)	0.0138** (0.0044)	0.0139*** (0.0043)
lngov	0.0058 (0.0088)	0.0052 (0.0087)	0.0048 (0.0088)	0.0050 (0.0088)
lnstru	-0.0049* (0.0031)	-0.0047 (0.0030)	-0.0051 (0.0031)	-0.0046 (0.0031)
cons	5.4483*** (0.2432)	5.5778*** (0.2377)	5.5291*** (0.2453)	5.6943*** (0.2412)
回归模型	固定效应	固定效应	固定效应	固定效应
R-sq	0.2127	0.2163	0.2050	0.2115
Prob	0.0000	0.0000	0.0000	0.0000

注：*、**、*** 分别表示在 10%、5% 和 1% 的置信水平上显著。

9.5 研究结论与政策建议

9.5.1 研究结论

本章基于 2004~2012 年长江经济带 108 个地级市工业企业的面板数据，利用比例法和熵指数法测算和分析了长江经济带产业集聚、工业污染排放强度的空间格局演变特征；利用面板回归模型重点讨论了专业化集聚、多样性集聚对工业污染排放强度的影响，以及影响产业集聚环境外部性的因素，得到了以下主要结论。

（1）长江经济带多样性集聚水平较高的地区，工业污染排放强度相对较低，而专业化集聚水平较高的地区，工业污染排放相对也较高。时间上，长江经济带产业的专业化集聚程度呈现减小趋势，而多样化集聚程度则呈现增加趋势。空间上，专业化集聚程度整体呈现"西高东低"格局，多样性集聚程度在空间上则呈现"东高西低"格局。总体来看，长江经济带上游城市以专业化集聚为主，而下游城市整体更加倾向于多样性化发展。另外，长江经济带工业污染排放强度呈现减小趋势，并且整体呈现"西高东低"的空间格局。污染强度高值城市在长江经济带上游集聚的态势越发明显。

（2）长江经济带产业的专业化集聚和多样性集聚均会对工业污染排放强度产生正反两面的影响，并且两种影响是同时存在的，共同决定了产业集聚的环境外部性。其中，专业化集聚程度的环境负外部性更强。这主要是由于长江经济带专业化集聚的规模扩张效应明显，低水平同质化建设的现象突出，导致资源开发过度和环境污染问题。同时，专业化集聚存在垄断效应，头部企业与周围小企业之间的交流联系较弱，这也会使创新溢出效应无法发挥作用，导致专业化集聚环境正外部较弱。与之相反，多样性集聚对工业污染排放强度有显著的抑制作用。这主要是由于多样性集聚带来的创新补偿效应、协同发展效应和循环效应。此外，外商投资、科学技术能够通过提升集聚的创新溢出效应，从而增强集聚的环境正外部性。环境规制有利于提升专业化集聚的环境正外部性，经济规模有利于提升多样性集聚环境带的正外部性。

(3) 相关多样性集聚抑制工业污染排放强度的作用比非相关多样性集聚更加显著。经济规模、科学技术等因素对集聚环境外部的影响也主要是通过相关多样性集聚发生。相关多样性产业集聚与非相关多样性集聚相比，由于产业关联更强，因而存在更强的企业间合作，以及创新外溢的可能，而这也是相关多样性集聚能够降低工业污染强度的主要原因。相比而言，非关联产业集聚产生技术外溢效应的可能性较低，同时难以达到企业间协同发展，因此集聚环境正外部性比较不显著。

9.5.2 政策启示

（1）遵循产业集聚发展周期的规律，因地制宜地制订产业集聚政策，避免"一刀切"。

专业化集聚、多样性集聚的环境外部性会受到产业集聚发展周期的影响。专业化集聚的环境正外部性仅在产业集聚发展初期显现，而多样性集聚的环境正外部性则需要经济规模的支撑。因此，经济发展水平低的城市适合发展专业化集聚，集中利用特色资源禀赋，通过发展支柱产业形成城市的专业化优势，发挥马歇尔外部性的减排作用。当经济发展到一定程度时，专业化集聚的环境正外部性会减弱，此时，应当适度地调整产业结构。经济发展水平较高的城市，则应以产业多样化为目标，积极引入新产业，培育新的经济增长点，通过跨行业交流合作促进创新和发展，发挥雅各布斯外部性的降污减排作用。

（2）提升企业创新能力，强化产业集聚的技术溢出效应。

科学技术是影响专业化、多样性集聚环境外部性的关键因素之一。提升科学技术水平能够显著提升专业化集聚、多样性集聚的环境正外部性。因此，在工业污染减排和治理过程中，要充分重视科学技术的作用，将提高企业清洁生产和污染治理水平作为出发点，加强技术外溢效应。一方面，鼓励企业引进高端技术人才和先进技术，适时出台清洁生产技术和治污技术的财政补贴和税收优惠政策，从而提升企业自主创新的积极性，引导企业生产方式向更加环保的方向转变；另一方面，充分发挥外商投资的技术外溢效应。地方政府应当借助集聚吸引更多高质量的外商投资，同时，提高企业的学习吸收能力，通过学习模仿外资企业的先进技术以提升本国企业的技术水平。

第9章 产业集聚特征对城市绿色发展的影响研究

（3）不断完善环境保护制度，弥补产业集聚的环境负外部性。

环境规制是影响专业化集聚环境外部性的重要因素，环境规制放宽可能会增加专业化集聚的环境负外部性。本章发现专业化集聚程度较高的地区和工业污染排放强度较高的地区都集中在长江经济带上游地区，并且有进一步集聚的趋势。可见，在长江经济带内部可能发生了"污染避难所"现象。长江经济带上游的城市经济发展水平总体偏弱，且存在较多资源型城市。这些城市应当在区域产业选择和准入条件方面充分考虑环境保护因素，适当提高环境保护标准，降低重污染产业在经济结构中的比重。

参考文献

[1] 胡森林，曾刚，滕堂伟，等．长江经济带产业的集聚与演化——基于开发区的视角．地理研究，2020，39（3）：611-626.

[2] de Leeuw F, Moussiopoulos N, Sahm P, et al. Urban air quality in larger conurbations in the European Union. Environmental Modelling & Software. 2001: 399-414.

[3] Duc T A, Vachaud G, Bonnet M P, et al. Experimental investigation and modelling approach of the impact of urban wastewater on a tropical river: a case study of the Nhue River, Hanoi, Viet Nam. Journal of Hydrology, 2007, 334 (3): 347-358.

[4] 东童童，李欣，刘乃全．空间视角下工业集聚对雾霾污染的影响——理论与经验研究．经济管理，2015，37（9）：29-41.

[5] Wang H, Wheeler D. Financial incentives and endogenous enforcement in China's pollution levy system. Journal of Environmental Economics and Management, 2005, 49 (1): 174-196.

[6] 李勇刚，张鹏．产业集聚加剧了中国的环境污染吗——来自中国省级层面的经验证据．华中科技大学学报（社会科学版），2013，27（5）：97-106.

[7] Hosoe M, Naito T. Trans-boundary pollution transmission and regional agglomeration effects. Papers in Regional Science, 2006, 85 (1): 99-119.

[8] Zeng D-Z, Zhao L. Pollution havens and industrial agglomeration. Journal of Environmental Economics and Management, 2009, 58 (2): 141-153.

[9] 谢荣辉，原毅军．产业集聚动态演化的污染减排效应研究——基于

中国地级市面板数据的实证检验. 经济评论, 2016 (2): 18-28.

[10] 张可, 豆建民. 集聚对环境污染的作用机制研究. 中国人口科学, 2013 (5): 105-116, 128.

[11] 李伟娜, 杨永福, 王珍珍. 制造业集聚、大气污染与节能减排. 经济管理, 2010, 32 (9): 36-44.

[12] 曹杰, 林云. 我国制造业集聚与环境污染关系的实证研究. 生态经济, 2016, 32 (6): 82-87.

[13] 杨礼琼, 李伟娜. 集聚外部性、环境技术效率与节能减排. 软科学, 2011, 25 (9): 14-19.

[14] Shen N, Zhao Y, Wang Q. Diversified Agglomeration, Specialized Agglomeration, and Emission Reduction EffectA Nonlinear Test Based on Chinese City Data. Sustainability, 2018, 10 (6).

[15] 周国富, 白士杰, 王溪. 产业的多样化、专业化与环境污染的相关性研究. 软科学, 2019, 33 (1): 81-86.

[16] Pei Y, Zhu Y, Liu S, et al. Industrial agglomeration and environmental pollution: based on the specialized and diversified agglomeration in the Yangtze River Delta. Environment Development and Sustainability, 2021, 23 (3): 4061-4085.

[17] 苗建军, 华潮, 丰俊超. 产业协同集聚的升级效应与碳排放——基于空间计量模型的实证分析. 生态经济, 2020, 36 (2): 28-33.

[18] 严雅雪, 齐绍洲. 外商直接投资对中国城市雾霾 (PM2.5) 污染的时空效应检验. 中国人口·资源与环境, 2017, 27 (4): 68-77.

[19] 邓慧慧, 杨露鑫. 雾霾治理、地方竞争与工业绿色转型. 中国工业经济, 2019 (10): 118-136.

[20] 张德常. 产业多样性的理论与实证研究. 复旦大学, 2010.

[21] Frenken K, van Oort F, Verburg T. Relate variety, unrelated variety and regional economic growth. Regional Studies, 2007, 41 (5): 685-697.

[22] 李筱乐. 市场化、工业集聚和环境污染的实证分析. 统计研究, 2014, 31 (8): 39-45.

[23] Andreoni J, Levinson A. The simple analytics of the environmental Kuznets curve. Journal of public economics, 2001, 80 (2): 269-286.

[24] 陆琳忆, 何金廖, 曾刚. 创新驱动视角下经济增长与工业废水排放的

脱钩研究——以长三角城市群为例. 地域研究与开发, 2020, 39 (5): 156-162.

[25] 曾刚, 陆琳忆, 何金廖. 生态创新对资源型城市产业结构与工业绿色效率的影响. 资源科学, 2021, 43 (1): 94-103.

[26] 柏玲, 姜磊, 周海峰, 等. 长江经济带空气质量指数的时空特征及驱动因素分析——基于贝叶斯空间计量模型的实证. 地理科学, 2018, 38 (12): 2100-2108.

城市社会治理协同创新

作为各类要素资源和经济社会活动的聚集地，城市在现代国家治理体系中至关重要。《中国国民经济和社会发展第十四个五年规划和2035年远景目标纲要》（以下简称"纲要"）指出，我国"已转向高质量发展阶段，制度优势显著，治理效能提升"，但"社会治理还有弱项"。当前，我们仍然面临社会转型时期长期积累的大量问题、矛盾与任务，其中尤为突出的是"城市化"进程中产生的各类城市治理问题。在不断提高我国城市治理水平，构建社会治理新格局的过程中，关注城市基层治理，市民化进程及高水平人才服务等领域中，亟待我们在机制创新、资源协同、共建共享等方面积极探索。与此同时，伴随科技进步，信息化、智能化不断普及，在城市社会治理协同创新中，我们从理论憧憬到战略选择再到实践操作，需要依托更完善的制度建构与机制设计，以构建"人民城市"为己任，运用科技支撑、创新驱动"五位一体"全面协调的社会形态，不断提升城市居民的获得感、幸福感和安全感。

第10章

城市治理协同创新

10.1
城市基层治理创新[①]

一座城市的建设、发展与治理水平，关乎市民的获得感、幸福感与安全感。中央城市工作会议指出，抓城市工作，一定要抓住城市管理和服务这个重点，不断完善城市管理和服务，彻底改变粗放型管理方式，让人民群众在城市生活得更方便、更舒心、更美好。一切从人的感受和体验出发，着力提升精细化管理水准，切实改善城市环境，才能让城市生活更有温度、更加美好。以人民为中心的城市管理，就应时时处处以百姓之心为心，以百姓需要为出发点。下足"绣花"功夫，在细节上追求尽善尽美，才能让城市运行更有序、更安全，也才能让城市空间更亮丽、更温馨。

不同于传统单位制"家属区"的"熟人社会"，现代城市社区基本上是由多种人群组成的"陌生人社会"且缺乏共同工作单位所带来的身份整合与利益关联。围绕物业管理、社区服务等公共事务极易产生矛盾和冲突，最终影响社区环境和生活品质。从本质来说，社会治理共同体是指多元社会主体基于共同价值和利益所形成的共荣共存、休戚与共的生命有机整体。社会治理共同体的建设和运行对于社会治理秩序的建构和维系起到至关重要的作用。社区是居民日常生活的空间，也是基层社会治理的主要场域。

党的十九届五中全会公报中指出，近年来，我国"社会治理特别是基层治理水平明显提高"，提出未来我们要"完善共建共治共享的社会治理制度"、

[①] 本节由易臻真撰写。

不断"加强和创新社会治理"。这也为以国内大循环为主体、国内国际双循环相互促进的新发展格局下城市社会治理创新实践指明了前进的方向。作为各类要素资源和经济社会活动的聚集地，城市在现代国家治理体系中至关重要。城市精细化管理既是社会治理现代化的发展方向，也是推进我国城市治理现代化的关键举措，而城市社区治理精细化正是其在基层的主要体现。

10.2 城市社区治理精细化的创新成效及发展态势

《中国国民经济和社会发展第十四个五年规划和 2035 年远景目标纲要》（以下简称《纲要》）指出，我国"已转向高质量发展阶段，制度优势显著，治理效能提升"，但"社会治理还有弱项"。作为各类要素资源和经济社会活动的聚集地，城市在现代国家治理体系中至关重要。在提高我国城市治理水平、构建基层社会治理新格局的过程中，在《纲要》中被 5 次提及的"精细化"管理既是城市社会治理现代化的发展方向，也是推进我国城市治理现代化的关键举措。

习近平总书记 2020 年 3 月在武汉考察新冠肺炎疫情防控工作时强调要树立"全周期管理"意识来着力完善城市治理体系。以全周期管理、现场管理系统（On Site Management，OSM）等为代表的现代企业管理制度，对城市管理手段、管理模式、管理理念创新有着积极的影响。本节内容以上海市 W 等街道推行 OSM 的实践为例，从社会对话理论视角出发，系统分析企业管理制度在城市社区治理精细化实践中的机理，聚焦政府、市场、社会公众等在城市社区治理精细化中的协同互动模式，探讨城市社区治理精细化的理论框架与实现路径，以期推动我国城市社会治理的现代化及完善共建共治共享的社会治理制度。

10.2.1 城市治理精细化的内涵及要义

城市治理研究是随着治理理论的兴起而发展起来的。20 世纪 80 年代初，西方国家政府改革运动及其后的新公共管理实践推动了治理理论的形成。90 年代以后，治理问题成为全球政治学、行政学等领域探讨的热点。21 世纪以来，中国学者开始关注城市治理研究。早期国内学者主要介绍西方城市治理产生的背景、概念、特征、模式及发展中国家城市治理的研究成果[1-3]。近年来，城市治理研究逐步深入，不再局限于理念探讨及对国外实践的介绍，在理论分析和实证研究方面都取得了积极进展[4]。此外，改革开放以来，中国社区建设先后走过了从"社区服务"到"社区管理"，再到"社区治理"三个发展阶段[5]。从历史上看，20世纪90年代以来由于各城市的现实状况及改革切入点存在一定差异，社区治理经验也各有侧重[6-8]。

精细化管理是源于发达国家的一种企业管理理念，主要提倡精益求精的工作态度、创新务实的工作精神和科学高效的管理方式。自20世纪50年代以来，它经历了泰勒的科学管理、戴明的质量管理和丰田的精益生产（TPS）三个发展阶段。与精细化管理有关的概念早已深深嵌入西方学术主流，包括公私伙伴关系、网络治理、协作性公共管理等[9]。近年来，精细化管理正逐步向社会治理范畴深度拓展，当前国内相关研究主要呈现以下三大特点：一是基于微观创新的学科范式。多以公共管理学视角阐释关于城市精细化管理的内涵，指出精细化是一种社会管理和服务方式创新的过程[10,11]。二是强调技术路线与数据思维。主张精细化就是要培育以尊重事实、推崇理性、强调精确、注重细节为主的数据思维。三是注重顶层制度设计和治理理念转变。城市精细化管理以政府职能转变为前提，以规范化、科学化、人性化为基本目标整体推进基层实践[12,13]。

城市治理精细化是在以人为本的治理原则上，充分正视城市这一复杂系统的特性后引入的治理理念。复杂性是有效治理的最大天敌。城市及其基础设施是人类建立的最复杂的系统结构。精细化管理的实质在于通过规范化、程序化、标准化、数据化和信息化的手段降低管理成本、提高管理效能。城市治理精细化就是以科学管理为基础，以精细操作为特征，致力于降低治理成本、提高治理效率的一种方式。近年来，为有效避免城市治理的内卷化[14]，在城市治理的基本单元——社区中，治理工作逐渐追求以科学技术为基础，以精、细、严、准操作为特征，通过合理配置各种资源，强化协作，提高组织执行力，从而达到降低成本和费用，提高运行效率的目的。城市社区治理精细化更加聚焦于社区的日常事务，强化社区服务能力，弥补传统治理模式在治理末端高成本、低效能的不足，能够不断提高社区治理的水平。它是对我国城市发展形势的主动适应，是对城市居民诉求的积极回应，更是完善我国城市治理体系的必经之路。

10.2.2 OSM系统在城市治理中的实践与创新

OSM这一企业管理制度在现代大型企业中应用广泛,它是一系列对人力、空间、物品、设备、信息、废物等进行合理配置和优化组织的动态管理过程。近年来,它被引入了城市治理的不同领域,在香港、长三角等地的政府部门服务窗口等机构取得了较好的成效。本章系统梳理这一企业管理制度在城市治理中的应用推广发展历程与脉络。

(1) OSM现场管理系统简介。

OSM (On Site Management) 现场管理系统被广泛应用于国内外大型企业的生产车间中。这套科学的管理方法是对人力、空间、物品、设备、信息、废物等进行合理配置和优化组织的动态过程。OSM现场管理系统是以整理为开端、标准化管理为手段、养成良好工作习惯为追求、承担社会责任为使命,科学、周密、高效的管理体系,是基于大数据、心理学、逻辑学、流程管理、美学设计等多角度、全方位的管理体系,在看似简单的整理过程背后,是一整套管理实施方案。

OSM现场管理系统关注方向为现场的资源管理、安全管理、服务管理和机构的社会责任。首先对工作现场的资源进行综合规划,通过可视化管理及持续效果检验PDCAS(策划Plan→执行Do→检验Check→改善Action→标准Standard)(详见图10-1),对工作现场实施规范化管理,引导员工养成工作场所整齐、清洁、有条理的良好习惯,并制订形成机构标准。在此基础上OSM现场管理系统进一步在安全、服务及社会责任等诸多方面培养和强化员工意识,以协助

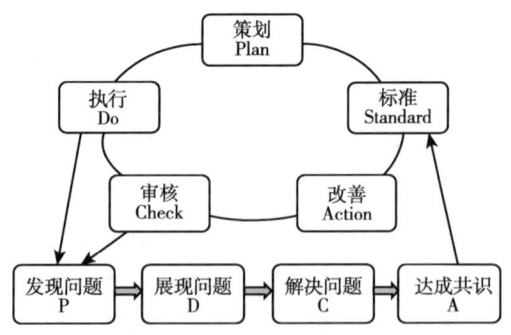

图10-1 OSM现场管理系统的PDCAS循环模式

创建环保、安全、高效的工作现场,为其可持续发展提供保障。

OSM现场管理系统的导入一般分为四个步骤,即第一阶段对于现状的评估,对于导入工作的筹备,及相关人员的认识统一;第二阶段则侧重理论培训,并进入实地开展实践指导;第三阶段则是根据现存的主要问题,制订标准,建立运行机制;第四阶段则是通过专家与主体之间的总结交流,巩固现有的成效,最终通过专业团队的审核和认证。

OSM现场管理系统导入过程中的培训授课和专家现场指导环节非常重要,旨在为服务机构建立切实可行的现场管理标准。并达到以下四大目标:一是资源管理:资源管理的有序、增值,空间的有效利用,环境的优化及成本的节约;二是服务管理:服务效率的提升以及服务创新思维的建立,提升顾客和员工满意度,进一步提高机构形象,从而提高员工忠诚度和客户黏性;三是安全管理:最大限度地排查机构现有的安全隐患,通过"泛险失"计划,消除不良事件,降低各种风险事故的发生;四是社会责任:进行社会责任主题培训,培养工作人员环保、道德、公益意识。

OSM现场管理系统凝聚社会各界、各行各业的智慧,努力推动现场的资源增值、环境改善、安全及服务提升。系统是以深度整理为开端、标准化管理为手段、养成良好工作习惯为追求、承担社会责任为使命,科学、周密、高效的管理体系,是基于大数据、心理学、逻辑学、流程管理、美学设计等多角度、全方位的管理体系,关注方向为现场的资源管理、安全管理、服务管理和机构的社会责任。

(2) OSM在城市治理各领域的实践及应用。

中国香港现场管理学会率先将OSM现场管理系统引入非企业管理系统,并致力于持续研发。多年来,借鉴欧美、日本等在现场管理中的经验,结合内地发展现状,OSM现场管理系统已经在全国各类机构包括政府、教育、医疗卫生、服务业、制造业等行业得到了广泛应用,取得了很好的效果,并为这些行业建立标准,提高管理水平,优化软环境、提升服务质量、培养安全防范意识等做出了卓越贡献。

其用科学方法和标准,对人力、空间、信息、物品、设备、废物等进行整合、组织和控制,创建生态、安全、简洁、有序的工作环境,满足投资者、企业和人民群众的服务需求。通俗说法是:进一步提升办公环境,让办事人员、工作人员更加舒心宽心。

启用OSM现场管理系统，与办公环境脏乱差说"再见"。OSM现场管理系统在"硬件配置"上有严格规定，如私人物品都有明确的摆放位置，甚至办公桌上放几支笔、放在哪儿都有要求。"软件设置"主要体现在为民服务上，对于窗口工作人员怎么坐、怎么站、怎么蹲、怎么微笑，都有统一标准。就连接听咨询电话，也有明确规定，如让办事群众先挂断电话等。该系统的应用，旨在进一步推进作风建设，深化权力清单制度改革成果，不断提升窗口服务绩效，努力打造"最快最优"行政服务体系。

OSM现场管理系统着重进行以下五个方面的工作的改善和优化：一是进一步打造环保安全、整洁有序的办事处工作环境；二是优化服务标准和流程，提升工作人员的整体服务素质；三是营造更加健康和谐的窗口文化，关注个人身心健康，增强工作人员的凝聚力和归属感；四是制订办事处资源管理、服务管理、安全管理等现场管理方面的标准；五是培养现场管理队伍并建立内审机制，提高办事处服务窗口常态化管理水平。

OSM现场系统的导入过程（详见图10-2）具有以下七大特点：一是注重思想意识的培育。"认识变则态度变，态度变则行为变，行为变则习惯变"。这句话较为贴切地反映出了人的行为是受思想意识支配的，要做好现场管理，首先必须有正确认识，必须先解决思想意识上的问题。二是理论与实际相结合。培训不死板地照搬教条而讲究变通，OSM现场管理实施标准只有一个，但在不同的领域、不同的企事业单位以及同一企业的不同发展阶段对OSM现场管理实施要点却可以不同，关键的一点是与企业实际相结合。三是大量现场案例。在为企事业单位进行OSM现场管理培训前，会先深入企事业单位现场进行取样采集，直接结合企事业单位现场进行培训解析，让学员感受真切，极具震撼的说服力。四是实战派师资力量。OSM现场管理顾问师、咨询师均是出身于各行业的现场管理专家，是任职于生产、质量管理部门的中高层管理者，具有丰富的现场管理经验，为项目的成功实施提供了有力的保障。五是项目管理的责任化细分。每个OSM现场管理咨询项目均有专门的项目实施团队，且分工明确，项目的实施效果会定期进行内部评定和考核，确保项目的成功，为客户负责。六是关注现场的改变，更关注人的改变。项目实施的关键是基层的中层管理者的思想意识的改变，以及其管理素质的塑造与提升。七是注重项目标准化的建立。标准化的构建是成效得以保持的基础。关注OSM现场管理自动运行机制的建立，有了系统的自动运行机制，就能持续地坚持下去。

第 10 章 城市治理协同创新

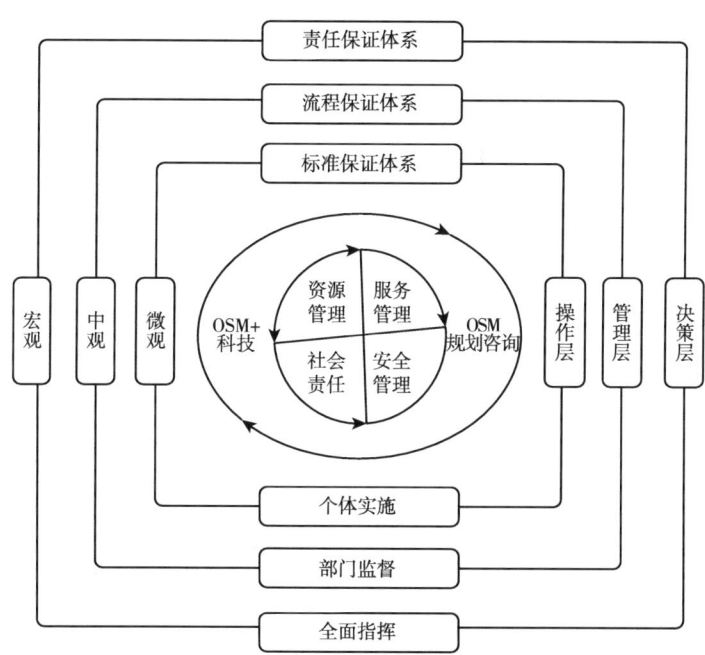

图 10-2 OSM 现场管理系统的导入

香港现场管理学会拥有现场管理的数据库模板 100 多万套。学会专家指导团队由有国际现场管理指导经验的顾问团队和有国内导入经验的指导团队组成，拥有突出的人才队伍优势。OSM 系统引入内地后，以上海为起点，逐步向全国发展辐射，目前 OSM 系统已为北京、上海、天津、浙江、广东、贵州、青海等地的合作机构提供了导入服务，各地的导入工作取得可喜进展，成效显著。引入内地后，已服务全国 160 多家项目机构。当前，OSM 现场管理系统已得到国家有关部门的高度认可，并被多次邀请就 OSM 现场管理系统在其所举办的论坛和研讨会中作专项报告。

（3）OSM 在城市社区治理中的实践成效。

上海市 W 街道作为内地首个将 OSM 现场管理系统引入城市社区基层治理领域的基层政府派出机构。在全程跟踪 OSM 现场管理系统在 W 街道导入过程后，历经此次新冠肺炎疫情防控工作的检验，通过实地考察、个案访谈、小组座谈及问卷调查等研究方法，系统梳理 OSM 现场管理系统这一企业管理制度在城市社区治理中的发展历程与脉络，全景呈现了其发展现状及实施效果。

W 街道所辖 15 个居委会整建制导入 OSM 标准化建设项目，从资源管理、服务管理、安全管理和社会责任管理四个板块初步建立居委会精细化管理的标准体系。各居委会通过统一门头及标识（见图10-3）、打造零距离"百姓客厅"（见图10-4）、制作各类对外宣传手册及内部管理手册（见图10-5），实现居委会从行政性平台到服务性平台的转变，重建居民的主体责任，提升社区的温度和黏度，不断助推社区治理能力现代化和精细化。OSM导入W街道的项目周期为2017年7月持续到2019年1月，共19个月。2017年完成装修咨询、资源管理两个板块，启动服务管理板块；2018年完成服务管理、安全管理与社会责任管理三个板块。15个居委会整建制导入。W街道共完成了15次导入，先后完成了资源管理、服务管理、安全管理和社会责任四大板块的导入，并取得了相应的成效。

图10-3 一改往日面貌的居委会

空间

图10-4 整洁的工作环境

第 10 章　城市治理协同创新

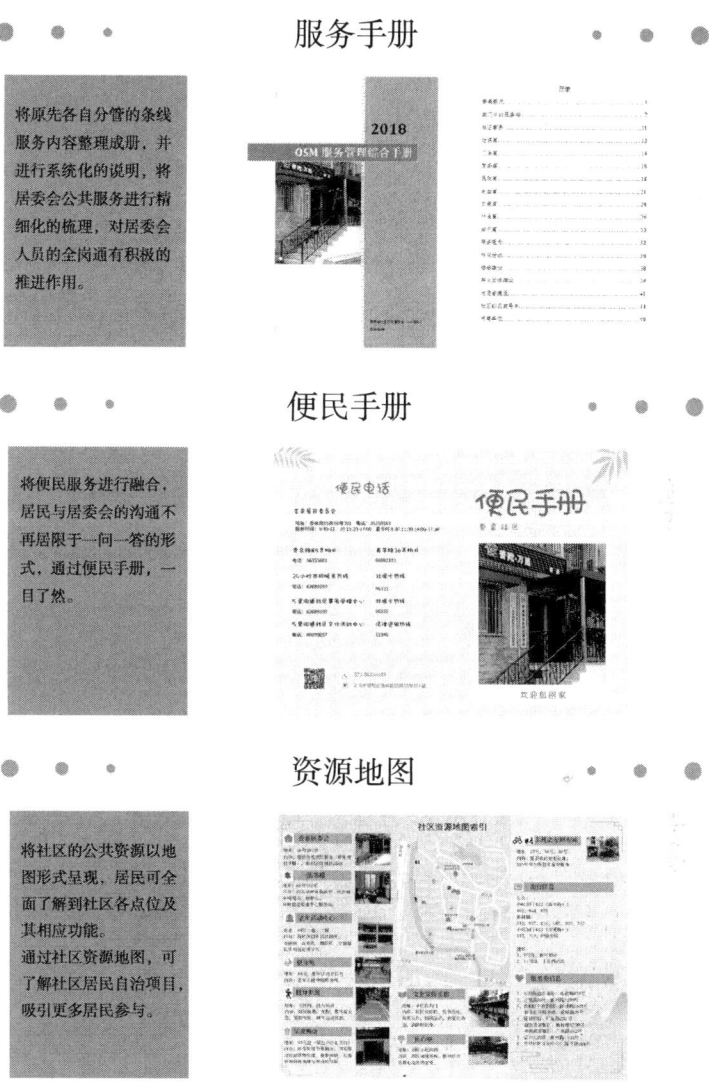

图 10-5　各个居委会的"三大法宝"

一是资源管理板块突出"可视化"。精细化管理就是要求随时随地都有相应的制度来制约，保证每一项工作、每一个细节都有"章"可循。OSM 现场管理系统就是对每一个细节和流程，都落实到具体部门、具体责任人，并明确责任内容、责任承担方式以及责任追究程序。资源管理板块从"要与不要"开始，对于办公区域、文件柜、各类文件进行整理，重新归类、重新编号，每一个物品都有对应的空间，台账、办公室用品各归其位，表面看起来像是收纳小技巧，实则大大提高了工作效率。居民区社区工作者纷纷表示，经过资源管理板块的导入，工作环境舒适整洁了，工作思路也更加清晰了。

二是服务管理板块实现"有形化"。服务管理板块与资源管理板块相比，内容更加地抽象，在导入的过程中更多的是要求居委会服务理念和服务思维的转变。服务板块的内容导入，先后经历了居民需求、居民结构的梳理、分析，服务口号、服务宗旨的征集，服务载体的设想、打造，社区资源地图、便民服务手册的制作和社区项目的策划的过程，不断实现社区服务的有形化，实现居民需求与社区服务的精准对接，解决居民最期待解决的问题，逐步提高居民对社区事务的参与感，提升居民对社区服务的满意度。

三是安全管理板块遵循"精准化"。安全板块强调运用"分类、分级、分组"的方式着重对社区安全风险系数进行系统性分析、干预、评估，全面把握社区中存在的安全因素的状态，制订相对应的应对计划，从而降低安全事故发生的概率。首先是分类，对社区常见安全隐患进行分类，找到社区存在的所有可能安全因素，建立安全清单；其次是分级，依据安全等级风险标准对已分类风险进行分级；最后是分组，依据风险分值理论，通过诊断流程确定风险事故后果严重程度等级，依据安全风险级别进行分组，采取相应措施进行干预。在实现安全隐患的分组之后，以居委会为主导，成立安全小组，建立区域安全巡查表，并发动居民共同参与，形成社区安全文化，提高居民自我安全意识。在前期的安全隐患排摸中，15家居委会共排摸出涉及社区公共设施安全、食品卫生安全、消防安全3大类100多项安全隐患，为社区平安建设提供了强有力支撑。

四是社会责任板块力求"品牌化"。社会责任板块的导入则是诠释居委会的社会角色，居委会应该承担的社会责任。梳理居委会在社区建设中所做的投入，居委会服务模式的改变以及产生的社会影响力，并结合社区实际做好社区垃圾分类、社区蚊虫治理、社区养老环境和社区无障碍设施的改善等涉及居民切实利益、关系社会发展的事项。引导居委会从一个社区居民反映最集中、最突出的问题入手，通过项目化手段，吸引居民共同参与，最终形成自己的品牌项目。

与此同时，作为市区最年轻的街道，W街道通过导入OSM现场管理系统在探索精细化管理的道路上不断改革创新。居委会作为连接政府与居民最直接的一扇"窗"，是政府服务群众的前沿阵地，居委会的建设关系到党和政府的执政基础。为适应创新社区治理的精细化管理要求，增强居委会标准化建设，提升居委干部的服务水平，全力推进居委会标准化建设，提升居委会的服务能级，从而提升居民的获得感和满意度。通过 OSM 项目的导入，居委会的整体团队得到了锤炼，团队的工作效率不断提高，服务能力不断提升，居委会干部的思维方式、看问题的视角以及对事物的认知水平也在不断改变着，居委会干部的做事态度也从以往的被动式的"要我做"，逐渐向主动地"我要做""我能做"甚至是创造性地做转变。

通过近年来的不断积累和改善，在此次疫情期间，与市区其他街道相比，W 街道在城市基层社区治理中成效初见。首先，通过 OSM 现场管理系统导入的微改造，对服务空间的再布局，让载体有了温度。各居委会通过分析居民结构，梳理出居民需求，打造与居民需求相吻合的服务载体。其次，通过"百事能"，进行服务能力的再提升，让服务有温度。打破条块壁垒，推行首问接待责任制，对居民区常见业务进行梳理，制作万里街道居委会掌上通，基本涵盖居委会日常业务工作。最后，通过"八大件"，进行服务方式的再优化，让社区有温度。采用"指尖 + 脚尖"工作法，更加精准地了解居民需求，更好地服务居民。

10.3 城市社区治理精细化创新中存在的问题

近年来，我国城市发展迅速，面貌日新月异。在城区面积和人口持续增加的背景下，如何进一步提高城市管理的科学化、精细化水平，成为一道现实课题。城市越发展，越是大城市，越需要讲精细、讲科学、讲智慧。"城，所以盛民也。"习近平总书记指出："城市管理应该像绣花一样精细"。作为生产空间、生活空间、生态空间的综合体，城市要实现生产空间集约高效、生活空间宜居适度、生态空间山清水秀，需要在细微处下功夫。

城市社区工作中事无巨细，工作繁忙，长期存在既投入了成本，又无法收获预期治理效果的问题，要解决这一难题，核心是必须以精细化的理念代替以往粗放式和经验化的管理思维。以 W 街道 OSM 系统导入为例，可以看到在城市基层社区治理不断精细化的过程中，标准体系建设初见成效，但仍处于起步阶段，目前仍存在以下三大主要问题。

10.3.1 追求信息化智能化忽视了部分人群利益

信息技术是提升精细化治理能力的必要条件。在城市治理过程中运用信息技术也是城市治理精细化的重要标志,以互联网和物联网为代表的现代信息基础设施为城市精细化治理提供强大的技术支撑。在大数据时代,城市政府需要充分利用互联网技术、GIS 技术、GPS 技术等多种技术资源,建立一个精准识别、动态追踪、集成共享的信息资源数据库,实现信息资源的整合与共享。互联网、大数据、人工智能等现代信息技术手段与城市社区治理的深度结合,是实现精细化管理的必经之路。

治理手段的数字化和智能化,虽然带来了工作的便捷和高效,但同时也将部分人群拒之门外。OSM 现场管理系统导入过程中微信群组发挥了很大的作用,有助于基层工作者与专家及相互间实时沟通和交流;15 个"掌上居委会",成为居民了解居委会的"流动黑板报"。当下,网上申领健康码、公共交通优先使用支付宝扫码、微信付款消费等智能化、信息化新技术如今被广泛应用,在确认人员健康状况、收集乘车人员信息、减少人员直接接触等方面,发挥了积极作用。但是,对于许多老年人来说,这些新技术却成为影响他们购物、乘车、进出等正常社会生活的难题。

精细化治理必须立足于"以人为本"的服务取向,这不仅符合治理的终极价值是"服务"而非"管控"的现代治理原理,而且符合执政党"全心全意为人民服务"的根本宗旨,符合"立党为公、执政为民"的执政理念,高度契合中国特色社会主义制度的本质特征。在具体的治理实践中,城市治理应当以市民的实际需求和生活体验作为出发点,及时发现并有针对性地解决城市基层社会中的各种治理难题。同时,利用现代技术及时捕捉基层群众动态变化的需求和期望,做到重心下移、力量下沉、保障下倾,不断提升市民公共服务的客户体验,把实现市民的需求作为政策制定和社会治理的出发点和最终归宿。

"不让老年人在智能化、信息化时代掉队"是时代的需要,也是老年人自身的迫切要求。老年人一定要有与时俱进的意识,面对新技术、新事物,绝不能自甘落后。沉下心来、积极学习,努力跟上时代的步伐,与大家一起享受智能化、信息化新技术发展的成果，这正是社会主义和谐大家庭的美好愿景。

10.3.2 一味追求精细化易引发内卷化危机

近年来，城市基层社会的治理体制日益呈现出精细化、智慧化的趋向，这种精细化却是行政强化的集中呈现，具体表现为城市社区干部进一步的官僚化，全面而深度地纳入科层治理体系之中。城市治理精细化的动力来自规范权力运作和提升政府治理能力的政治目标，但在具体的实践过程中，精细化治理在实践中可能会导致过度治理和治理真空同时并存的窘境。更为重要的是，城市治理精细化是自上而下行政动员的体现，而非自下而上居民利益诉求、偏好表达的反应，这使政府行政管理和公共服务供给与居民的现实和自治需求之间的有机衔接难以实现。因此，我们一方面要看到城市精细化治理符合社会治理现代化的趋势和潮流，是未来城市治理和发展的主导性策略。同时，我们也需要预先分析城市精细化治理面临的独特困境和蕴含的内在风险，积极预防和应对城市精细化治理可能的负面消极效应。

目前我国城市社区治理的"内卷化"主要表现在以下几个方面：首先，管理机构过于精细。随着城市的不断发展，政府管理部门越来越多，科层化及条块结构愈发复杂。其次，组织功能片面空心。由于业主之间身份的区隔以及公共议题的缺乏等，城市社区中的业主委员会等社区组织并未发挥真正功能。最后，工作人员行政异化。城市社区党群职能交叉、任务重叠现象严重，同时，新兴社工人员无编制挂靠，工作中容易背离社区服务宗旨，致使基层治理工作出现行政异化现象。

在此次 W 街道 OSM 现场管理系统导入过程中，特别邀请了第三方为 15 个居委会进行个性化的服务空间设计和统一的门头设计。居委会门头改造和百姓客厅的打造，对现有资源进行了重组，灵活安排座位，让出办公区域，从而增加百姓小客厅，给予了居民更多的谈心与活动空间。同时，让居民全程参与微改造设计、定稿、施工的全过程，做到让有限的空间释放无限的潜能，变不可能为可能，让居委会真正成为居民之家。但在规范服务流程，全面落实"五个统一"的规范化要求，"一专多能、业务通晓"的学习氛围和"一人在岗、事项通办"的工作格局下，也使社区工作中内卷化危机抬头。

10.3.3 城市社区治理中多元主体协同机制还不够完善

城市精细化管理是坚持以人为本原则，依据城市复杂系统的特性，引入精细化治理理念，借助现代化的信息技术手段，创新城市治理方式，并吸收各类城市主体共同参与的城市治理新模式。城市精细化管理是对城市发展形势的一种主动适应，是对城市居民诉求的一种积极回应，更是完善城市治理体系、促进城市文明发展的必由路径。然而，城市精细化管理模式的有效运行离不开完善的制度体系作为支撑和保障，因此，需要在分析城市精细化管理现存制度障碍的基础上，探索制度创新与制度体系优化的方向，以更好地促进城市治理精细化发展。城市精细化管理的制度体系能够保障城市精细化管理的以人为本、精确、高效、协同、持续等理念在全社会形成价值认同，并在文化氛围等方面不断融入；也能促进精细化管理理念形成有效的落实政策，并在各种法律、规章、规则不断调整完善的基础上保障相关政策形成相应的运作模式；同时，运用标准化、程序化、数据化、科学化的手段，促进城市精细化管理中的"共享、交换、协同、系统、控制、智能"等相关举措得以顺利实施，并对常规系统进行细化、优化、改进、提升，最终提高城市精细化管理水平，满足城市居民的各种生存与发展需求。

但如果只有政府管理，没有社会参与，这种有结构性缺陷的治理模式即便暂时有效，也一定很难长期而可持续的发展，缺乏长效性。基层社会自组织能力和自主治理能力的日益衰败最终将损害城市精细化治理的绩效和社会基础。

在OSM现场管理系统的导入过程中，自上而下的贯彻方式让基层社区工作者和居民的主动参与较少，多为被动参与。虽然在导入过程中，门头设计及百姓客厅的布置中，也让不少居民参与其中，但因为工作等缘故，参与其中的居民还是非常有限也仅仅为某类群体，所以在调研结果中也能看出，历时两年，仅有少部分群体对于OSM现场管理系统有所了解及认可。由此可见，在目前我国城市社区治理中，居民以及其他社会组织等多元主体共同参与其中的长效机制并未真正建立，多元主体协同共赢的体系还不够完善。

10.4 总结与反思

城市是有机生命体,是富有温度的公共空间,是传承文明的"特殊的构造"。从点滴处入手、由细微处着眼,更好优化城市空间,加强基础设施建设的同时,更要重点关注市民们生活的社区,让城市管理真正像绣花一样精细,唯有如此,我们生活的这座国际化大都市才能更和谐、更宜居。在城市治理精细化的进程中,如何让基层的创新实干发挥效能,值得我们不断探索研究。

10.4.1 追求精细化的同时提升精准度

城市精细化治理作为一项复杂的社会系统工程,其内涵需要从理念—制度—政策—技术—行动等层面进行多层次、多维度的综合性解读,以全面而立体地呈现精细化治理在我国国家治理现代化进程中的历史方位和生成逻辑。

在城市精细化管理形成一套经过实践检验的,可以规范精细化管理全过程和保障管理效果的明确、可量化、可衡量的标准体系之后,基层社区工作的方法及路径就得到了有效优化。这一过程中完成的是对城市基层社区治理精细度的提高。随后,在此基础上,稳步提升城市基层社区治理的能力和水平,则需要重点关注并切实提高服务的精准度。

创新是发展的根本动力和途径。城市基层社区治理创新是社区治理持续发展的核心,是建构国家治理和社会治理体系、增强国家治理和社会治理能力、实现国家治理和社会治理现代化的根本要求。据此,社区治理模式创新既是当前我国社区管理体制创新的现实基础,也是完善国家治理能力现代化、创新社会建设与社会管理体制机制的重要举措。以不让老年人在智能化、信息化时代掉队为例,除了提倡与时俱进的时代意识之外,更应该在软件应用设计、使用辅导教学等环节充分考虑到不同年龄段的认知需求和服务内容,有侧重地降低操作难度和引导性,唯有如此,才能让全民一起享受智能化、信息化新技术发展的成果,这才是社会主义和谐大家庭的美好愿景。

10.4.2 企业管理制度在城市社区中"何以可能"

城市社区治理如何创新，如何在今后可能面对的各项风险挑战中发挥应有作用是未来治理创新的重中之重。在上海不断完善社区治理结构，优化社区治理体系的道路上，我们除了依然要坚持充分发挥党组织在基层社区治理中的核心作用，最大限度地整合和凝聚社区各类资源，构建各方主体相互协调、密切配合的社区服务体系及社区命运共同体之外，对未来城市基层治理中企业管理制度在组织功能及关系协调等方面需要进一步完善和努力的方向进行了再思考。

城市基层治理是推进国家治理现代化的重要基础性工程。城市基层治理必须坚持以科学方法论指引其具体治理决策施策，有效激活基层"神经末梢"，由此全面夯实城市治理根基。与OSM现场管理系统相似，全周期管理也是来自企业的经典管理模式，以此为起点，企业管理制度在城市社区治理中"何以可能"以及"以何可能"的问题，是对社区治理精细化新路径的积极探索。在"十四五"时期推进市域社会治理创新、优化基层治理格局提供了重要遵循。城市精细化治理是一个具有相当模糊性和内在张力的系统。城市精细化治理一方面意味着城市治理精细化程度的不断提升；另一方面，它也意味着从某种特定类型的精细到另一种类型精细的转变，"精细"既有量的区别，更有质的差异。如果将城市精细化治理置于我国城市治理体系演变的历史进程之中分析，精细化治理既是智慧城市建设的延续，也是技术治理范式路径依赖的重要表现，借助现代信息技术的威力，使我国城市治理的基本图景能够以一种更加技术化的面目得以呈现。

10.4.3 国家治理和基层社会治理的有机联动

为使基层治理工作得到更有效的执行，在国家治理和基层社会治理之间必须形成有序、连贯、高效的机制、流程，否则必将造成国家指向和社会行动之间连接断层、运行不畅。以新冠肺炎疫情城市社区防控应对工作为例，国家有倡导、有方向，社会就要广泛动员起来。例如，很多社区制定了如何封路，什么样的车如何进来，什么样的人能进来，如何登记，如何购买物资，如何组织志愿者等"土办法",这些都是本次疫情应对中鲜活的基层社会治理案例。这既是政府广泛宣传、积极引导的结果,也是社会充分动员、良性发展的结果。

同时,国家治理改革和基层治理创新必须紧密结合。基层治理创新是治理创新的重要环节与基础,鼓励、保障基层治理创新是实现科学治理机制的关键。疫情发生以来,医用口罩的需求量激增,上海市推出居(村)委会预约登记指定药店购买的方式供应口罩。调研发现不少居委会均通过与居民协商,主动改变了向广大居民供应口罩的方式,改为采取线上预约或是电话预约的方式,有的居委会还先行垫资采购。这种方式减少了中间领取预约凭证的环节,尽量让居民只跑一趟、一步到位,受到群众一致好评。在社区创新的带动下,上海市其他不少村居也开始推广这类做法。"基层出经验",在突如其来的挑战面前,体现得淋漓尽致。

精细化治理就是秉持精细化的理念,通过精巧的制度设计、细致的过程推进和运用精微的治理技术,实行基层治理从传统的一体化、一元化、整体化、结构化向多元化、差异化、个体化、体验化的转变,由被动回应转向主动适应,达成治理的精准、精细和精致目标。

参考文献

[1] 陈振光,胡燕. 西方城市管治:概念与模式. 城市规划,2000(9):11-12,26.

[2] 顾朝林. 发展中国家城市管治研究及其对我国的启发. 城市规划,2001(9):13-20.

[3] 易晓峰,唐发华. 西方城市管治研究的产生、理论和进展. 南京大学学报(哲学人文科学社会科学版),2001(5):117-122.

[4] 刘建军,宋道雷,李威利等. 联动的力量 基层治理创新——以杭州市上城区为研究对象. 格致出版社;上海人民出版社,2018.

[5] 黄锐,文军. 基于社区服务的城市基层治理:何以可能,何以可为. 福建论坛(人文社会科学版),2015(9):149-155.

[6] 李友梅. 我国特大城市基层社会治理创新分析. 中共中央党校学报,2016,20(2):5-12.

[7] 李路路. 社会结构阶层化和利益关系市场化——中国社会管理面临的新挑战. 社会学研究,2012,27(2):1-19,242.

［8］王岩，魏崇辉．协商治理的中国逻辑．中国社会科学，2016（7）：26－45，204－205．

［9］刘中起，郑晓茹，郑兴有等．网格化协同治理：新常态下社会治理精细化的上海实践．上海行政学院学报，2017，18（2）：60－68．

［10］蒋源．从粗放式管理到精细化治理：社会治理转型的机制性转换．云南社会科学，2015（5）：6－11．

［11］王巍．社区治理精细化转型的实现条件及政策建议．学术研究，2012（7）：51－55．

［12］赵孟营．社会治理现代化：从政治叙事转向生活实践．社会科学文摘，2016（9）：14－16．

［13］陶希东．大数据时代中国社会治理创新的路径与战略选择．南京社会科学，2016（6）：85－90．

［14］易臻真．城市社区治理的内卷化危机及其化解——以上海市J街道基层治理实践为例．人口与社会，2016，32（1）：22－30．

第 11 章

"过渡性市民化空间"中的市民化路径研究

—— 基于上海的 5 个典型案例[①]

改革开放以来,随着中国经济的发展,每年都有数以百万级的农业转移人口从农村进入城市,甚至成为新市民[1]。这场空前的城市化进程,不仅从侧面佐证了我国社会经济建设所取得的成就,也带来了诸多难以避免的城市问题。而解决上述问题的一个重要侧面则在于如何有效地促进"有能力在城镇稳定就业和生活的常住人口有序实现市民化"。在城乡二元结构长期存在[2],在户籍制度的改革没有彻底实现的当下,大量进入城市而未能获得城市户籍的城市新增人口(流动人口)的市民化进程只能依靠集体宿舍、"城中村"(含城郊村)与群租型的普通商品房等方式来满足最基本的住房需求[3]。因此,以"城中村"、城乡接合部(城市边缘区)等为代表的过渡性市民化空间成为容纳其市民化过程的长期性和过程性的现实空间,以及研究当前中国市民化进程的一个最佳场域。而居于期间的各个群体以及基于市民化的日常生活交往活动也就成为研究当前市民化的重要主题[4]。基于此,本章试图以"过渡性市民化空间"这样一个具备中国特色的市民化场域为研究对象,针对居住于其中各类群体的市民化路径展开研究,并以此提出对于我国城市化问题的深度思考。

11.1 概念解析与实证来源

一直以来,作为市民化路径中从农村到城市的中间空间形态,以"城中

[①] 本章由罗峰撰写。

村"、动迁小区、城乡接合部等为代表的各种类型"过渡性市民化空间"在城乡之间的交流中发挥了重要作用[5]。笔者业曾经撰文对其进行了专门的概念定义,将过渡性市民化空间定义为处于城市—乡村的二元社会空间谱系之间,由身处其间的各种差异化群体进行的以市民化为主要导向的一种空间互动关系所建构的地理与实践的双重意义上的空间[6]。具体而言,本章的研究对象可以概括为一个空间、两个群体和一种行动。一个空间指的是大都市过渡性市民化空间;两个群体则分别包括居住于过渡性市民化空间之中,并处于市民化进程的两个主要群体:外来群体(农民工等)和内生群体(城郊动拆迁农民等);一种行动则包括上述群体处于过渡性市民化空间之中所进行的统一于市民化进程之下的各种日常活动。

  基于上述考虑,本章一共选取了闵行区、徐汇区、长宁区等地的四个动迁小区或者动拆迁临时安置点(上海"城中村"的情况较为少见,所以未纳入研究范围)。调研开展的时间为2017年12月至2018年6月,期间共计发放问卷1000份,每个定居点250份,回收998份。在数据调研的支撑之下,本章在问卷调研的对象中,有意识地选取了5个选择不同市民化路径的对象进行深度访谈。具体的选择标准是:在发放问卷时就有意识地加以留意,并且筛选出对于未来的市民化道路有着清晰认识和规划的被访者加以追踪,直至整个调研结束,最终筛选出5个最能代表"过渡性市民化空间"内的诸多群体后续市民化路径选择的个案加以呈现(访谈将涉及被访者的基本情况、来沪原因及过程、日常生活状况和未来打算等内容),这5个不同的案例代表了前面所总结得出的5条不同类型的市民化群体所选择的典型路径,也正是通过上述访谈,不仅触及前面的问卷调查中所无法触及的问题,更有助于深化对其市民化路径选择的理解,并且为后续政策的提出提供了更加立体的立论依据。

11.2 外来群体的市民化路径选择

  在实地调研中,本章以户籍来源是否为上海市为标准,将聚居于动迁小区、城乡接合部、临时安置点等过渡性市民化空间内的市民化群体分为外来群体与内生群体两个大类。其中,外来群体主要包括两类:第一类是外来的农民工,前者一般年纪偏大,从事工作主要以务农、务工为主,且户籍基本上为农业户口；第二类则以来沪白领最为典型，主要从事的工作一般为企业白领或技术人员，他们一般较为年轻，且一般拥有大学本科及以上的学历，户籍状况也往往为三四线城市的非农户口为主，实际上，他们也是在上海实现市民化身份转变的重要力量之一。

11.2.1 返回农村：继续当农民

来自安徽省寿县，时年51岁的吴先生，是前些年在上海备受关注的"农民农"群体，2010年他和妻子一起来上海务农，即耕种上海市郊无人耕种的土地，主要种植的是蔬菜等经济作物。他目前有两个孩子，都已经成年，并在家乡小城镇中生活和工作。之所以来上海闵行郊区务农，主要原因在于家乡的耕地不够，所以产生了外出谋生活的想法，加上老乡的引荐，所以来到上海重操农业。课题组在走访中发现，在闵行区的郊区中，与吴先生类似的从事"农民农"工作的群体几乎都来自安徽省寿县，甚至都来自同一村落，甚至可以说在上海的郊区中，从某种程度上完成了其乡土社会的另一种重建。

目前，吴先生及其家庭居住于城乡接合部，其居住地点为田边地头自己搭建的板房之中，夫妻两人日常生活，包括居住、做饭等都在这个不到10平方米的空间内完成，需要指出的是，板房内的生活设施相当简单，往往仅有最基本的生活用品，自来水和生活用电的问题都很难解决。例如，如厕主要在地头的大棚中完成，夏天的洗漱主要由田间自己引入的自来水解决，天气转凉之后，一周一次的洗澡则需要去3公里外的公共浴室。从工作状况来看，吴先生一家一共承包了10亩土地用于种植蔬菜，2014年，每亩土地的租金为一年1400元左右，而他们全年的收入大致在5万元（扣除租金及及其有限的生活成本）。无疑，这份收入与一般的农民工比起来，并不算丰厚，但是吴先生一家依旧选择了这份农业的工作。问其原因，主要有以下几点：第一，不愿意在工厂受朝九晚五的约束；第二，不愿意和妻子分开，毕竟他们很难同时在同一个厂找到工作；第三，干了一辈子农活，觉得还是这个最擅长。

乐天知命的吴先生表示，在上海居住期间，并未遇到什么特别的困难甚至是难堪的情况，但是在课题组一再追问下，他不好意思地提及，这么多年，都没能好好看一看上海的夜景，这算是一个不小的遗憾。这样一个生活在上海城市周边的群体，在默默为上海市民提供日常的蔬菜供应之时，却被这个光鲜亮丽的城市有意无意地遗忘了，他们参与了城市建设的最基础工作，却未能享受城市的美好。尽管他们在主观上认识到，自己不属于这个城市，也在客观上被这个城市排除在基本社会保障与公共服务之外，但这并不是城市心安理得地遗忘他们的理由。

事实上，吴先生对于未来的打算也已经非常清晰，因为在他看来，"农民农"这份工作未必能够长期干下去，因为上海飞速的城市化正在日益压缩着城郊有限的耕种空间，因此，与他一样的很多农民农们，签订的土地租赁合同都在2年以内。在数年的居沪生涯中，吴先生事实上与上海本地人（包括市民与农民）的接触都较为有限，从播种、肥料购买到蔬菜售卖等一整条产业链中，接触更多的都是外来务工人员，日常生活中接触的也更多的是一起过来务农的老乡们。因此，他对于上海并没有多少实际的留恋，对他来说，这几年只是把种田的地方从安徽搬到了上海而已。因此，他计划在租约到期之后，视具体情况（租金上涨、自我身体情况、老家的孩子的家庭情况等）决定是否离开上海，回老家耕种自己为数不多的田地。

11.2.2 返回二线城市：继续当市民

目前居住在上海闵行区某动迁临时安置点内的，时年29岁的匡先生，算得上是该安置点内最"富裕"的人之一了。目前他的家庭状况是：与妻子、3岁的儿子共同在上海生活。当时，出生于江苏盐城的匡先生是20岁出头来上海的，当时跟着亲戚一起来上海打工，然后攒了点钱就买了台车开始干跑"黑车"①的工作，值得一提的是，年轻的匡先生非常具有商业头脑，在逐步攒下第一桶金后，加之25岁结婚时双方父母给自己的10万元启动资金，他用手头的30万元在上海逐步开展了二房东的生意，即整体租下上海居民的房子，然后拆开进行分租，并从中赚取差价，随着生意的逐渐扩展，匡先生目前整体租下了周边4套房子（共计建筑面积超过600平方米），并且根据房子的具体情况，分隔出租给附近的打工人员甚至是高校学生。时年，匡先生跑"黑车"

---

① "黑车"是在上海郊区广泛存在的一种处于灰色地带的民间交通方式，类似于出租车，一般由没有出租车运营执照的个人运营，价格由司乘双方协商决定（一般低于正规出租车价格，但是高峰期则可能更高），作为一种公共交通的补充形式，"黑车"在滴滴等互联网平台出现之前，有效缓解了居民的交通压力。

的收入一年在10万元左右,加上二房东的收入,每年的收入总计接近30万元。

尽管收入很高,但是匡先生依旧与自己的妻子以及3岁的孩子租住于该安置点一套两居室之中,并且一住就是5年。问起原因,匡先生解释道:一方面自己的妻子现在在家当全职太太,主要负责照顾孩子和自己的饮食起居,因此家庭事实上的人均收入并不算高,必须节省,而且孩子未来的教育也是一笔不小的开支;另一方面,匡先生进一步表达了对未来的担忧,毕竟自己目前的两个主要收入来源处于灰色甚至是非法地带,随时都有可能被掐断。

在问及来沪期间生活的困扰问题之时,匡先生的回答也基本上围绕着自己收入的主要来源:开"黑车"和二房东展开,其中,开"黑车"的不确定性是最大的问题,毕竟上海对于非法运营的管理在逐步收紧,甚至出现了很多钓鱼执法的案例,一旦被抓,按照上海市的相关处罚条例规定,涉嫌无证运营擅自从事出租汽车经营的车主将被处以1万元的罚款,这也意味着一个月就白干了。值得注意的是,在笔者调研的期间,滴滴等互联网出行平台已然逐步兴起,这也意味着匡先生的顾虑正在逐步解决,所以越来越多的"黑车"司机,借助互联网的大潮"洗白"了,之所以当时匡先生还没有彻底转向滴滴平台,主要是不想被平台扣除25%的分成,但是他当时也在考虑要不要接受这种新的方式。当然,这已经是后话了。

对于未来,匡先生表示还在考虑中,尽管收入相对较高,但是由于没有正式的工作,因而他们家庭在上海落户的希望极其渺茫,而随着儿子的日渐年长,教育问题已然被提到了议事日程上来,未来几年,匡先生一家将会带着在上海积攒的第一桶金和工作经验,回到自己的老家县城,计划是开一家小的旅馆或者饭店,自己和妻子,一边照顾孩子,一边经营自己的生意。为了实现整个目标,他们已经在老家的县城最好的学区范围内,全款购置了一套100平方米的房屋,对于未来的生活,匡先生充满了信心与期望。

11.2.3 定居上海:继续当市民

来自湖南长沙时年25岁的李女士则是本次调研中遇到的一个异类,毕业于上海"985"高校,就职于安置点附近工业园区外企的身份特征,加上时尚靓丽的外形都让她与周边的环境和人群显得有那么一丝的"格格不入"。尚未婚配也没有男朋友的李女士，之所以选择了安置点这样一个"特殊"的地点租房，除了距离工作地点相对较近的因素之外，更重要的原因还在于低廉的房租。一个月600元不到的房租就能够租下足够一个人生活的单间（加上水电等必备的开支，总计不到1000元就能解决住房问题），相较于附近动辄1500元起步的房租，对于李女士来说，还是具有不小的吸引力的，尽管她时下的月薪已经超过10000元人民币了。

李女士是18岁来上海读书的，本科毕业之后就一直就职于外企，几年的工作经历，让她逐渐积累起了非常一定的上海人脉，甚至能说一口相对流利的上海话。随着上海周边动迁的进行，安置点兴建之初，李女士就一直租住于此，期间还谈了一个上海本地的男朋友（大学同学），后来因为客观条件而分手，李女士逐渐把重心都放到了工作之上。在与上海人交往的问题上，李女士认为，自己接触到的都是很好的人，也从来没有在生活中遇到什么来自上海人的歧视。尽管不像家乡（湖南）人那么豪爽，但是上海人特有的精明和界限感，却能给人一种靠谱的感觉，而这也是李女士觉得上海人比湖南人相处起来更舒服的重要原因。

在提起最令人困扰的问题时，李女士表示，最大的问题在于城市归属感的缺乏，尽管现在在外人看来，自己已经与上海人没有太大的区别，无论是城市化的生活方式，甚至是最能体现文化融合的口音，一般人都很难看出她不是上海人，但是实际上，没有房子的她依旧没有归属感，这也是她不惜攒下每一分钱，试图在上海安居的原因。但是，实际上，一直以来，摆在她面前的有两个很大的问题：第一，上海购房政策的不断收紧，如对于外来单身人士的购房限制以及社保年限等；第二，与时间赛跑的不断上涨的上海房价，尤其是在经历了2016年的一波全国房价"上涨潮"之后，上海的房价已经普遍翻了一番左右，用李女士的话来说就是本来积蓄可以买一套三房的首付，现在只能买个小两居室。

在长沙老家的亲人看来，李女士无疑是成功的，以优异的成绩考入上海"985"高校并且以高薪就职于知名外企，但是这份期许也在无形中加重了李女士的心理负担，从而断绝了其返回老家工作和生活的念头。对于未来的打算，李女士表示，自己将会继续攒首付，等待着满足购房条件的那一刻马上买房，然后拿到上海户籍，成为一个真正意义上的上海人[1]。

11.3 内生群体的市民化路径选择

相较于外来群体，居住在过渡性市民化空间之内的内生群体则大多是由于城郊的土地动迁所造成的动迁群体或者失地农民[7]等，他们拥有上海户籍，且彼此之间的分界并不像外来群体那样的泾渭分明，往往是一个家庭内部以年龄为分界，使他们走上了不同的后续市民化之路。可以说，这部分人（上海城郊的动迁农民）的命运都被动拆迁深刻改变了，他们是城市化进程中，最直接也最大的受益者之一，城市的改造在给他们带来了一笔难以想象的物质财富的同时，也让他们被动地走上了市民化的道路。

11.3.1 常住过渡性市民化空间：等待成为市民

时年70岁的王先生夫妇（其妻子为周女士，时年71岁），是本课题组在调研过程中遇到的年龄相对较大的独居家庭。长期以来，他们都在上海城郊务农，随着上海城市建设的逐步深入，他们所在的闵行区吴泾镇星火村土地被逐步开发，于是开始了从农民到市民的转变进程。王先生只有一个儿子，时年54岁，一直在国企工作，很早就与王先生分户并且居住于单位分配的公房之中。孙子时年20岁，正在上海海事大学就读本科。

王先生夫妇应该是本次调研中在该动拆迁临时安置点居住时间最长的住户了，自从几年前，自己房子的宅基地被拆迁之后，就一直居住于安置点之中。后来安置房建设好了以后，王先生依旧没有选择搬出去，而是留在了这里。问其原因，王先生总结下来主要有以下几点：第一，这里住习惯了，有很多一起住了好几年的邻居，而且居住环境相对来说生活也比较便利，就一直没有下定决心搬出去；第二，出于经济方面的考虑，一开始居住于此，是因为动拆迁安置的补偿本来包含一块临时住房的补贴，而这个不仅可以支付本地600元一个月的房租，更能够覆盖掉基本的生活开支，而等到动拆迁分配的安置房交房以后，这个房租的差价就更为明显了，补偿的两套房子一共接近200平方米，每个月的租金超过6000元，算下来接近5000元的差价，王先生都用来作为孙子大学期间的学费、生活费和零花钱了。

而对于在安置点内的社会交往，王先生认为，在这里接触到的上海市民相对较少，而随着身边的原村民也逐步搬出之后，安置点的上海口音都变得越来越少，因此，他们日常接触的更多的是来自全国各地（尤其是来自长三角地区）的外来务工人员，尽管他们一开始认为外来人口都是乡下人，素质较低，但是在长期的交往过程中，逐渐被外来人口的勤劳所感染，王先生也逐渐认识到外来务工人员对于上海建设的重要价值，也因此结交了几个外地来的朋友，在他们工休的周末，还会和他们一起下下棋、喝喝茶，相对来说，反而和原本村里面的上海老乡们接触更少一点了。

提及生活的困难问题，王先生则认为目前并没有什么解决不了的困难，尽管安置点的基础设施条件较为薄弱，但是已经足以满足其日常生活所需，而且由于与安置房相隔并不远，因而依旧能够很方便地享受到原本社区的各种公共服务。唯一担忧的就是尽管当下自己的身体相对硬朗，但是可能会随着时间的推移而逐步变得越来越差，因此，对于未来，王先生认为，可能过几年，要么是安置点也被拆迁掉，要么就是自己的身体不行了必须要人照顾，自己可能会搬到儿子在市区的房子旁边去。一方面，和子女相互有一个照顾；另一方面，也更有利于享受上海城市优良的医疗条件，但是仅就当下来看，王先生夫妇还是非常享受目前这种生活的。

11.3.2 进入市区：成为新市民

如果说王先生夫妇属于坚守派的话，那么同为动迁农民的石先生一家则可以称为撤离派了。时年55岁的石先生目前居住于长宁区北新泾街道的动迁小区内。前半生尽管和妻子一直居住于城郊农村，但是石先生却一直在大型国企上的工厂工作，其知识水平也要显著高于一般的村民。其家庭情况大致如下：有一个29岁的女儿，是上海大学的本科加硕士，现在就职于长宁区的某街道，前两年刚结婚生子，女婿是河北人，就职于上海知名的互联网外企英伟达，但是由于其原生家庭很难对小家庭提供更多的帮助。因此，目前石先生独自一个人居住在动迁小区，而他的妻子陆女士则在一年前搬离此地，去市区女儿的家中帮助带外孙了。

实际上，一开始石先生暂居于此的原因几乎与所有人都一样，在不改变原有社会关系的同时，享受相对较低的住房成本。但是，随着妻子的离去，石先生在享受一个人独处时光的同时，也对女儿的婚姻以及由此带来的问题表达了不满，他认为，尽管女婿的收入还算不错，每年在50万元左右，但是作为一个没有什么积蓄的外地人，却并不能算配得上自己的女儿。一方面，自己的女儿一年的收入也在15万元以上；另一方面，自己家在上海还有大大小小3套房子，这个则是女婿的原生家庭没办法比拟的。同时，由于女婿家乡地处河北小县城，其父母也暂时还没有退休，因此，无论是经济上还是人力上都很难给予小家庭足够的帮助。更关键的是，石先生认为，因为自己女儿没有嫁给上海人，更是在某种程度上剥夺了自己多一个亲家可以走动的机会，这也是他一直不愿意去和女儿女婿同住的原因。

作为动迁小区规划的北新泾地区，由于地处长宁这一中心城区，加上地铁二号线的建设，经过10年的发展，其周边设施已然不输于任何一个成熟的中心城区了，因此，在日常的交往过程中，石先生不仅和原本的同村村民保持了联系，也在小区中接触到了大量的新上海人，甚至是上海老市民。因此，在自我的认同上，石先生一直以上海人自居，并未觉得自己与上海市民在身份、行为特质等方面有任何显著性的差异。只是觉得老上海人可能在"腔调"这种似有似无的地方和自己还有不明显的差别，只不过他也并不在乎这些东西。

提及未来的打算，石先生期望的是继续留在动迁小区中居住，并且等待自己外孙逐渐长大，然后用自己的工资及房屋租金为女儿请一个靠得住的保姆，来替代自己妻子的工作，从而将妻子带回到自己身边。而对于接下来可能面临退休后的生活，石先生表示，自己并不会因为退休就离开工作岗位，从自己的身体目前来看，还完全没有问题，因此自己会接受单位的返聘，甚至是考虑去浙江的一些私企做技术指导，争取多赚一点钱，留给自己的女儿，从而稳固自己女儿在家庭的地位。

11.4

总结：理解中国市民化路径的多样性

回顾本章所列举的5个典型个案可以发现，中国城市化的浪潮将每一个中国人都携裹进来，并且推动着他们向前走。在这个浪潮中，虽然整体上每个人都算得上是受益者，但实际上受益的大小差异还是非常之大的[8]。而在这个浪潮中，不同人的决策选择，则充分显示了城市化浪潮与个体化社会来临的双重作用。

个体化社会的来临,带来了三个明显的社会结构及意识方面的改变(阎云翔,2012):第一,吉登斯说的"去传统化"(detraditionalization),个体从外在的社会约束中脱离出来,社会变得更为分化和多元。过渡性市民化空间内的诸多群体即是这个社会分化的直接和显著后果。第二,鲍曼所指的"强迫的和义务的自主",其含义是现代社会结构强迫人们成为积极主动和自己做主的责任主体。伴随着自我负责观念的不断深入,无论是市民还是农民都从中同步获得了掌控自我生活的一种权利。第三,"通过从众来创造自己的生活",个体不得不选择某些指南和制度来作为自己生命轨迹的蓝本,去追寻一种大众化的生活。而这个蓝本在市民化群体们看来,显然就是一套代表了城市的所谓"先进"的生活方式。

认识到上述三个变化,就不难理解为什么过渡性市民化空间这个仅仅是过渡性质的不大空间内,为何能够汇集如此丰富的市民化群体,又为何能够发展出如此多样的市民化路径了。尽管市民化因为其所能带来的无论是物质上还是生活上的巨大进步,在可以预见的时间内具备天然的正当性,而成为广大民众的必然选择,但是由于不同类型市民化群体之间所存在的起点差异,"在通过罗马的大路上,有些人坐车,有些人走路,但是有些人,天生就出生在罗马。"因此,出于对自我生活掌控的理性考量,他们不得不选择最能符合自身现实的城市化之路。他们就如同一道起初汇集在一起的白光,在穿过过渡性市民化空间这一个社会的三棱镜之后,最终沿着属于自己的光轨,去继续自己未来的道路(见图11-1)。

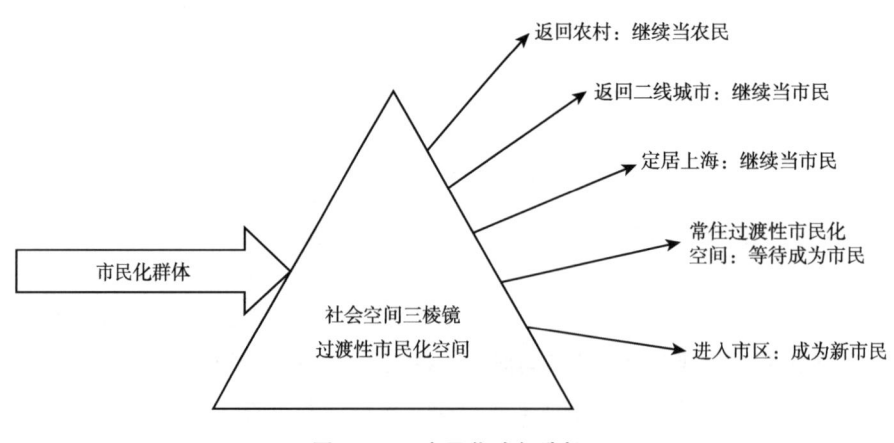

图11-1 市民化路径选择

因此，在我们进一步叩响该问题之门时可以发现，实际上，中国城市化过程中所面临的人口过分向大城市汇集、城市内部改造过程中的利益分配等诸多问题的解决实际上已然初显曙光。首先，随着我国城市地区竞争模式从基础设施建设向人才吸引转变，年轻人对于城市的价值日趋受到重视，新一线、二三线城市开始了对旧的人才高地——北上广深等一线城市——的人才竞争，于是产生了当前如火如荼的"城市抢人大战"，对过渡性市民化群体而言，城市融入选择的增多，可能会从根源上改变其城市陌生人的心态，也为其更好地选择适合自己的市民化路径提供了更多的选择。同时，相较于我国城市化改造早期，动迁群体一夜暴富打破原有社会生活秩序[9]大相径庭的是，本课题组所遇到的动迁农民在对待财富上所展现出的理性态度显然更值得我们欣喜，这样使我们有理由怀着乐观的心态去期待他们的这份理性会引导他们在后续的市民化路径的选择与践行过程中走出坚实的步伐。

11.5 启示：正视"过渡性市民化空间"的现实价值

本章基于上海市的过渡性市民化空间（主要包括动迁小区、临时安置点等）内五个典型个案的访谈调查，从实证角度丰富了当前对于市民化问题研究的理解维度，论证了在主流的市民化研究领域（例如，以农民工为主要对象，以征地为主要研究空间等）之外的市民化路径的多样性。事实上，正如前所言，"过渡性市民化空间"的现实价值绝对不是过渡性可以简单概括的，而是蕴含着丰富是社会现实意涵。

首先，"过渡性市民化空间"存在的历史背景，在于我国市民化进程必经的长期性和复杂性，无论是物理空间上的城市面积扩张，还是人口变迁上的城市人口增长，抑或是个体层面的身份、职业、价值观念与生活方式的转变，都需要一个有别于城市和乡村之外的、非正式形态的地域空间来加以承载。而"过渡性市民化空间"正是提供一个相对低廉的过渡成本的最佳空间，其存在不仅有助于缓解市民化进程的剧烈程度，更能为身处不同阶段的市民化群体提供更加丰富多样、进退自如的选择路径。因此，对于"过渡性市民化空间"的理论分析研究和现实建设治理都有待进一步强化。

其次，社会大众的多样性差异在个体化社会的来临和城市化浪潮的双重作用下被进一步放大。正如本研究所揭示出的，不同群体在日常生活中及其后续市民化路径选择上的巨大差异。因此，过渡性市民化空间在空间上为不同市民化群体的路径选择提供了一个可以承担其成本的市民化路径尝试之地，甚至构成了这部分群体的市民化起点。不同的市民化群体之间的日常生活感受差异巨大[10]，无论是个体生活情况、社会交往情况还是主观认同感等，当这部分客观差异巨大且主观认同也迥异的群体，混杂聚居于过渡性市民化空间这一个市民化实践的场域时，在客观上为增进不同群体之间的了解提供了条件，而这种相互了解其实正是彼此完成市民化进程的必经之路。

再次，值得一提的是，无论是外来还是内生的市民化群体，他们似乎都迷茫着一种对于物质财富的重视，而这种认知基础则进一步指导了他们的日常生活选择，甚至形成了一种可以称为贫困文化的文化价值取向。这种贫困的文化价值取向也是在现实情境与主观认同中相互推动和促进的[11]，并且成为引导他们选择进入过渡性市民化空间这一逼仄的空间的原因。但需要加以警惕的是，尽管当前中国特大城市并没有世界范围内广为存在的贫民窟的问题存在[12]，但是一旦这种贫困文化在过渡性市民化空间内长期迷茫，并且由此导致聚集于其间的各种群体产生相对于社会主流价值观念的偏离，如对于社会主流价值观念的偏离，则表现为强烈的自我诉求表达、社会责任的他者归因以及社会信任的偏差等，则有可能诞生类似于贫民窟的社会问题。

最后，正如过渡性市民化空间概念的关键词——过渡所标识出的那样，临时安置点、动迁小区甚至是各种形式的临时住所，终究只是这部分群体市民化道路上的中转站，他们要么会主动选择离开，要么这些临时性的住所会被拆除，他们终究是要转到另一条道路上去的，因此，居住在过渡性市民化空间的各种物质基础与社会阅历上的积累，将会为其后续的市民化道路提供一定的保障，这也是过渡性市民化空间绝对不会仅仅止步于其过渡性的意义所在。

参考文献

[1] 何威，文军. 城镇化进程中"新市民"群体的集体记忆建构与维系. 南京农业大学学报（社会科学版），2018，18（4）：35－46，157.

[2] 肖冬连. 中国二元社会结构形成的历史考察. 中共党史研究，2005（1）：23－33.

[3] 秦晖. 城市新贫民的居住权问题——如何看待"棚户区""违章建

筑""城中村"和"廉租房"社会科学论坛，2012（1）：195-219.

[4] 蓝宇蕴. 都市村社共同体——有关农民城市化组织方式与生活方式的个案研究. 中国社会科学，2005（2）：144-154，207.

[5] 王稼祺. 上海城乡接合部"过渡性社区"的福利治理研究. 现代管理科学，2019（11）：66-68.

[6] 罗峰. "过渡性市民化空间"的理论分析与现实思考. 学习与实践，2015（12）：89-95.

[7] 赵晔琴. "居住权"与市民待遇：城市改造中的"第四方群体". 社会学研究，2008（2）：118-132，244-245.

[8] 庄锋. 试论社会转型加速期的利益分化与政治整合. 当代世界与社会主义，2004（2）：112-114.

[9] 林叶. 拆"穿"的家庭：住居史、再分家与边界之争 货币化征迁的伦理政治化. 社会，2020，40（6）：92-131.

[10] 罗峰，顾楚丹. 日常生活感受对农业转移人口市民化意愿的影响——基于全国范围内3721份调研数据. 调研世界，2020（6）：43-48.

[11] 周怡. 贫困研究：结构解释与文化解释的对垒. 社会学研究，2002（3）：49-63.

[12] 桂华. 保护型城乡关系下的中国特色城镇化实践. 人民论坛，2019（33）：57-59.

第 12 章

高学历人才的城市迁移抉择与"居有所安"[①]

"十四五"规划文件中强调,坚持创新驱动发展战略要激发人才创新活力。"致天下之治者在人才",人才作为城市经济发展的动力和源泉,在推动优化要素配置、集聚要素方面发挥着重要作用。目前中国正处在经济发展方式由高速度向高质量转变的关键期,如何培育、吸引和留住人才,成为国家和各地方政府关注的重点。对建设全球科技创新中心的上海,青年人才是创新要素集聚的重要资源。上海要建设具有全球影响力的科技创新中心,如何吸引和集聚人才是关键。由于青年人才处在职业生涯初期,预期收入增长有限,上海急速上涨的高房价使青年人才在安居乐业方面面临很大挑战。随着商品房市场化改革,上海高房价的不断推动,高昂的居住成本对人才的挤出效应开始显现。据国家统计局数据测算,2021 年 2 月,北京、上海、广州和深圳 4 个一线城市新建商品住宅销售价格环比上涨 0.5%,其中,四个城市的涨幅分别为 0.7%、0.5%、0.9% 和 0.1%,不少青年人才因此沦为"蚁族",甚至选择逃离北上广。

青年人才作为城市的创新主体,其稳定的居住环境是发挥城市创新活力的根本保障。人才的流出效应无疑会对上海的城市创新与长远发展产生不利影响。因此,如何解决高房价背景下上海青年人才的住房困难问题是上海实现创新驱动与转型发展的关键。本章主要关注在房价增幅远超工资增长的情况下,房价如何影响高学历人才的城市迁居决策?现有住房体系如何保障高学历人才的住房权益?这些民生问题的解决不仅是实现人才安居乐业的前提,也是发挥城市创新的关键。

---

① 本章由宋艳姣撰写。

12.1 研究青年人才住房的背景和意义

人才竞争比较优势是城市核心竞争力的重要体现。对于建设全球科技创新中心的上海，青年人才是创新要素集聚的重要资源。上海要建设具有全球影响力的科技创新中心，如何吸引、集聚和留住人才是关键。然而由于青年人才处在职业生涯初期，预期收入增长有限，上海急速上涨的高房价使青年人才在安居乐业方面面临很大挑战。2021 年上半年，上海二手住宅出售价格平均为 6.19 万元/m²，环比上涨 4.83%，同比上涨 10.78%。同时租房成本也在不断上涨，1 月份租金约为 88.4 元/月/m²，环比上涨 11.23%，同比上涨 15.2%（www.creprice.cn）。

大都市城市创新的重要优势在于青年人才的集聚。青年人才作为城市的创新主体，其稳定的居住环境是发挥城市创新活力的最根本保障。人才的流出效应无疑会对上海的城市创新与长远发展产生不利影响。因此，如何解决高房价背景下上海青年人才的住房困难问题是上海实现创新驱动与转型发展的基本前提。不同于传统社会保障体系的低收入群体，青年人才这部分群体由于进入社会的时间不长，住房需求具有特殊的过渡性和阶段性特征，基于此本章主要针对该群体设计出有针对性的调查问卷，并运用通信网络渠道对青年人才群体进行了调研和访谈。通过分析上海市青年人才现阶段的住房特征及目前遇到的住房困难问题，试图为相关部分改善青年人才的住房条件提供数据支撑和决策依据。

12.2 青年人才的概念界定

1979 年 11 月，中国举办首届人才学术研讨会，论坛针对人才的界定大致可归纳为以下几个方面：有特殊或潜在能力的人，能解决具体问题的人，出类拔萃的人，智能较高创造力较强的人，对社会做出贡献的人。1986 年 6 月，中国人才专家王通讯在《宏观人才学》著作中，将人才的概念界定为具有德才兼备或一定专长学问的人。并指出，对人才的定义要考虑三个方面的因素,一是人才定义的要素构成分析;二是人才定义的要素比重分析;三是人才定义的特征分析[1]。黄津孚[2]认为高素质是人才的内涵。从概念界定的可操作性考虑,宏观的人才范围可以从学历、学位、职称、对社会的贡献程度等维度来划分。但其他学者认为,以职称、学历等指标划分人才的标准还不够完善,这种界定方法只是局限在统计口径上,是计划经济型人才的定义[3]。2003年5月23日,中共中央政治局召开会议研究部署加强人才工作。会议强调了人才问题对于国家事业发展的重要性,并指出新世纪人才工作的紧迫任务是培养、吸引和使用人才三个,着力建设党政人才、企业经营管理人才和专业技术人才三支人才队伍。基于此次政治局会议,王旭等[4]认为人才应该具有新的定义,除传统的学历等指标外,新世纪的人才还应具备相应的专业知识背景,并从人力资源管理的微观角度认为选拔优秀的人才需要建立人才素质模型进行人才测评和鉴定,国家、地区和行业发展可以根据人才需求制订相应的人才引进规划。《国家中长期人才发展规划纲要(2010~2020年)》提到,人才是指:"具有一定的专业知识或专门技能,进行创造性劳动并对社会做出贡献的人,是人力资源中能力和素质较高的劳动者。"

纵观学界对人才概念界定的不断完善,人才区分标准由原来的理论标准"一刀切",发展到逐渐注重与现实中的社会实践需求相对应和契合。上海市人事局对人才的开发和引进也逐渐突破过去从统计学角度对人才的认识和固有评判标准,不断改革现有的人才统计制度。例如,2002年6月开始在沪上实行的居住证制度,不仅考虑有学历、有职称的人才群体,对上海发展急需的专业技能人才也纳入上海人才开发体系。基于本章研究目的与现有研究基础,本章把"青年人才"界定为符合上海城市发展定位及战略性新兴产业发展需要,但其住房支付能力不足的18~44岁的高学历群体。

12.3 青年人才的住房需求及其影响因素

目前学界针对青年人才的住房问题研究比较少,主要集中在青年群体方面。研究的内容涉及居住模式、购房支付能力以及住房需求的影响因素等。

12.3.1 居住模式

目前针对国内青年群体住房的研究主要聚焦在高学历群体上。通过对我国"985"高校毕业生的住房情况进行调查，本书得出仅有21%的群体拥有自己的私有住房（拥有产权），而有近62%的人调查时表示没有属于自己的私有住房[5]。青年人口居住模式包括住房性质（租房、买房、与父母同住）、住房拥有的途径（父母资助、自己购买）、购买住房的性质（政府保障房和商品房）[5]等。青年人口对于居住模式的选择能够反映人口和社会的变迁，如结婚意愿和婚龄、人口流动、居住文化等。这对于国家制订相关政策可以起到信号的作用。根据澳大利亚国家统计局数据显示，2009~2010年，35岁以下人口，不管是独自居住还是与配偶居住，都是所有年龄段中租房比例最高的，达56%和48%。Minguez[6]认为在欧洲国家中，西班牙青年在相对较晚的年龄才搬离父母家，通过与其他国家的比较研究，发现这个现象不仅与经济因素（青年就业状况、房价等）相关，还与家庭文化、福利情况相关的文化和制度因素有关，因为拥有住房是独立、结婚、组建家庭的前提。在经济危机的背景下，尽管存在高失业率和获得住房贷款的困难，和父母居住的青年比例并没有显著增加，这是因为房租下降，同时因贷款违约而被驱逐的案例增多，使很多西班牙青年倾向于租房。Kenyon和Heath[7]通过研究得出选择合住模式在英国越来越普遍。基于资金、住房质量、陪伴或隐私以及与其他人同住的欲望和可行性考虑，被调查者将合住视为当前合适的选择。住房所有权在英国中产阶级被视为一个关键因素，而这些合住的年轻人对于住房和家庭观念的转变正在重新定义中产阶级生活方式的特性，并影响着其他的年轻人。

12.3.2 购房支付能力

目前各国政府部门和学术界非常关注青年人口的住房拥有率及其影响因素[5]。学界认为青年是否拥有住房的因素主要集中在三个方面：支付能力、人口特征和人口流动。Bourassa[8]等通过分析1985年澳大利亚追踪调查，发现房价—租金比对于青年（25~28岁）拥有住房具有显著负面效应，而预期工资具有显著的正面效应。提高政府补助占收入比例对青年（22～29岁）拥有住房的可能性有显著的正影响[9]。从财富效应和流动性约束角度来分析家庭创业的选择行为，预期房价上涨将较大限度地减少家庭创业活动[10]。Ford[11]通过对英国不同城市青年的问卷调查和案例分析，根据青年人的自主生活能力、住房的限制、家庭的资金支持三个因素，将住房渠道分为五种：无秩序渠道、无规划渠道、限制性渠道、规划（非学生）渠道、学生渠道。研究发现，家庭结构、是否接受高等教育等非住房因素决定着大部分青年人的购房能力。

12.3.3 住房需求及影响因素

现在的保障房制度主要集中在廉租房和经济适用房。经济适用房一般是有特定的保障对象，政府主要针对低收入住房困难家庭提供该优惠政策。廉租房主要针对的是城镇当地居民，政府通过租金补贴或实物配租的方式向当地低于最低生活保障且住房有困难的家庭提供。可以发现，现有的住房保障制度具有两个特征：一是具有保障性质；二是保障对象有一定的局限性。通过这两个特征可以看出，对于城市青年群体，尤其是外来青年人才，需求既不等同于最低保障群体，同时住房又具有阶段性和过渡性。传统的住房保障体系很难将这部分群体覆盖，从而使青年人才群体成为市场和政策制度忽略的"夹心层"。居住权是每一个国家公民最基本的生存权利，住房也就是成了居民得以生存的最基本生活必要品[9]。大城市流动青年在住房需求上，表现出购房能力差、社区融入程度低以及主观评价满意度中等水平的特征[10]，青年群体住房支付能力较低，以租房为主要居住方式。

现有针对青年白领群体的研究，主要集中在住房需求特征以及影响因素方面[11]。住房需求偏好可以分为建筑结构需求偏好（住房形式、户型、层高、建筑面积、装修要求等）、消费需求偏好（可承受的支付单价、付款方式和最高月供）两个维度[12]。其中，住房需求受婚姻状况的影响显著。青年白领群体的住房需求以刚性需求为主，改善需求强烈。以南京市青年白领为例，研究表明大多城市青年白领可承受的房屋单价与当时南京平均房价仍有较大距离，存在住房困难的问题。

12.3.4 青年住房问题在全球范围内面临的问题

第一,政策制定者必须保证所有青年有同等离开父母家独立生活的机会。2007年,西班牙政府实施了基本租金离家计划(RBE)用以促使年轻人更快地向独立的成年人转变,更早搬离父母家,该计划第一次试图打破原有严格的住房所有制度,为年轻人提供了更多可供选择的住房模式。但是该计划并有成功,独立居住的年轻人比例缓慢减少,因为缺乏制度上的保证和住所转变的支持,搬离父母家对于年轻人来说更加不方便、风险也更大。因此,能否在独立过程中得到家庭资金支持的巨大差别使社会两极分化日趋严重[13]。第二,要提高青年的住房匹配度和可得性,一是要建立更健康的私有租房部门(PRS),二是政策制定者、土地所有者、开发商要共同致力于建设更适合青年群体合住的住房[14]。在欧洲包括英国,一些社会经济劣势群体会形成空间上的集聚,由此产生社会排斥单元。由于年轻人因社会和经济上的劣势而被社会排斥,加上英国实施的各种针对此问题的项目却收效甚微,导致社会各界对公共住房年轻人的认识存在偏差[15]。在风险社会的背景下,只有少数人意识到单人房租金管制削减了青年的住房利益享有权并增加了不确定性,虽然青年积极应对、努力最小化风险和不确定性,福利制度从整体上降低社会风险,但是单人房租金管制却增加了青年在私有租赁住房市场寻找住房的风险[16]。

综上所述,现有的研究以青年住房或全面住房的研究为主,有关青年人才住房特征的研究还不多,并且多是从定性视角分析问题,缺乏从实证分析的角度来对青年人才的住房问题进行论证。本章通过调查问卷设计和暑期调研,针对该问题进行了数据收集,问卷信度和效度检验,分析上海市青年人才的居住特征与面临的困境,试图为青年人才的住房问题提供新的分析思路和研究空间。

12.4 高学历人才居住满意度的案例分析:以上海为例

解决上海青年人才住房问题,应首先把握青年人才对住房的切实需求。目前大部分青年人才短期内还无力通过市场购买的方式解决自身住房需求,因此完善上海公共租赁住房保障体制对青年人才解决住房问题至关重要。上海青年人才主要集中在各大高校、科研院所、产业园区和各类企业,然而上海市现有留沪人才政策主要针对海外及高层次引进人才,青年人才的住房保障政策覆盖范围仍有限。本章将在梳理上海市不同政府层面现有人才住房政策保障基础上,采用问卷调查与实地调研相结合等调查方式,并以人才分类、分层等原则,评估现有青年人才的住房现状及满意度,根据现有青年人才在住房供需、住房配置等存在的主要问题,提出相应的对策建议。

12.4.1 研究对象的设定

目前各政府文件对人才的界定,往往指具有创新意识并在实践中发挥重要作用或贡献的群体。本章对研究对象进行了聚焦:行业方面主要针对上海市建设全球科技创新中心、金融中心、航运中心等四个中心专业人才的需求,以及上海市开发区"十三五"规划中的重点发展行业进行了调查,具体涉及金融业、生物医疗及化工、信息传输和信息技术服务、水利、环境和公共设施管理、教育和科研机构、专业服务与咨询、餐饮及生活服务业等行业。年龄方面主要界定为20~35岁、大学本科及以上学历的毕业生。

12.4.2 数据来源

本章主要采用问卷调查与访谈相结合的方式,对在沪青年人才户籍特征、人均收入、居住区域、住房特征等相关信息进行调研。通过对上海市高校、企业、产业园区等调研点发放调查问卷,对上海青年人才住房现状及需求进行分析研究。此次调查问卷和访谈主要通过网络平台的微信朋友圈对上海市各行各业的毕业生发放问卷。为了保证问卷的有效性,确保被访者对调查问卷中问题的正确理解并做出合理答案,在正式发放调查问卷前,本次调研针对部分调查对象进行了预测试。并根据反馈意见,对调查问卷的题型和相关问题设置进行了补充修改,形成了最终版。正式调研过程中,共发放调查问卷450份,其中共有439人参与问卷填写。通过筛选,共得到有效问卷339份。通过对年龄的筛选,共得到符合研究要求的样本306个。此次问卷主要包括两部分:一是针对目前的住房现状、可支付能力以及住房满意度进行数据调研;二是开放式问答,针对未来住房条件的提升有哪些建议。

12.4.3 问卷信度和效度分析

信度和效度分析是检验设计调查问卷的基础,为了使本章的调查问卷更有可靠性,本章对调查问卷进行了信度分析和效度分析。关于信度分析,目前最常用的是 Alpha 信度系数。一般信度系数介于 0~1,若量表的信度系数在 0.9 以上,表示量表的信度非常好;如果量表的信度系数介于 0.8~0.9,则表示量表的信度很好;如果量表的信度系数在 0.7~0.8,则表示量表的信度可以接受。根据调查问卷问题的设置,将变量设置为三个维度。其中,维度一,住房可支付能力;维度二,住房特征;维度三,住房满意度。利用 Stata 12 计量软件,通过分析各个维度和总量的有效性后(见表 12-1),得出每个维度和总量表的 Alpha 信度系数均大于 0.7,说明该量表信度较好,符合问卷调查的设置要求。

表 12-1　　　　　　　　　调查问卷的信度分析

	维度一	维度二	维度三	总量表
Cronbach's Alpha	0.7756	0.7139	0.8802	0.7757

关于效度分析,一般可分为单项与综合相关效度分析、准则效度分析和结构效度分析等几种主要分析方法。其中,学者普遍认为效度分析最理想的方法是利用因子分析测量量表或整个调查问卷的结构效度。利用 Stata 计量软件对调查问卷中的变量因子分析并进行了 Kaiser–Meyer–Olkin 检验,得出 KMO 值显著大于 0.8,说明本章的调查问卷结构效度很好(见表 12-2)。

表 12-2　　　　　调查问卷的 Kaiser–Meyer–Olkin 效度检验

KMO 值	0.8181
卡方检验	1821.69
显著性	0.0000

注:该结果表示,KMO 值在 1% 的水平上显著。

12.4.4 上海市青年人才的居住特征及住房满意度分析

(1) 青年人才的住房具有显著的阶段性和过渡性。

年龄结构。通过对比上海市青年人才群体各年龄阶段的住房特征,发现对于30岁以下的青年群体，住房为市场租赁房的比例最高，而30岁以上的青年群体选择市场租赁住房的比例显著下降。随着工作年限的积累和收入水平的预期增长，同龄群体中购买商品房的比重不断上升，其中30岁以上的青年群体中自购房的比重最高，而同龄群体中选择市场租赁住房的比例最低，如图12-1所示。

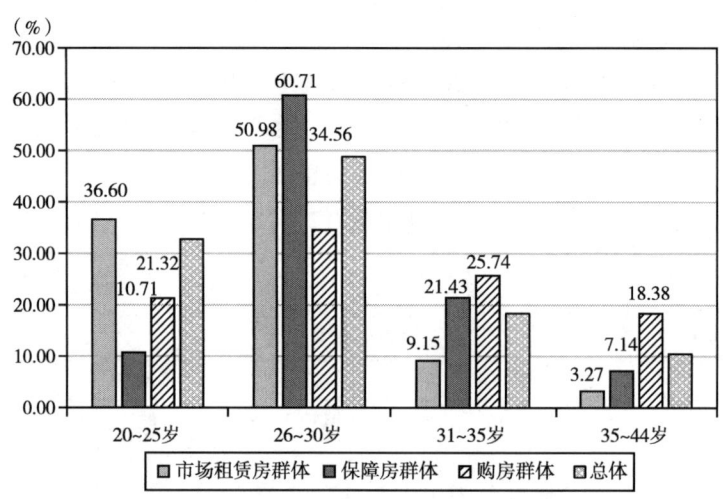

图12-1 上海市青年人才住房特征的年龄分布

（2）住房特征在行业内和行业间没有显著区别。

行业结构。从行业分布来看，本章的调研对象主要聚焦在上海市的重点发展行业，如金融业、软件和信息技术服务业、生物医药、专业服务于咨询、教育与培训行业等。从统计结果可以看出，市场租赁住房的群体在大部分行业中的行业内差异和行业间差异并不是很显著。而对于行业内差异比较大的行业，如金融业、软件和信息技术服务业、专业服务咨询业等，选择租房和购房的群体比例有显著不同。这可能与这些行业内部薪酬水平差异化比较明显有关。

（3）市场租房群体的住房租金压力过大，房租收入比达到32.6%。

可支付能力。为了进一步分析青年人才不同住房特征背后的经济因素，本章对上海市青年人才中市场租赁群体的月均收入水平进行了阶段划分。结果显示，这部分群体中月均收入低于8000元的群体比例占到51.36%，按照最新的2016年9月上海市新房成交均价44957元/平方米，二手房均价49631元/平方米计算,在不考虑任何生活成本的情况下,若选择自购商品房则基本无法实现,如图12-2和图12-3所示。

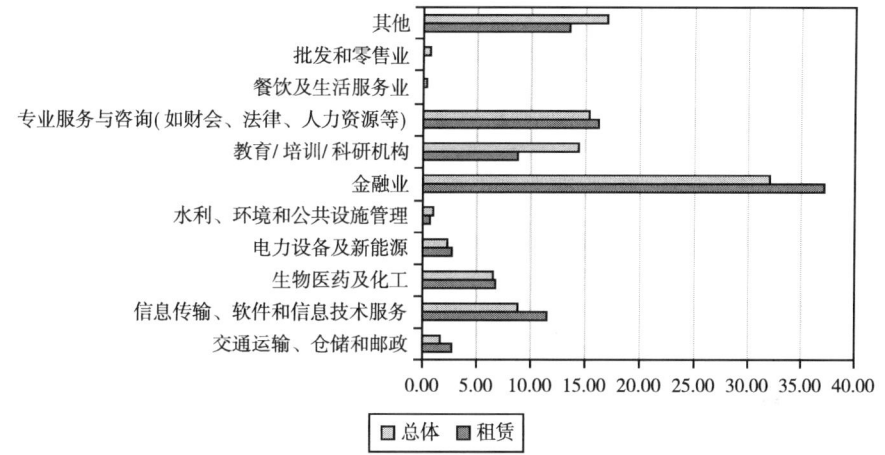

图 12-2　上海市青年人才住房特征的行业分布

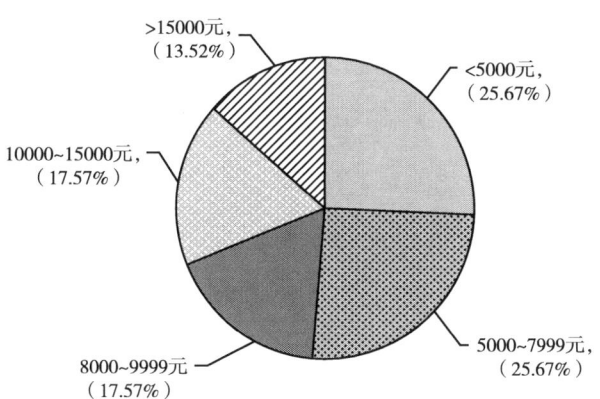

图 12-3　市场租赁房群体的月均可支配收入水平

租房群体面临着一定的生活成本压力。通过计算,对比市场租赁房群体和保障房群体的房租收入比可以看出,由于保障房的租金补贴,房价收入比要远远低于市场租赁群体。一些学者认为将房租收入比维持在25%以内是合理的,房租收入比在25%~30%还处于居民可以承受的范围之内,但房租收入比超过30%时则表明房租压力过大。统计结果显示,市场租赁房群体的平均房租收入比达到32.6%,高出了不合理比例范畴,这说明本章研究的青年人才群体在住房可支付能力方面确实面临着一定的经济困难和住房压力（见表12-3）。

表12-3　　　　　　　　上海市青年人才的房租收入比

样本	均值	标准差	最大值	最小值
市场租赁房群体	32.6	17.41	3.85	128.30
保障房群体	15.7	12.37	1.25	56.25

（4）青年人才面临居住不稳定性问题。

租赁期限。通过对租赁住房的期限统计得出，市场租赁房群体租约在1年以内的比例高达77.03%，其次是1~2年的比例为19.59%，租约超过2年的比例仅为3.38%。而对于保障房群体，租约时长在1年以上的比例达到64%，其中1~2年的比重为48%，而短期租约（如半年以内）的比例仅为12%。这说明，对比市场租赁房和保障房的租赁期限，后者在为青年人才提供住房时更具有稳定性。

居住模式。青年人才在居住模式方面存在显著差异。对于市场租赁房，有近一半的群体会选择与人合租模式，这可能与多人分担租金可以降低住房支出成本压力有关；其次是独居模式。而对于保障房和已购房群体，与家人同住是首要的住房选择（见表12-4）。

表12-4　　　　　　　　上海市青年人才的居住模式

样本	与家人同住（%）	与同事、朋友、老乡或者其他租客等合住（%）	独居（%）	其他（%）
市场租赁群体	22.30	52.70	24.32	0.68
保障房群体	46.43	17.86	35.71	0.00
购房群体	88.32	0.73	10.22	0.73

每天上班单程通勤时间。相比市场租赁住房，保障房具有通勤时间短的优点。结果统计，上海市青年人才每天单程通勤时间最长的为市场租赁房，其次是自购商品房，上下班最便利的为保障房。对于居住保障房的群体，每天上班单程通勤时间保持在半个小时以下的占大多数，比例为69.23%，而对于市场租赁住房的群体，大部分的通勤时长都在半小时以上，比例为

55.54%。这说明保障房在工作地和居住地间的交通便利方面,确实存在着明显的优势。(见表12-5)。

表12-5　　　　　　　　上海市青年人才的单程通勤时间

样本	<15分钟(%)	15~30分钟(%)	31~60分钟(%)	61~90分钟(%)	>90分钟(%)
市场租赁房群体	7.43	27.03	39.19	23.65	2.70
保障房群体	30.77	38.46	23.08	3.85	3.85
购房群体	9.82	16.07	49.11	16.07	8.93

(5) 上海市青年人才住房困难的原因分析。

虽然一线城市为青年人才聚集提供了良好的工作环境,但居高不下的高房价使青年人才群体的生活成本压力不断提高,住房问题面临着各种挑战。①青年人才的住房具有显著的阶段性。不同于城市低收入群体,政府提供的经济适用房和廉租房等保障房建设可以缓解这部分群体的住房压力。青年群体位于职业生涯的初期,由于现有经济水平的预期收入增长的限制,目前难以通过市场购房解决住房问题。然而,随着工作年限的积累和收入水平的预期增长,住房困难的问题会有所改善。如何针对青年人才的阶段性住房问题提出相应对策对青年人才的整个职业生涯规划起着关键作用。②青年人才的住房具有过渡性。对比上海市青年人才群体各年龄阶段的居住特征,发现对于30岁以下的年轻群体,同龄中市场租赁房的比例最高。而30岁以上的青年群体,选择市场租赁住房的比例显著下降,同龄群体中30岁以上的青年群体中购买自购房的比重最高。由租房向购房的过渡特征,使青年人才对住房保障体系的针对性提出挑战。③青年人才住房保障覆盖范围有限。目前上海市现有留沪人才政策主要针对海外及高层次引进人才,尤其针对高层次的领军人才配备有专项的住房优惠政策,但青年人才的住房保障只涉及一部分,专门针对青年人才的住房保障措施仍十分有限。

通过筛选上海市开发区"十三五"规划中的重点发展行业,将从事金融业、生物医疗及化工、信息传输和信息技术服务、水利、环境和公共设施管理等行业,年龄位于20~35岁的大学本科及以上学历的毕业生界定为青年人才。由于青年人才住房特征不同于其他群体,其住房困难的原因可以归纳为：(1) 市场租房群体的住房租金比超过合理范畴。据统计，该群体的房租收入比已达到32.6%。为了进一步分析青年人才不同住房特征背后的经济因素，通过对上海市青年人才中市场租赁群体的月均收入水平进行阶段划分，结果显示，这部分群体中月均收入低于8000元的群体比例占到51.36%，按照最新2016年9月上海市新房成交均价44957元/平方米，二手房均价49631元/平方米计算，在不考虑任何生活成本的情况下，若选择自购商品房基本无法实现。(2) 居住不稳定性问题突出。通过对租赁住房的期限统计得出，市场租赁房群体租约在1年以内的比例高达77.03%，其次是1~2年的比例为19.59%，租约超过2年的比例仅为3.38%。而对于保障房群体，租约时长在1年以上的比例达到64%，其中1~2年的比重为48%，而短期租约（如半年以内）的比例仅为12%。这说明，对比市场租赁房和保障房的租赁期限，市场租赁房群体的住房存在明显的不稳定性。(3) 青年人才在居住模式方面存在显著差异。对于市场租赁房，有近一半的群体会选择与人合租模式，这可能与多人分担租金可以降低住房支出成本压力有关；其次是独居模式。而对于保障房和已购房群体，与家人同住是首要的住房选择。青年人才多元化的居住模式也为政策制定和实施带来了诸多挑战。

12.5 实现人才城市居有所安的路径探索及对策研究

2016年9月25日颁布的上海市人才新政30条，明确指出要加大保障房配建、集中新建、代理经租等公租房筹措力度。结合上海市青年人才住房情况的相关调研以及国外住房保障模式的相关经验，对未来完善上海青年人才的居住环境归纳以下几点对策建议。

(1) 完善租房货币化补贴机制，满足租房群体选择的多元化。

目前租房群体面临的主要问题是租房价格太高，导致居住成本压力过大。政府应完善青年人才租房货币化补贴机制，实现住房补贴由"补砖头"向"补人头"的转变，使租房群体选择多元化。同时，政府可以借鉴以CMAT模式推进政府与企业合作建设"蚁族社区"模式，为上海青年人才居住问题提供新思路。具体规划以政府为主导，企事业单位、产业园区以及社会资本共同参与的方式,以及以租代售、公私合营的住房模式。遵循租金货币补贴为主原则,针对青年人才住房居住支付能力弱的特点,考虑补充公积金缴纳弹性制等可操作性的对策建议。

(2) 补贴机制遵循人才分类、分层原则。

青年人才住房具有阶段性特征。各区政府需要针对这部分群体的需求采取无缝隙对接。青年人才包括租房群体和买房群体,这些群体都面临着不同程度的住房问题。政府在完善租房货币化补贴机制的同时,还应针对人才的异质性,实现政府保障措施的垂直公平性。针对租房群体的异质性,遵循人才分类、分层原则采取不同的补贴方式,使政府补贴政策更具有针对性。补贴对象不仅限于有条件申请公租房的群体,政府和企事业单位也应考虑给刚毕业的青年人才提供合理的货币化住房补贴,使年轻人被高居住成本压制的消费活力和创造力释放出来。

(3) 增公共租赁住房的供应量和覆盖范围。

①加大公共租赁住房的建设投入。

公租房具备可以满足青年人才住房的稳定性、较合理的租金以及通勤时长较短等优点。因此,可考虑由地方政府或企事业单位统筹规划建设人才公寓或青年公寓住房,增加对公共租赁住房和廉租房的建设投入。公租房的建设可借鉴新加坡组屋的资金投入和部门监管等措施,通过规范前期投入资金渠道和统一后期监管部门,保障住房质量的同时降低住房建设成本,从而使扩大人才公寓覆盖面变得可行。

②公共租赁住房选择应多元化。

青年人才由于处在住房的过渡性阶段,政府和企事业单位在规划人才公寓和员工公寓建设时,应立足青年人才的需求,充分考虑居住地缘位置、住房居住空间和社区公共空间的合理布局,为激发年轻人应有的活力和创新力提供全方位的优惠住房。建议加强住房公积金的住房保障作用,提供一定的租金补贴和首次购房贷款优惠,实行差异化住房供应体系,满足不同住房需求。

(4) 创新"青年人才公寓"建设资金投入模式。

提升青年人才公寓的规模和覆盖比例。通过探索"青年人才公寓"模式,实现青年人才"保障房"和"人才公寓"双体系的相辅相成。政府可以借鉴新加坡建设组屋的建议,不断推进政府与民间资本合作建设"人才公寓",即由政府划拨土地，吸引民间资本投资建设，形成面向青年人才、产权共有、具有保障性租赁性质的"人才公寓"。以政府为主导，企事业单位、产业园区和社会资本共同参与的方式，以及以租代售、公私合营的住房模式为解决青年人才住房问题提供有效路径。

参考文献

［1］张世高．关于人才定义．党建与人才，1997（2）：32 - 33．

［2］黄津孚．人才是高素质的人——关于人才的概念．中国人才，2001（11）：31．

［3］路济平．给"人才"一个确切的说法——关于"人才"定义的思考．人才开发，2002（11）：10 - 11．

［4］王旭，李娜，王云志．"人才"需要新定义．党建文汇：下半月版，2003（8S）：23 - 23．

［5］朱迪．"80后"青年的住房拥有状况研究——以985高校毕业生为例．江苏社会科学，2012（3）：63 - 68．

［6］Moreno Minguez A. Economic crisis and the new housing transitions of young people in Spain. International Journal of Housing Policy, 2016, 16（2）: 165 - 183.

［7］Kenyon E, Heath S. Choosing this life: Narratives of choice amongst house sharers. Housing Studies, 2001, 16（5）: 619 - 635.

［8］Ford J, Rugg J, Burrows R. Conceptualising the contemporary role of housing in the transition to adult life in England. Urban Studies, 2002, 39（13）: 2455 - 2467.

［9］Haurin D. R., Hendershott P. H., Kim D. Living Arrangements and Homeownership Decisions of American Youth. Journal of Housing and the Built Environment. 1993, 8（2）: 193 - 210.

［10］Haurin D. R., Hendershott P. H., Kim D. Living Arrangements and Homeownership Decisions of American Youth. Journal of Housing and the Built Environment. 1993, 8（2）: 193 - 210.

［11］蔡栋梁、何翠香、方行明，住房及房价预期对家庭创业的影响，财经科学，2015（6）：108 - 118．

［12］吴厚德. 改革城市居民住房模式的思路. 广东经济，2006（10）：42-45.

［13］赵文聘，仉楠楠. 大都市流动青年的住房现状及对策研究. 中国房地产，2014（20）：28-34.

［14］肖昕茹，梁翠玲，丁金宏. 大城市白领居住模式的人口学特征分析——以上海市静安区为例. 人口与发展，2010，16（1）：62-67.

［15］关长坤，唐焱. 城市青年白领住房需求偏好实证分析——以南京市为例. 中国房地产，2011（22）：30-40.

［16］Gentile A. Rental subsidy and the emancipation of young adults in Spain. International Journal of Housing Policy，2016，16（2）：243-254.

［17］Mackie P K. Young people and housing：identifying the key issues. International Journal of Housing Policy，2016，16（2）：137-143.

［18］Coles B，England J，Rugg J. Spaced Out? Young people on social housing estates：social exclusion and multi-agency work. Journal of youth studies，2000，3（1）：21-33.

［19］Kemp P A，Rugg J. Young people，housing benefit and the risk society. Social Policy & Administration，2001，35（6）：688-700.

城市文化协同创新

文化创意是城市软实力的体现，也是城市协同创新发展的重要支撑。新时期，文化创意产业已经成为推动城市经济发展和建设城市文化软实力的重要引擎，在此背景下，如何提高城市在创意生产网络中的地位已经成为当前学术界普遍关注的问题。本篇收录了两个与城市文化紧密相关的案例研究，第一个案例通过对中国电影产业生产网络结构的分析探究城市之间在创意生产过程中的相互联系以及由此而形成的等级体系，从而从宏观层面认识中国城市创意网络的基本结构和特征，第二个案例聚焦城市内部文化（创意）空间的生产，通过分析南京先锋书店这一标志性空间的形成过程，探讨城市文化空间与地方文化身份、地方认同之间的联系与互动机制，为深入理解城市文化空间的形成机理提供了很好的案例。

第13章

电影生产网络研究[①]

电影产业是指以电影制作为核心,通过制片、发行、放映以及周边服务将电影作为一种商品进行生产、推广和销售的行业[1]。作为文化创意产业的核心组成部分,电影产业由于其独特的经济价值和文化属性而成为最为引人瞩目的行业之一。20世纪80年代以来,在信息技术进步和全球化的共同推动下,世界电影产业经历了深刻了产业重构,形成了以"项目制"为基础的典型"后福特"式生产模式[2]。部分拍摄和制作活动开始从主要电影产业基地向外围国家和地区转移,逐步产生了跨地区(乃至跨国)的电影生产网络[3,4]。在此背景下,电影产业生产网络受到地理学等学科的广泛关注,成为创意产业集群[3,5-8]、文化全球化[9,10]、全球生产网络[9,11,12]等领域的一项重要研究议题。

自2002年电影市场化改革推行以来,中国电影产业进入了飞速发展阶段。据统计,2001~2019年,内地上映的国产电影数量从71部增长至440部,电影市场票房则从不足9亿元增长至643亿元[13,14]。随着中国晋升为全球第二大电影消费市场,电影产业已经成为我国文化创意产业中的重要支柱型行业。另外,由于独特的历史、文化和制度背景,中国电影产业的发展过程呈现出诸多不同于西方国家同类行业的特点,这对于电影产业的生产模式和组织方式必然会产生重要的影响[15]。因此,探索中国电影产业生产网络的组织结构和地域分布特征,揭示不同城市嵌入电影生产网络的程度和方式,对于理解中国电影产业市场化转型的地理效应,丰富文化创意产业生产网络研究具有重要的理论和现实意义[16]。

基于此,本章首先从产业组织的角度对国内外电影产业的发展过程进行简要回顾;其次在此基础上,通过收集2002年和2019年内地上映国产电影的制

[①] 本章由张旭、张雅宁撰写。

片企业数据,对中国电影生产网络的组织结构和地理特征进行系统性分析,并揭示其空间演化趋势;最后探讨对于中国电影产业发展建设的政策启示,从而丰富电影产业生产网络的理论和实证研究。

13.1 国内外电影产业发展历程

13.1.1 国外电影产业发展历程

在过去的半个世纪中,世界电影产业的组织模式经历了巨大的变革。早期电影生产采用的是类似于"福特制"的"流水线"生产模式[2]。以美国为例,直到20世纪中叶,美国电影产业主要被少数电影公司(米高梅、派拉蒙、华纳兄弟等)所主导。这些公司控制了从电影制作、分发到上映的整个产业链,与员工签订长期稳定的雇佣合同,并在各自的摄影棚中完成大部分电影拍摄活动。通过对剧本创作、影片拍摄、后期制作等环节的精确化控制,好莱坞大型电影公司实现了电影的快速化、标准化和批量化生产,从而确保长期稳定的市场收益[17]。

然而,从20世纪60年代开始,受到"派拉蒙反垄断法案"和电视普及等因素的冲击,电影产业的风险性和不确定性日益增加,最终导致了"福特制"生产体系的瓦解。为了降低生产成本和对抗潜在风险,大型电影公司开始将一些生产制作环节外包给由小型公司和自由从业者组成的分包商,而自身专注于立项、融资、决策等核心环节。电影的生产制作不再局限于单个企业内部,而是由大量专业化公司和人员合作完成。于是,旧有的制片厂模式被一种基于短期项目和合同的新型生产模式所替代[2]。在这一模式中,大多数电影项目与先前制作的项目均存在较大差异,因此能否在较短时间内组建一支具备不同能力的专业化团队便成为决定项目成败的关键因素[18]。随着大量灵活、专业化公司和自由从业者的出现,传统纵向一体化的制片厂系统逐渐转变为纵向分解的电影生产综合体。

电影生产模式的转变产生了重大的地理效应。一方面,由于新的生产系统包含大量专业化、互补性的中小型公司,交易成本的上升强化了核心价值活动在电影生产综合体的集聚趋势,少数电影产业集群(如"好莱坞")的重要性得到进一步巩固[4]。而另一方面,随着信息和通信技术的进步,许多电影公司开始将部分技术含量较低、常规化的生产活动(如电影拍摄)从传统的产业中心转移到其他国家和地区(如加拿大、新西兰、澳大利亚等),以利用当地的廉价劳动力和政府补贴降低生产成本,或获取当地独特的文化资源提升电影的美学和经济价值。这一"逃逸制作"现象促进了电影制作人才和技术的流动,在一定程度上带动了外围国家和地区相关产业的发展,使电影产业部分价值环节出现了地理分散现象,最终形成了由少数核心产业集群和大量中小型制作地点构成的复杂电影生产网络[3,19-21]。

13.1.2 中国电影产业发展历程

内地电影产业的发展过程与欧美国家相比存在较大差异。在计划经济时期,电影的主要功能是服务于政策宣传而非提供面向大众的消费产品。少数国有电影制片厂负责电影的拍摄和制作,而发行放映则通过各级政府主管的电影放映单位完成,因此基本不存在以盈利为主要目标的商业性电影部门[22]。改革开放以后,中央政府取消了对于电影制作和发行的许多限制,并组建了若干大型电影制片厂,许多省市级政府的文化部门也纷纷成立了各自的电影制片厂或拍摄基地,这在一定程度上促进了中国电影产业的恢复和发展[23]。然而,到了20世纪90年代初期,由于电影放映设施的普遍老化以及电视行业的兴起,电影对观众的吸引力持续下降,导致中国电影产业进入了较长的萧条期[23]。

这一阶段一直持续到21世纪初期。随着中国加入世界贸易组织,来自欧美电影产业的外部竞争日益严峻,国家文化部和广播电影电视总局最终决定在2002年开始推行电影产业的市场化改革。在电影制作领域开始试行国有电影制片单位的股份制改革,组建企业集团,并鼓励民营企业组建新的电影公司;在电影发行放映领域则积极推行院线制,促进跨地区经营,并允许外资参与改建电影院,建立健全竞争和激励机制[24]。这一系列改革措施带动了中国电影产业的快速商业化转型,并引发了电影制作和发行放映企业的爆发式增长。2010年,国务院办公厅又出台了《关于促进电影产业繁荣发展的指导意见》,提出"大力推动我国电影产业跨越式发展,实现由电影大国向电影强国的历史性转变"的目标,进一步为中国电影产业的持续发展提供了政策保障。

由此可见,中国电影产业的发展过程呈现出鲜明的从计划经济体制向市场经济体制转型的特点,这与欧美国家出现的从"福特制"到"后福特制"的发展过程存在较大区别,对于电影产业的主体构成、组织模式以及地理格局必然会产生重要的影响。因此,探索中国电影产业生产网络的格局和演化特征,对于理解世界电影产业发展的多样性,丰富生产网络相关理论具有重要的意义。

13.2 研究数据与方法

13.2.1 数据来源

本章采用电影制作公司的数据来分析电影生产网络的结构特征。每一部电影均是一个独立的制作项目,其参与公司在电影制作过程中会产生各种类型的互动与交流,进而形成复杂的本地和跨地域合作网络。因此,通过对电影参与制作公司的批量化分析,可以揭示电影生产网络的地域分布特征,以及不同城市通过电影生产网络建立的产业联系。为了反映电影市场化改革前后的变化,本章选取2002年和2019年两个时间段上映的电影作为研究样本。2002年电影名录来自《2003年中国电影年鉴》,该年份共有100部国内电影在内地上映,剔除缺少制片公司信息的8部电影后,共选取92部电影作为分析样本。2019年电影名录来自《2020年中国电影产业研究报告》,该年份共有440部国产电影上映,本章选取其中票房排名前100位的电影作为分析样本。这些电影的内地合计票房占当年国产电影总票房的90%,因此能较好地反映当年电影市场的基本情况。电影参与制作公司的信息主要来自《2003年中国电影年鉴》和《2020年中国电影产业研究报告》,在此基础上通过浏览每部电影的片头信息进行了进一步补充和完善,并根据官方网站等渠道获取了各电影公司的总部所在城市数据。为了更准确地反映电影公司实际参与电影制作的程度,本章仅选取主要制作公司为研究对象。

13.2.2 分析方法

本章主要采用社会网络分析方法,将电影制作公司所在城市作为节点构建电影生产网络,以揭示不同城市在网络中的重要性以及相互联系强度。具体指标计算方法如下:

网络联系强度 C_{ab} 反映城市 a 与城市 b 在整个电影生产网络中的联系强度,计算公式为:

$$C_{ab} = \sum_{i=1}^{M} V_{ai} \times V_{bi} \tag{13-1}$$

其中,V_{ai} 和 V_{bi} 分别表示来自城市 a 和城市 b 参与同一个电影项目 i 的电影公司数量,M 为同时有来自城市 a 和城市 b 电影公司参与的电影项目总数,$a \neq b$。

度中心性 $C_D(a)$ 用于测度城市 a 与网络中其他节点城市总联系强度(即外部联系强度)的大小,反映该城市在整个电影生产网络中的重要性,计算公式为:

$$C_D(a) = \sum_{j=1}^{N} C_{aj} \tag{13-2}$$

其中,C_{aj} 为城市 a 与城市 j 之间的联系强度,N 为与城市 a 存在电影合作联系的城市数量。

中介中心性 $C_B(a)$ 用于测度网络中经过某一节点城市 a 的最短路径的数量,反映该城市在电影生产网络中的中转和协调功能,计算公式为:

$$C_B(a) = \sum_{p=1;q=1;p \neq q \neq a}^{X} \frac{N_{pq}(a)}{N_{pq}} \tag{13-3}$$

其中,N_{pq} 表示城市 p 与城市 q 之间的最短路径条数,$N_{pq}(a)$ 表示城市 p 与城市 q 之间最短路径中经过城市 a 的条数,X 为城市总数。

此外,为了对比城市内部合作与跨城市合作在电影生产网络中的重要性差别,本章进一步测度了城市内部联系强度,其计算公式为:

$$IC_a = \sum_{l=1}^{Y} [(n-1) + (n-2) + \cdots + 1] \tag{13-4}$$

其中,IC_a 为城市 a 的内部联系强度,Y 为有两个或以上来自城市 a 的公司参与的电影项目数量,n 为第 l 个项目中来自城市 a 的参与公司数量,n>1。

13.3 中国电影生产网络特征分析

13.3.1 电影项目基本情况

对比2002年和2019年电影项目构成情况（表13-1），可以发现合作拍摄已经成为我国电影产业普遍采用的制作模式。在2002年的92项电影项目中，66%是通过合作拍摄完成，其中49%涉及跨城市合作，而2019年的100项电影项目中，合作拍摄和跨城市合作的比例分别提升到了98%和85%，每个项目主要参与制片公司的平均数量也从1.9个增长至4.8个。这些变化反映出随着中国电影产业的商业化转型，电影制作变得越来越复杂化和精细化，需要具备不同资源和技术的制片公司的参与，这一趋势与国际电影产业的发展经验较为类似。

表13-1　　　　　　　　电影项目基本信息

年份	非合作项目比例（%）	合作项目比例（%）	跨城市合作项目比例（%）	每个项目参与公司平均数量
2002	34	66	49	1.9
2019	2	98	85	4.8

13.3.2 电影制作公司地理分布

通过对2002年和2019年电影项目参与制作公司进行制图分析，可以发现中国电影产业的地域分布呈现出三个主要特点。

首先，电影制作能力出现了一定的扩散趋势。2002年仅有32座城市的106家公司（包括境外公司）参与到92部电影的制作项目中，2019年的100部电影项目中，制作公司和分布城市的数量分别增长至319家和49座，一些中小城市（如廊坊、赣州、嘉兴等）也出现了能够参与重要电影项目的制作公司，表明中国电影产业的总体制作能力在不断提升，辐射范围也呈现出扩大趋势。

其次，核心城市的产业集聚优势地位依然明显。2002年，排名首位的北京聚集了41家电影公司，参与到67个电影项目的制作中，分别占当年全部电影公司和项目总数的39%和72%。2019年，北京电影公司和参与电影项目数量分别增长至113家和88项，占全部电影公司和项目数量的比例也分别达到35%和88%，而排名前十位城市拥有电影公司的数量占当年全部公司总数的比重达到了76%。这一特征表明大多数电影公司（尤其是影响力较大的公司）仍然高度集中在少数核心城市，这些城市构成了中国电影产业的主要产业集群基地。

最后，电影产业主要制作基地出现了一定程度的空间转移。2002年，参与电影项目数量较多的城市主要为首都、直辖市和省会等行政级别较高的城市，包括北京、上海、广州、天津、西安、长春、济南、太原、呼和浩特等。这些城市均为计划经济时期建立的国有电影制片厂所在地，受到"路径依赖"效应的作用，在改革开放后的很长一段时期内依然是我国电影产业的主要中心。到了2019年，随着电影产业市场化改革的推进，部分内地传统行政中心城市（如西安、长春、济南、太原等）的重要性出现了明显下降，而沿海地区的一些新兴产业基地则开始崛起，主要包括金华、佛山、杭州、无锡等。这些城市依托发达的地方经济实力建立了一些比较有影响力的影视拍摄基地（如"横店影视城""南海影视城"和"无锡影视城"）或主要媒体平台（如"浙江卫视"），因此对新成立的影视制作公司产生了较强的吸引力。此外，一些西部经济特区城市（如霍尔果斯和喀什）凭借其优惠的税收政策也吸引了大量影视企业在此注册公司，反映出影视产业日益出现的金融化现象。总体而言，2002~2019年主要影视制作公司地理分布的变化非常直观地反映出市场化改革对我国电影产业空间组织产生的重要重构作用。

13.3.3 电影生产网络总体结构

网络分析结果表明，2002~2019年中国电影生产网络表现出不断完善和加强的趋势（图13-1）。2002年，电影生产网络中不同城市间的联系（包括境外联系）数量仅为45条，总体网络密度0.1699，平均联系强度不到1.8。近56%的联系均涉及北京的电影制作公司，其中联系最强的是北京—香港，其次分别是北京—西安、北京—广州、北京—济南、北京—杭州和北京—呼和浩特（见表13-2）。这种网络结构反映出在电影市场化改革初期，不同地区制作企业之间的总体合作水平相对较低，并且首都北京在整个电影制作网络中占据了绝对的主导地位。

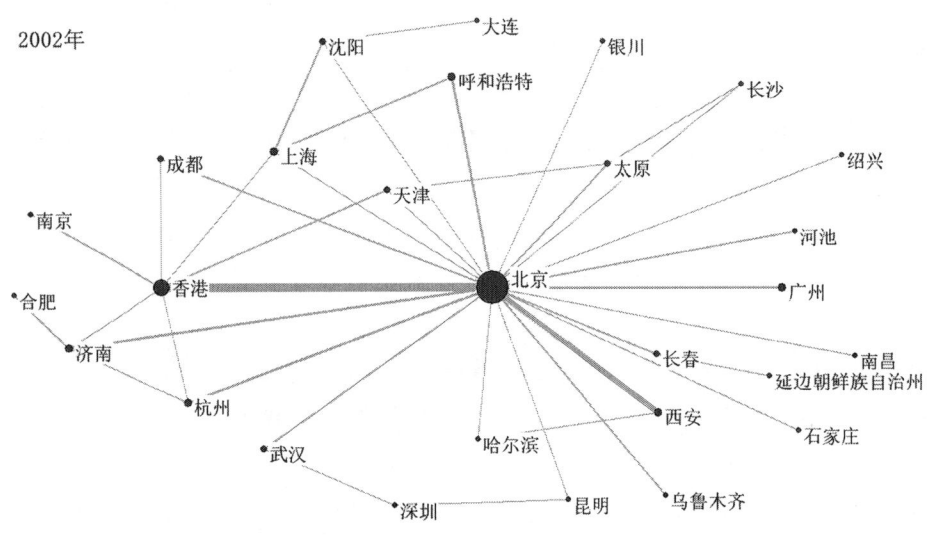

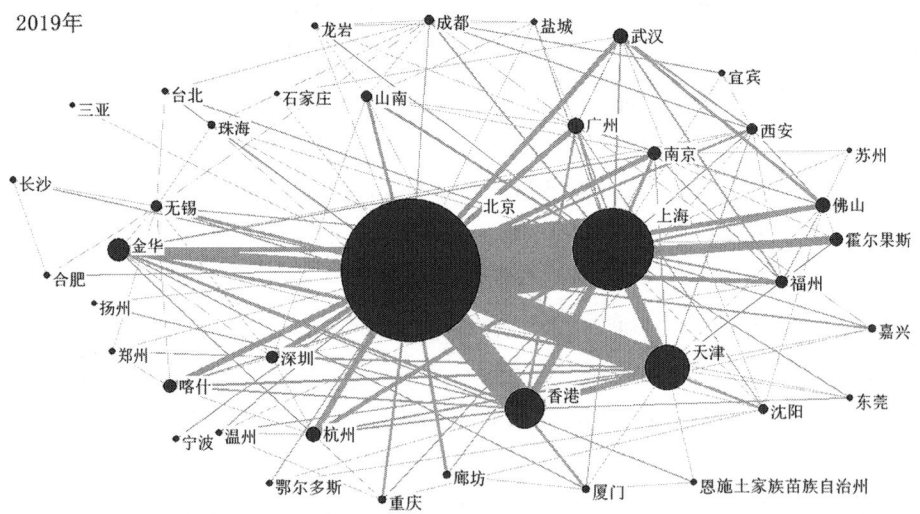

注：线段宽度代表联系强度，节点大小代表城市度中心性

图13-1 城市电影生产合作网络

表 13-2　　联系强度排名前 15 的国内城市联系对

2002 年		2019 年	
城市对	联系强度	城市对	联系强度
北京—香港	9	北京—上海	182
北京—西安	6	北京—香港	82
北京—呼和浩特	3	北京—天津	79
北京—广州	3	上海—天津	30
北京—济南	3	北京—金华	30
北京—杭州	3	北京—霍尔果斯	23
北京—长春	2	上海—香港	21
北京—太原	2	北京—喀什	18
北京—河池	2	天津—香港	17
北京—乌鲁木齐	2	北京—杭州	17
北京—武汉	2	北京—广州	16
北京—成都	2	北京—深圳	15
济南—合肥	2	上海—金华	14
上海—沈阳	2	北京—南京	14
上海—呼和浩特	2	北京—武汉	14
天津—香港	2		
南京—香港	2		
广州—香港	2		

到了 2019 年,中国电影生产网络出现了较为明显的变化。随着更多城市的加入,城市间的联系数量增长至 177 条,网络密度提高到 0.9478,并且平均联系强度也大幅提升至 5.5。虽然北京的优势地位依然十分明显,包揽了前 10 位联系对中的 7 对,但是也出现了一些其他城市间的重要连接,如上海—天津、上海—香港、天津—香港和上海—金华(见表 13-2)。这一结果表明,随着上海、天津、金华等电影制作中心影响力的提升,北京在中国电影产业的垄断地位有了一定程度的弱化。另外,大部分城际连接以跨越省份的远距离连接为主,形成了以京津、长三角和珠三角为核心的网络结构,进一步表明中国电影产业的空间组织具有高度的地域不均衡性,中西部城市与生产网络的"战略耦合"[25]程度相对较弱。

13.3.4 本地及跨地域网络特征

生产网络研究经常关注的另一个重要议题是本地合作（"地方蜂鸣"）和跨地域合作（"全球通道"）在生产网络组织中的重要性[26]。对比电影制作公司的城市间联系总强度和城市内部联系总强度可以发现，对于电影制作而言跨地域合作的重要性要远高于本地合作的重要性（表13-3）。2002年，只有8个城市存在本地电影制作企业间的合作，占所有参与合作城市数量的25%，并且只有1个城市的内部联系强度高于外部联系强度。城市内部联系总强度占总联系强度的比重不足25%。到了2019年，虽然存在本地电影制作公司间合作的城市数量增加到了18个（37%），但是其内部联系总强度所占比重进一步降低到了14%，远低于外部联系强度。即使是像北京这样的电影企业集中度最高的城市，其内部联系强度也仅为其外部联系强度的26%，大多数城市的内部联系强度不足其外部联系强度的10%。这一结果证实了中国多数电影公司更倾向于采用远距离合作而非本地合作来完成电影项目的制作。其原因可能是对于电影制作公司而言，在其所在城市寻找相关资源（如本地服务和人才）相对较为容易，但是获取其他城市重要资源（如取景地、技术、资本、地方补贴等）的难度则较高，因此需要求助于当地的合作伙伴来实现，从而导致大多数电影的联合制作都是在跨地区尺度开展的。

表13-3 总联系强度排名前9位城市的内部联系强度占比

2002年		2019年	
城市	内部联系强度/总联系强度（%）	城市	内部联系强度/总联系强度（%）
北京	43.0	北京	25.6
香港	9.5	上海	10.1
上海	33.3	天津	3.8
济南	12.5	香港	11.6
呼和浩特	14.3	金华	7.1
西安	0.0	广州	8.0

续表

2002 年		2019 年	
城市	内部联系强度/总联系强度（%）	城市	内部联系强度/总联系强度（%）
沈阳	0.0	武汉	13.0
广州	0.0	杭州	2.3
杭州	0.0	佛山	2.4
所有城市	24.8	所有城市	14.0

13.3.5 主要城市网络影响力

网络中心性分析结果进一步揭示了各城市在电影生产网络中影响力的变化情况。北京在两个年份的度中心性和中介中心性排名中均牢牢占据了第一的位置，并且与其他城市形成了较为明显的差距，但是这一差距表现出一定的缩小趋势。上海的度中心性和中介中心性排名均上升至第二，代替香港成为中国电影产业的主要副中心。天津、金华、无锡、佛山等城市的影响力同样有了显著提升，而西安、济南、呼和浩特、太原等传统省会城市的重要性则表现出明显的下降，这与前面的分析结果较为一致，进一步验证了电影产业市场化带来的差异化地域效应。与此同时，香港在中国电影产业中的影响力则持续下降，其度中心性和中介中心性排名从第 2 位分别下降至第 4 位和第 5 位。这主要是由于伴随着电影产业市场化改革的推进，内地电影公司的制作能力不断提升，消费需求持续扩大，逐渐发展成为全球第二大的电影消费市场，而香港电影产业则在亚洲金融危机、海外竞争加剧、传统亚洲市场萎缩等不利因素的影响下出现了较大的下滑，导致越来越多的香港电影工作者开始将工作重心转移到内地，从而逐步形成了以内地为中心的华语电影市场[27]。此外，对比城市度中心性和中介中心性排名还可以发现，一些依靠特殊税收政策而出现的电影公司聚集地（如霍尔果斯和喀什）中介中心性均低于度中心性，表明虽然有大量电影公司在这些城市注册，但是这些公司在实际的电影制作发行中往往发挥的作用非常有限。因此，这些特殊城市并不能被视为真正的电影产业基地（见表 13-4）。

表 13-4　　网络中心性排名前 10 位的城市

2002 年				2019 年			
城市	度中心性	城市	中介中心性	城市	度中心性	城市	中介中心性
北京	100.0	北京	100.0	北京	100.0	北京	100.0
香港	35.8	香港	9.8	上海	54.5	上海	33.0
西安	13.2	沈阳	7.6	天津	28.7	天津	17.6
济南	13.2	济南	7.5	香港	24.5	金华	5.7
呼和浩特	11.3	长春	7.5	金华	12.6	香港	3.7
上海	11.3	昆明	3.6	广州	7.4	无锡	3.5
广州	9.4	武汉	3.6	杭州	6.8	成都	2.6
杭州	9.4	上海	1.0	佛山	6.6	西安	2.3
沈阳	9.4	天津	0.3	武汉	6.5	南京	2.2
太原/天津	7.5	呼和浩特/深圳/太原	0.1	霍尔果斯	6.1	佛山	2.0

注：各城市网络中心度按照首位城市得分为 100 进行比例换算。

13.3.6　全球生产网络联系

对境外城市网络联系强度的分析表明，国外电影公司参与中国电影制作的程度仍然处于较低的水平。2002 年，仅有三家境外电影公司与中国电影公司进行了合作拍摄，分别分布在东京、布拉格和维也纳。后两座城市均不是重要的全球电影产业中心，因此这种合作更多地体现了政策和外交因素的影响。2016 年，与中国城市建立电影合作拍摄联系的境外城市数量增长到了 6 座，并且其联系强度也有了一定程度的提升。但是相比于国内电影公司间的合作水平，跨国合作在中国电影生产中的重要性显得非常薄弱，这与中国全球第二大电影消费市场的地位非常不匹配。这一结果一方面是受到了中国较为严格的电影合拍标准的影响，在一定程度上限制了中外电影合作项目的开展；另一方面也反映出欧美发达国家在全球电影产业中的主导地位。借助其强大的电影制作和发行能力，以好莱坞电影集团为代表的欧美电影公司形成了对国际主流电影市场较强的控制力[28]。虽然近些年越来越多的中国电影公司开始作为投资方或合作方加入欧美主导的电影制作项目,但是由中国电影公司发起的合拍项目国际影响力仍然比较有限。中国电影产业与全球电影生产网络的联系有待进一步加强(见表 13 – 5)。

表 13 – 5　　　　　　　主要境外城市网络联系强度

2002		2016	
城市	度中心性	城市	度中心性
东京	2	莫斯科	12
布拉格	2	巴黎	4
维也纳	2	东京	4
		洛杉矶	4
		纽约	1
		伦敦	1

13.4 总结与讨论

本章通过对 2002 年和 2019 年内地上映国产电影参与制作公司数据的采集,系统地分析了中国主要电影制作公司的地域分布和合作网络特征,揭示了电影产业市场改革以来中国电影生产网络的空间演化趋势,丰富了电影产业生产网络的理论和实证研究。主要研究结论如下。

(1)中国电影产业的发展过程呈现出鲜明的从计划经济体制向市场经济体制转型的特点,与欧美国家经历的从"福特制"到"后福特制"的发展过程存在较大区别。伴随着中国电影产业市场化改革的不断推进,中国电影的产量和规模都出现了快速的提升,电影制作随之复杂化和精细化,使合作拍摄成为普遍采用的电影制作方式。

(2)在地理分布上,虽然中国电影产业的制作能力出现了一定的向中小城市扩散的趋势,但是核心城市的产业集聚优势依然十分明显。部分内地行政中心在电影生产网络中的重要性出现了明显下降,而沿海地区的一些经济发达城市则成为重要的新兴电影产业基地。同时,伴随着内地电影市场规模和制作能力的提升,香港在中国电影产业中的影响力开始持续下降。这些变化反映出市场化改革对我国电影产业生产网络空间组织产生的重要影响。

(3) 为了寻求资源互补的合作伙伴,中国电影公司普遍倾向于采用远距离合作的方式来完成电影项目的制作,大多数电影的联合制作都是在跨地区尺度开展的,因此嵌入外部生产网络对于地方电影产业集群的发展具有至关重要的作用。但是当前跨国合作在中国电影的生产制作过程中仍然非常欠缺,在一定程度上反映出中国与欧美发达国家在全球电影产业中影响力的差距。

本章研究成果对于电影产业发展规划和影视基地建设提供了以下两点重要启示:首先,以电影产业为代表的文化创意产业在地理分布和生产网络组织上与以制造业为代表的传统行业存在很大差别,表现出以核心城市为依托、高度集聚的特点。电影产业的布局对劳动力成本等一般性生产要素的敏感性相对较低,而对独特的地方文化资源、核心机构和媒体平台、市场需求以及配套设施和服务等因素要求较高。这就意味着将旧有的发展经验和措施简单地照搬到电影产业发展政策中可能收效甚微,甚至会带来负面结果。虽然地方可以尝试通过影视基地建设等方式吸引影视企业或拍摄活动的到来,但是这一过程可能需要付出极大的成本,同时面临非常高的竞争风险。因此,电影产业发展规划需要更加重视本地的产业基础、市场需求和资源条件,在此基础上制订有针对性的发展目标和政策,实现产业的差异化发展。

其次,虽然现有文献多强调地方产业集群对文化创意产业发展的重要性,本章研究表明,跨地域生产网络对电影项目的生产组织发挥着同样乃至更加重要的作用。尤其对于落后地区,企业更需要建立跨地域联系,从其他城市获取必要的资源和市场。因此,城市主管部门不能仅强调各类影视基地的建设和地方影视产业集群的打造,还要重视加强本地企业与全国(乃至全球)电影产业相关主体的联系,在更广阔的生产网络内寻求合适的产业资源和潜在市场,提升本地电影制作能力与外部生产网络需求的"战略耦合"程度。

参考文献

[1] 刘刚,辛晓睿,海骏娇,等. 电影产业网络研究综述. 世界地理研究,2017,26(3):124-133.

[2] Scott A J. A new map of Hollywood: The production and distribution of

American motion pictures. Regional Studies, 2002, 36 (9): 957-975.

[3] Coe N M. A hybrid agglomeration? The development of a satellite-Marshallian industrial district in Vancouver's film industry. Urban Studies, 2001, 38 (10): 1753-1775.

[4] Scott A J, Pope N E. Hollywood, Vancouver, and the world: employment relocation and the emergence of satellite production centers in the motion-picture industry. Environment and planning A, 2007, 39 (6): 1364-1381.

[5] Kratke S. Network analysis of production clusters: The Potsdam/Babelsberg film industry as an example. European Planning Studies, 2002, 10 (1): 27-54.

[6] Christopherson S, Rightor N. The Creative Economy as "Big Business": Evaluating State Strategies to Lure Filmmakers. Journal of Planning Education and Research, 2010, 29 (3): 336-352.

[7] 文娟, 张强国, 杜恒, 等. 北京电影产业空间集聚与网络权力分布特征研究. 地理科学进展, 2019, 38 (11): 1747-1758.

[8] 王缉慈, 陈平, 梅丽霞, 等. 电影产业集群的典型模式及全球离岸外包下的集群发展. 电影艺术, 2009 (5): 15-20.

[9] Vang J, Chaminade C. Cultural clusters, global-local linkages and spillovers: theoretical and empirical insights from an exploratory study of Toronto's film cluster. Industry and Innovation, 2007, 14 (4): 401-420.

[10] Crane D, Kawashima N, Kawasaki K i. Global culture: Media, arts, policy, and globalization. Routledge, 2016.

[11] Christopherson S. Behind the scenes: How transnational firms are constructing a new international division of labor in media work. Geoforum, 2006, 37 (5): 739-751.

[12] 辛晓睿, 曾刚. 基于网络结构的中国电影制片业研究. 经济地理, 2019, 39 (5): 119-127.

[13] 中国电影家协会, 中国文联电影艺术中心著. 2020中国电影产业研究报告. 北京: 中国电影出版社, 2020.

[14] 中国电影年鉴编辑部. 中国电影年鉴1995. 北京: 中国电影出版社, 2002.

［15］Zhang X, Li Y. Concentration or deconcentration? Exploring the changing geographies of film production and consumption in China. Geoforum, 2018, 88: 118 – 128.

［16］Coe N M. Global production networks in the creative industries // Jones C, Lorenzen M, Sapsed J. The Oxford Handbook of Creative Industries. Oxford: Oxford University Press. 2015: 486 – 501.

［17］Bordwell D, Staiger J, Thompson K. The classical Hollywood cinema: Film style & mode of production to 1960. Columbia University Press, 1985.

［18］Johns J. Manchester's Film and Television Industry: Project Ecologies and Network Hierarchies. Urban Studies, 2010, 47 (5): 1059 – 1077.

［19］Miller T, Leger M C. Runaway production, runaway consumption, runaway citizenship: The new international division of cultural labor. Emergences: Journal for the Study of Media & Composite Cultures, 2001, 11 (1): 89 – 115.

［20］Hoyler M, Watson A. Framing city networks through temporary projects: (Trans) national film production beyond "Global Hollywood". Urban Studies, 2019, 56 (5): 943 – 959.

［21］Currid – Halkett E, Ravid G. 'Stars' and the connectivity of cultural industry world cities: an empirical social network analysis of human capital mobility and its implications for economic development. Environment and Planning a – Economy and Space, 2012, 44 (11): 2646 – 2663.

［22］沈芸. 中国电影产业史. 北京: 中国电影出版社, 2005.

［23］刘嘉. 从银幕数的变化考量中国电影市场化进程. 电影艺术, 2009 (5): 91 – 100.

［24］邓向阳. 基于市场结构分析的中国电影产业发展研究. 湖南大学, 2011.

［25］刘逸. 战略耦合的研究脉络与问题. 地理研究, 2018, 37 (7): 1421 – 1434.

［26］Bathelt H, Malmberg A, Maskell P. Clusters and knowledge: local buzz, global pipelines and the process of knowledge creation. Progress in Human Geography, 2004, 28 (1): 31 – 56.

［27］Zhang X, Wang J. Transborder Film Production Between Mainland China and

Hong Kong After CEPA: The Interplay Between Political Orientation and Market Forces. Tijdschrift Voor Economische En Sociale Geografie, 2021, 112 (3): 239-255.

[28] Crane D. Cultural globalization and the dominance of the American film industry: Cultural policies, national film industries, and transnational film. International Journal of Cultural Policy, 2014, 20 (4): 365-382.

第14章

城市文化消费空间生产与消费者认同[①]

自20世纪60年代以来，随着西方国家的生产方式从大规模、标准化的福特主义向小规模、更加弹性的后福特主义转变，人们的生活方式和消费需求也发生了巨大改变。消费逻辑逐渐取代生产逻辑，在城市空间的生产和再生产中起到越来越重要的作用，城市景观也逐渐表现出由以生产为主向以消费为主的景观变化[1,2]。在此影响下，大量的消费空间应运而生，商场、大型超市、主题公园等都成为具有代表性的城市消费景观。随着消费空间研究的微观化与日常生活化转向，越来越多的研究开始关注城市中的酒吧、餐厅、咖啡馆等小尺度的消费空间。在此过程中，消费主义价值观逐渐兴盛，它将数量和种类上日益增长的消费过程看作是至高无上的，并重视商品的符号性和象征性，商品的符号价值超出了商品的使用价值和交换价值[3]。消费不单纯被视为经济活动，也是符号及其相互关系的社会文化过程，消费空间不仅是消费活动发生的物质场所，也是叠加在消费地之上的各种社会关系所建构的意义空间。为了赋予消费者更加新奇的消费体验，越来越多的空间意识到文化的力量，发展文化主题消费空间。通过赋予中性的空间特定的文化或者叙事，提供消费者以新奇的购物体验[4]。

自改革开放以来，中国社会经历了快速的发展更迭。虽然我国尚未步入消费社会，但是随着物质水平的提升，人们的生活方式和消费观念都发生了巨大的变化。特别是以东部沿海城市为代表的经济发展较快的城市，经济的增长推动了以东部沿海城市为代表的消费转向。中国发达城市也率先出现以文化、创意为导向的消费空间，通过其建筑特色、历史文化氛围等具有地方性的文化符号的植入打造了一批提供新的生活方式的文化消费空间。以创意阶层为代表的

[①] 本章由赵弋徽、孔翔撰写。

消费者也追求集休闲、文化、情感于一体的多重消费体验，体验不同生活方式、感受自我。种种迹象表明中国正经历着一场深远的消费革命。在这种影响下中国城市空间形态发生了巨大的转变，城市公共空间逐渐萎缩，取而代之的是鳞次栉比的不同类型消费空间大范围的复制、扩张。文化、经济成为城市空间更细、再生产的重要手段。因此，透过城市文化消费空间的生产以及消费者的感知、认同和建构对于了解中国城市变迁、发展有重要的意义。

本章主要探讨城市文化消费空间的生产和消费者感知、认同、建构空间的过程，依托哈维资本三级循环理论、列斐伏尔空间生产理论、鲍德里亚消费社会理论等，阐释城市文化消费空间生产的内在逻辑。并以南京先锋书店为例讲述城市文化消费空间生产与认同的实际应用。

14.1 城市文化消费空间生产的内在逻辑

14.1.1 空间的生产理论

自1970年以后，新马克思主义、结构主义学派对于空间重要地位的呼吁引发了学术界中的"空间转向"，空间的地位以及与时间、社会的关系得到广泛的关注。自此空间成为一种新的叙事。"空间生产"理论最初源自亨利列斐伏尔《空间的生产》（*The Production of Space*）一书。在对历史唯物主义中空间缺位的反思中，列斐伏尔提出了"（社会）空间是（社会）产物"的命题，将研究的重心从"空间中的生产"转向"空间本身的生产"。列斐伏尔提出的"空间生产"（production of space）理论详细论述了从空间中的生产到空间的生产的转变，空间不再是一个空洞的容器，而是社会关系和意义生产[5]。列斐伏尔提出的空间生产辩证三元组包括：空间实践（spatial practice）、空间表征（representations of space）和表征空间（representational spaces）。其中，空间实践是承载了消费实践的物质空间，是外部的、物质的环境；空间表征是指概念化的空间，是科学家、规划师、设计师等概念化的、带有意识形态的符号化空间，承载了不同的表征和话语；表征空间则是指居民和使用者的生活的空间，是生活过程中感知的空间。这一辩证三元组通常被应用在辨析空间生产过程中暗含的权力关系争夺、协商。

深受列斐伏尔"空间转向"的影响，索亚、福柯、卡斯特尔等学者所强调的空间的社会属性为理解城市文化消费空间生产提供了一个切入点。卡斯特指出"空间不是社会的反映，空间就是社会"[6]；索亚在此基础上进一步将空间的重要性提升到本理论层面，提出"社会—空间辩证法"。通过物质空间、心灵空间、第三空间的概念对空间生产理论进行新的演绎，提出一个更加包容开放的空间生产进程[7-8]。哈维提出的"时空压缩""资本三级循环"理论进一步揭示了空间生产背后的资本积累、循环规律。在资本主义规则下，资本的扩张会带来过度积累的危害，"时空修复"就是指通过实践的延迟和空间的扩张来解决这种过度积累的危机。而"资本三级循环"就是实现时空修复的具体手段。具体到文化消费空间生产和扩张时，当资本不能从传统制造业获取利润时，将发展的中心转移到以文化创意等消费空间的空间生产与再生产以获取更高额的经济利益，从而调动消费欲望、加快资本循环的周期[9]。

而这种"资本主义将不同的场所和地点用相同的经济逻辑开发"的结果就是"将那些地点的独特性都概括成一般化的消费场所"[7]，造成了全球化、均质化的城市消费空间景观。在这种同质化竞争的背景下，更多的生产者意识到独特的文化叙事和地方性对于文化消费空间生产的重要性。其中包含以文化元素为符号和叙事的主题消费空间，通过实体空间的营造、装饰、店名等打造新奇的消费体验空间，也为消费者建构出不同的地方感，或者成为打卡的地标。这些空间中也不乏以历史文化为导向的怀旧消费空间，通过"一些特定的场景唤起历史记忆，营造一个地理乡愁，再现往昔空间"，给消费者营造出不同的文化体验[8]。

14.1.2 文化消费空间的建构与消费者认同

空间生产的立论有助理解资本和生产者如何通过资本的流动、循环制造空间，并发生相应的权力争夺。但是人的主体性和社会、文化背景在很大程度上被忽略了。鲍德里亚一方面继承了马克思主义政治经济学的批判传统，另一方面将符号学引入消费空间生产内容中，深刻地从消费本身解读消费实践、消费空间、消费认同等内容。鲍德里亚《消费社会》中立论出发点就是从生产社会到消费社会的转变。"消费的真相在于它并非一种享受功能，而是一种生产功能。"换句话说,消费取代了生产,消费就是生产。在这种基本逻辑的转变下,鲍德里亚继而提出了消费实践、消费身份认同等内容的内涵[3,9]:第一,现代消费控制关系中的暗示意义链。橱窗、广告等作为一种炫耀式的景观,对消费者的心理产生统治与支配。通过不同商品之间的意义关联,诱使消费者资源通过购买一系列产品而实现自我价值和成功人士地位的欲望逻辑。第二,符码操纵和制造消费。消费品的卖点不再是使用功能,而是被创造出的象征性符号意义。"消费的主体,是符号的秩序"[3]。第三,消费区划阶层。消费的含义不仅是购买和使用,而是一种编码的状态中,这种编码的过程就是阶层划分的过程。上述三层内涵构成了鲍德里亚关于消费社会的基本逻辑,这一逻辑逐渐被地理学家、社会学家应用在对于城市文化消费空间的观察中。

消费者对于文化消费空间的感知和空间中的身份认同在某种程度上参与了文化消费空间的生产和建构进程。而在消费空间快速席卷全球的过程中,也出现了不可避免的地方性丧失。符号促使空间生产以快速复制和繁衍的模式进行,进而形成无差别的全球化景观[13]。深受鲍德里亚影响,越来越多研究开始关注消费空间的物质和符号建构[10],关注空间中的消费转向。消费空间不是空洞的抽象结构,而是有意义的、交织或镶嵌于社会关系中的地方。消费空间景观作为一种被凝视的对象,通过消费者对空间的感知和认同,不断被重塑空间的内涵和地方性。物质空间的景观既是经营者生产空间中的重要维度,又是消费者感知地方和消费地方的主要内容。

消费者在体验与消费中可以感知空间中的符号,并通过解读消费空间中的符号、图像等文化意涵,洞悉空间所蕴含的社会、经济与政治意涵。因此消费空间中消费者身份的认同与建构与空间生产再生产有着十分重要的作用。"认同"可理解为独特性、统一性与身份问题,是一种自我意识概念,是对不同于自身的其他所有事物的认可,也可以说是对自身变化多样性的内在统一;所谓"事物"被视为相似或具有相同性。认同是文化形式分析的重要工具,亦是文化研究的核心内容[11]。由于地方认同常表现为人们对某种符号象征的认同,而消费空间研究也通常关注相应的符号,因此,较多研究从地方认同角度探讨消费空间的生产及其对不同群体的影响。根据鲍德里亚"消费社会"理论,当下社会消费最根本的逻辑就是通过各种表征符号、意象让人们接近自己的欲望深处,通过竞争性购买,自发地生成了一体化的"无意识纪律"的规训和统治。在消费中,消费者通过"共同拥有同样的编码、分享那些使您与另外某个团体有所不同的那些同样的符号"来实现我者和他者的区隔[3,9]。简言之,消费就是不同符号之间的交流体系,象征着地位和身份的编码,在消费中消费者完成了阶层划分和并获得了特定的符号认同[12]。而文化消费空间中的文化符号会增强空间的社会属性,因此具有相同消费趣味的个体会因为消费相似的空间而产生情感上的共鸣和认同。这种消费空间中的身份认同一方面是不同群体进行社交和群体认同的基础,另一方面也会通过这一空间感受我者与他者的区隔。

14.1.3 小结:分析框架

总的来说,消费社会中,消费不仅是一种交换活动,也是一种富有象征意义的社会活动。文化作为一种符号是消费空间生产的重要媒介和动力。消费是一种充满了文化符号和表征的活动,当文化以符号的形式进入空间中时,产生大量衍生含义。这种衍生的社会文化含义为资本为了获取剩余价值的扩张提供了新的思路。资本作用于文化空间,抽象出文化符号;文化符号附着于空间产生新的文化空间;符号的繁殖复制于城市空间中,实现文化消费空间的生产和扩张[13]。生产者通过对于文化符号的操纵进行文化消费空间的生产,对空间进行扩张谋求资本。而消费者通过符号的消费对文化消费空间的物质空间、消费者身份、地方文化等内容进行感知、产生认同,并反过来影响文化消费空间的建构。

14.2
案例分析:南京市先锋书店文化消费空间生产与消费者认同

实体书店作为城市文化产业的重要组成部分,是社会重要的文明载体和文化场所,是城市的精神地标和精神生活品质的体现。与传统书店不同,现代实体书店更多地表现为一个刻印独特文化印记,具有地方、社会和空间等多重属性的文化复合体,因此,实体书店作为文化转型期具有丰富社会意涵的微观载体,是一种十分具有典型性的城市文化消费空间。

14.2.1 案例地概况

南京先锋书店位于南京市五台山体育馆地下车库,是一家以"静态的书店经营"和"多元的文艺活动"为发展方向的实体书店(见图 14-1)。其于 2003 年正式运营,内部空间包括图书区、阅读区、活动区、文创展示区、艺术咖啡区、书写体验区等(图 14-2)。由于周边分布有南京大学、南京师范大学、河海大学等高校,学生与高校教师群体最先成为先锋书店的消费者。历经多年发展,先锋书店现已成为我国城市实体书店中的一面旗帜,先后被国外媒体誉为"全球十大最美书店""全球最酷书店"及"中国最美的书店"。此外,作为南京市的文化地标,先锋书店已日渐发展为南京的重要旅游景点之一,也是众多都市年轻人"打卡"的地方,为消费者带来了独特的体验。

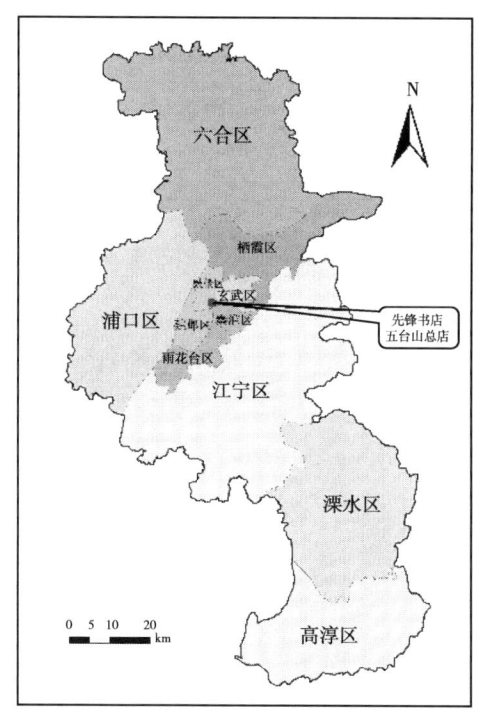

图 14-1 先锋书店五台山店位置示意图

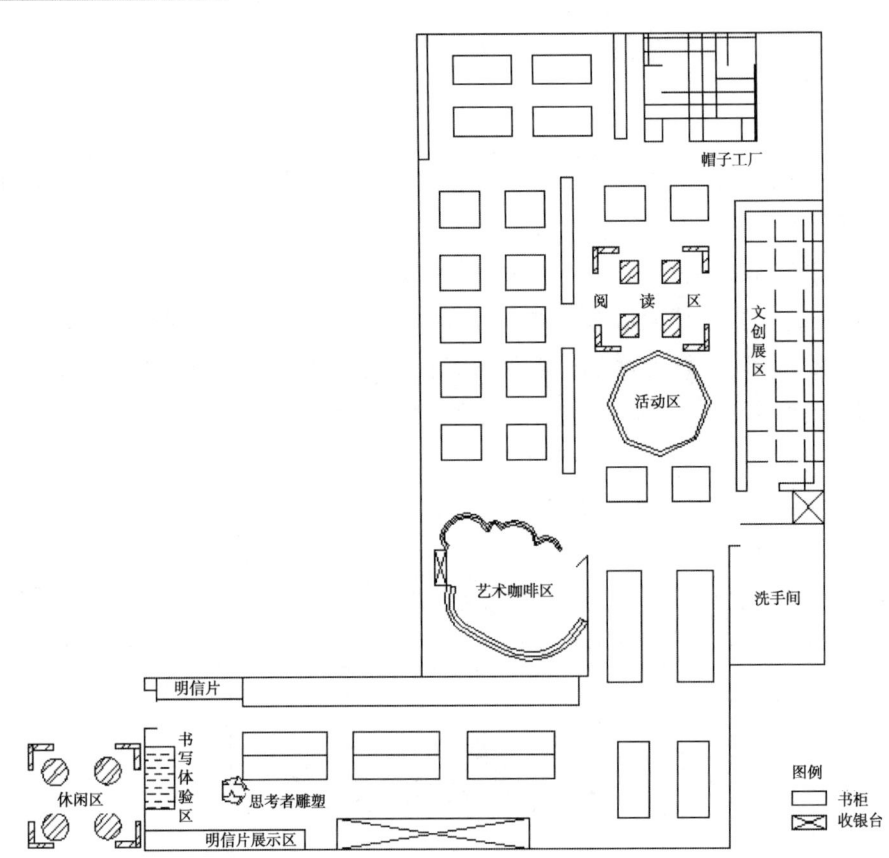

图 14-2 先锋书店内部布局示意图

14.2.2 先锋书店空间生产与地方性建构过程

在全球化背景下，书店难以避免地被卷入全球化的空间生产权力话语下，先锋书店在经营者对实物、符号的操控下，被塑造成一个全球与地方融合的空间。从书店的平面布局示意图可以看出，图书区是书店面积最大的区域，书籍被分布嵌入整个书店空间。基于实地调研也发现，先锋书店的出版物以人文社科类书籍居多，包括中国、英美等多个国家、地区的书籍，其中，英美文学等书籍占据了单独片区。在艺术咖啡区，消费者可以欣赏世界各地、风格迥异的书店照片。在书店入口处，摆放着罗丹的"思想者"雕塑，给予消费者一种思想的震撼力。书店内设置有一面百米长的艺术画廊，几百幅世界名人的画像在墙面上依次展示，波德莱尔、马拉美等诗人的经典诗句雕镂于画廊柱上，凯撒、贝多芬、大卫、巴尔扎克等世界名人的塑像分置于柱子的两侧，梵高、毕加索、海德格尔、格瓦拉、罗丹等大师的画像高悬于书店中间大道的屋顶上方。在坡道的上方墙壁上悬挂着巨大的黑色十字架，这与经营者基督教徒的身份有关，其赋予空间宗教的元素，但更主要地是以此表达阅读是一种信仰、是一件神圣的事。此外，先锋书店也注重对听觉元素的运用，以科恩的民谣为代表的音乐，诗化了书店的文化空间，经营者试图用这种方式扩展和延伸空间寓意，让中外消费者都能在空间中产生文化共鸣。

因此先锋书店的经营者试图通过运用地方景观、文化符号进行实体空间的塑造和生产。首先，从外部环境、景观来看，先锋书店是利用南京五台山体育馆原有的地下防空洞改造而成的，入口处仍处在下坡位置，隐藏在一片绿荫之中。其次，在书店的明信片展示区与文创展示区，经营者将极具怀旧风格的产品与具有南京地方特色的产品相结合，布置、陈列了印有中山陵、总统府等历史风貌建筑，孙中山、林徽因等民国人物肖像，及以南京各高校为组成元素的明信片与书籍、手绘南京地图等，通过这些地方符号强化了书店空间的地方性。

在经营者地方化生产和全球化建构的过程中，一个多元文化融合的新空间由此而生。经营者利用地方景观与文化符号等建构出了一个全球性与地方性融合的消费空间。同时，经营者利用绘画、雕塑等文化元素赋予空间以意义和内涵，使空间的文化意义进一步深化。

14.2.3 先锋书店消费者认同

（1）物质空间的认同。

空间感知是人对实体、结构与空间关系的内在描述或理解。书店的空间布局、内部装饰设计、整体格调氛围等内部环境是实体空间感知的重要组成部分，也是消费者最直观的感知因子。首先，消费者对先锋书店实体空间的感知具体表现为视觉、听觉和嗅觉等多种感官体验。先锋书店通过营造具有人文关怀、文化理想投射的环境氛围，使消费者在进入书店后产生与传统书店感知经验有明显差异的感官体验，并进一步形成基于感官体验的空间认同。书店内部装饰和氛围融入了世界元素，为消费者带来了多元化的空间体验。其次，从

"文艺""环境""文化""氛围"等高频词也可以看出消费者对书店内部环境的感知认同，虽然部分消费者在节假日时会感受到"拥挤""吵闹"，但总体而言，消费者肯定和认可书店对环境的营造，而且随着深入感知与深度体验，消费者在解读实体空间时会为其贴上"文艺""清新"等符号标签。此外，消费者在感知实体空间时，也积极参与到空间的互动中，同时，其通过网络评论、游记等社交媒体形式发表的空间感知看法也会对书店空间建构产生影响。在书写区，消费者尤其是外地消费者会在明信片上书写和记录，与好友一起分享当下的心情与感受。此外，在先锋书店的文创展示区有一个非常独特的设置，即先锋书店的明信片留言隔离墙，用明信片制成的留言簿式的记录墙成为消费者抒发情感的空间，在上面可以看到消费者分享的感悟、经历、告白与寄语等，其本身也参与空间的建构，并成为消费者感知的重要组成部分。

（2）身份的认同。

个人或群体对环境的熟悉感及作为"局内人"的感知是地方认同的重要表现。消费者与经营者、服务者通过对话与交谈等方式使彼此产生熟悉感，由此产生"自我"对"他者"的认同，实现对这两类群体的认同。消费者个体与空间内其他消费人群则是由共同爱好或相似的价值观形成彼此之间的共情，从而建构"局内人"的身份，而这有助于消费者实现对空间中群体的认同。此外，消费者将书店空间中自我与他者的区分延伸到整个社会空间中，从而使其自身价值观得到了延续。

在先锋书店，消费者对群体的认同体现在对经营者、服务者及其他消费者的认同上。本章研究发现，消费者通过对空间的感知，对书店经营者产生认同，这种认同表现在对经营者空间区位选择与营造方式的认同上，也体现在经营者满足其身份建构的需求与传达的价值观上。消费者普遍认为，实体书店一般是一个明亮、通风的消费场所，而先锋书店另辟蹊径，将地下车库改造成书店文化空间，在这一文化空间中，诗歌、绘画、雕塑等多种艺术元素的综合运用，呈现出高雅的形象与特质，进而表现出其特有的文化属性与文化内涵，使消费者愈加认同书店的文化空间，乃至形成对于经营者的认同。在这里，消费者对空间的解读弱化了消费空间逐利的本质，文化特性遮掩了资本特性，消费者通过对先锋书店独特的文化空间感知，对经营者的个人品位、价值观念及空间经营方式等产生了较强的认同。

先锋书店文化空间中周到的服务也使消费者在消费过程中得到了充分的尊

重，从而使其对服务者产生良好的印象，形成较好的感知与认同。另外，先锋书店空间的前台监视被隐匿，消费者能够闲适和舒畅地在书店中阅读和购物，而且有明确标识提示消费者可以随意拍照，使消费者的自由得到更多尊重。服务人员能适时、及时地为消费者提供解答和帮助，使消费者建构了一种被理解和尊重的满足感，进而对该群体产生认同。

在对其他消费者的感知与认同上，人与人间的关系显得更为微妙。消费者进入先锋书店时，也无意中构成了空间景观的一部分，人成为"物"中"物"，成为他者的凝视与想象对象。在书店中，不乏对书籍毫无兴趣、也不在乎沙龙活动的游客，他们通过各种自拍或合影，获得一种"在场"感，证明"圈内人"的身份。先锋书店在一定程度上成为拥有共同兴趣爱好群体聚集的地方，身处其中的消费者通过在空间中的互动与交流以及商品信息的获取，建立了与自己有共同喜好、品位相似、价值观相近者的联系，从而强化了其"圈内人"的身份。显然，消费者在此过程中产生了自我认同和对他者的认同。

（3）地方文化的认同。

消费空间因满足了消费者对空间的猎奇和想象，成为被追逐和凝视的对象。消费者对空间的地方文化感知主要体现在区位和内部商品的解读上。首先，就先锋书店的区位选择与周边环境而言，书店的特殊位置为游客提供了差异化的空间体验，从而使消费者对经营者的空间区位选择产生认同。"地下""车库""停车场""南大"等高频词也说明消费者对先锋书店周边环境的感知。一方面，先锋书店"地下车库"区位选择使消费者对其外部空间产生较高的辨识度；另一方面，书店毗邻南京大学，在某种程度上成为南京大学的图书馆，浓厚的学术氛围为消费者提供了独特的空间体验。

其次，消费者在感知先锋书店中商品所蕴含的文化时，也促使其在空间内实现了对地方文化的认同，这种文化认同主要体现在对南京或民国文化的感知上。南京作为六朝古都，其历史与文化被浓缩后投射到先锋书店这个微观文化空间中，并在商品展销中被消费者解读。虽然消费者可能并不了解金陵城，又或许是第一次到访南京，但文化的力量足以弥合时空的区隔，使消费者感知到地方文化并产生认同。

通过书店这一文化消费微空间的文化实践，地方文化最终通过具有浓厚学术氛围的区位选择、商品营销以及系列宣讲等文化展示活动进行表达，消费者在与空间的互动过程中感知与解读地方文化,这在某种程度上使空间由原本的文化消费空间转变为消费者寻求地方文化、满足文化猎奇的空间。

14.3 总结

随着后现代消费主义模式在全球的快速扩张,以符号和审美为消费特征的消费倾向不仅在宏观消费空间表现突出,在微观消费空间亦有明显表现。在此背景下,本章重点研究了以先锋书店为代表的城市文化消费空间,探讨了其实现空间生产、获得消费者认同的方式、机理。从生产逻辑看,经营者综合运用地方景观与文化符号,在宏观区位选择、室内环境营造等方面生产了一个全球性与地方性融合的消费空间,同时,经营者通过设置绘画、雕塑等艺术元素建构起空间、名人与故事之间的关系,使空间不再是空洞的容器,而是一个充满多重意义的空间,尤其是空间的文化意义得以进一步深化,但在此过程中,先锋书店对空间的地方性构建尚显不足。另外,消费者深刻地感受到了空间环境所赋予的积极的消费体验:通过感知实体空间的环境设计与氛围营造等实现了对书店实体空间的功能认同;通过书店的区位性与嵌入商品中的文化意涵等实现了对地方文化的认同;通过书店经营者、服务者和其他具有共同爱好、相似价值观的消费者群体,实现了对有共同情感和心理的群体存在的认同。

在中国社会高速转型发展中,消费的力量逐渐凸显。越来越多消费者经历了从物质消费到情感消费、体验消费的转变。为了满足人民对于美好生活的需求,资本在全球流动和迎合市场需求中,生产出越来越多的文化消费空间,为怀旧、乡愁等情绪提供了一个出口。文化消费空间的内核就是特定的文化符号载体,特定的文化参与资本循环的过程中,生产出新的实体空间,而地方认同、消费者认同反过来又塑造了新的文化,建构出空间的更多内涵。本章对于城市文化消费空间生产和认同进行了系统的论述,对厘清城市文化消费空间的内涵、生产的机理提供了一定的洞见。

参考文献

[1] Crewe L. Geographies of retailing and consumption. Progress in Human Geography, 2000, 24 (2): 275-290.

[2] Zukin S. Urban lifestyles: Diversity and standardisation in spaces of consumption. Urban Studies, 1998, 35 (5-6): 825-839.

[3] 让·波德里亚. 消费社会. 南京: 南京大学出版社, 2003.

[4] Bryman A. The Disneyization of society. Sociological Review, 1999, 47 (1): 25-47.

[5] Lefebvre H, Nicholson-Smith D. The production of space. Oxford: Blackwell, 1991.

[6] Castells M. The city and the grassroots: a cross-cultural theory of urban social movements. Univ of California Press Oakland: University of California Press, 1983.

[7] 索亚. 第三空间—去往洛杉矶和其他真实和想象地方的旅程. 上海: 上海教育出版社, 2005.

[8] 叶超. 社会空间辩证法的由来. 自然辩证法研究, 2012, 28 (2): 56-60.

[9] 哈维. 后现代的状况: 对文化变迁之缘起的探究. 北京: 商务印书馆, 2003.

[10] Harvey D. The Condition of Postmodernity: An Enquiry into the Origins of Cultural Change The condition of postmodernity: An enquiry into the origins of cultural change. Oxford: Basil Blackwell, 1989.

[11] 梁璐, 李九全, 胡文婷, 等. 新文化地理学视野下的消费空间研究进展. 人文地理, 2017, 32 (1): 55-61.

[12] 张一兵. 消费意识形态: 符码操控中的真实之死——鲍德里亚的《消费社会》解读. 江汉论坛, 2008 (9): 23-29.

[13] 包亚明. 后现代性与地理学的政治. 上海: 上海教育出版社, 2001.

[14] Mansvelt J. Geographies of consumption. Sage, 2005.

[15] 王宁. 消费社会学: 一个分析的视角. 北京: 社会科学文献出版社, 2001.

[16] 林耿, 沈建萍. 大城市健身消费与地方建构 地理学报, 2011, 66 (10): 1321-1331.

[17] 王宇彤, 张京祥, 何鹤鸣. 符号介入: 后消费时代的文化空间生产研究——以故宫紫禁书院为例. 城市发展研究, 2020, 27 (5): 58-64.

区域一体化

城市地理学的研究内容体系常常根据将城市看作"点"和"面"的不同而划分为城镇体系/网络研究与城市内部空间研究。与之类似，对城市协同创新的研究也可以从区域内不同城市间的协同创新和城市内部不同地区间的协同创新两方面展开研究。本篇的两个章节就分别以长江经济带110座地级及以上城市以及上海市自由贸易区的9大板块为例，从城市间的协同创新空间格局和创新网络与城市内部各功能区域之间的协作关系角度分析了区域一体化创新水平的现状和推动思路。本篇的研究可以为深入理解城市内外部的协同创新演变规律和科学推进区域一体化创新水平提供分析视角的借鉴和实证结论的支撑。

第 15 章

长江经济带协同创新能力研究[①]

近年来,长江经济带协同发展被上升为国家发展战略,协同创新则是协同发展的重要方面,自 2016 年以来受到学术界日益增长的关注。但是,现有研究往往仅从某一方面展开对长江经济带协同创新的分析,很多基于合作专利数据的分析也没有考虑专利中创新联系的权重问题。为此,本章在梳理相关研究的基础上,利用空间可视化、规模—位序分析和相关分析等方法,考察了长江经济带地级及以上城市协同创新能力和城市间创新网络联系的空间特征和面临的挑战,并考察了长江经济带城市协同创新能力与其经济、交流和生态等领域的协同发展能力的关系,发现长江经济带城市的协同创新并未带来其高质量绿色发展。本章的研究结论对于深化当前对区域协同创新发展的研究和推动长江经济带的协同创新等具有参考价值。

15.1 长江经济带协同创新发展的背景

长江经济带是我国最重要的区域发展战略之一,自 20 世纪 80 年代以来经历了兴起、停滞和复兴三个阶段[1]。早在 1984 年,陆大道就提出沿江—沿海"T"形发展战略,其中"长江沿岸产业带"是"T"形战略中的一条一级发展轴,衔接了中西部两个最发达的核心地区(成渝地区和武汉地区)与海岸经济带[2]。"T"形发展战略被纳入了 1987 年《全国国土总体规划纲要》,此后长江经济带一直被作为我国国土开发的重要轴线,学术界也公认长江流域存在一个完整的大区级经济单元[3]。

---

① 本章由王丰龙撰写。

2013年7月，习近平总书记在湖北调研时强调，"长江流域要加强合作，充分发挥内河航运作用，发展江海联运，把全流域打造成黄金水道。"自此，长江经济带建设受到了国内学界和政界的高度关注，相关研究成果迅速增加。根据《长江经济带城市协同发展能力指数（2018年）研究报告》的归纳，2013年以来长江经济带的发展思路经历了3次演进[4]：（1）2013~2015年：强调长江的黄金水道功能，主要依托黄金水道带动中上游腹地发展，打造中国经济新的支撑带；（2）2016~2017年：强调长江流域的生态保护和绿色发展，指出要把修复长江生态环境摆在压倒性位置，"共抓大保护，不搞大开发"，并出台或编制了《长江经济带生态环境保护规划》《关于加强长江经济带工业绿色发展的指导意见》等政策文件；（3）2018年以来：强调协调发展和高质量发展，指出推动长江经济带发展关键是正确把握整体推进和重点突破、生态环境保护和经济发展、总体谋划和久久为功、破除旧动能和培育新动能、自我发展和协同发展的关系，并突出以长江三角洲区域一体化为龙头推进更高起点的深化改革和更高层次的对外开放。2020年11月14日，习近平总书记在江苏省南京市主持召开全面推动长江经济带发展座谈会上的讲话中强调，要推动长江经济带高质量发展，谱写生态优先绿色发展新篇章，打造区域协调发展新样板，构筑高水平对外开放新高地，塑造创新驱动发展新优势，绘就山水人城和谐相融新画卷。

"高质量发展"需要贯彻"创新、协调、绿色、开放、共享"五大发展理念。其中，创新驱动是高质量发展的基础，唯有创新才能确保关键环节、关键领域、关键产品的保障能力，打造高附加值的产业链。为此，长江经济带的协同创新成为近年来推动长江经济带建设的重要战略制定方向和行动抓手。

15.2

长江经济带协同创新的研究进展

长江经济带协同创新的研究始于2016年，当年曾刚团队出版了《长江经济带协同创新研究：创新·合作·空间·治理》一书[5]，系统构建了理解区域系统创新的理论基础，分新一代信息技术产业、化工产业、汽车产业、装备制造业、新能源产业、金融业和物流产业考察了长江经济带区内创新的分布格局和网络联系，并提出了推进长江经济带协同创新发展的政策建议。此后，相关学者主要从长江经济带内创新水平的空间差异、创新的网络联系和创新与其他区域发展进程的耦合关系三个角度展开了研究。

15.2.1 长江经济带内创新的空间差异

黄向荣等基于区内研发经费和人员的区位商指标,对长江经济带科技资源集聚与协同创新效应进行了定量测度,发现长江经济带内创新资源呈现东、中、西的梯度格局,江浙沪的集聚度远远高于其他地区[6]。吕拉昌等运用超效率DEA方法对长江经济带区域创新效率进行评价,发现区内创新效率差异显著,上海、浙江、江苏、重庆创新效率较高,经济带内整体创新效率空间相关性不显著[7]。不过,毛良虎等的研究发现,长江经济带内区域创新效率水平呈现空间正相关性,创新效率较高的地区主要位于经济带的上下游地区[8]。于海潮等基于能力结构模型,构建了由知识创新、技术创新、产业创新、服务创新和环境创新五个方面构成的评价指标体系,评估了长江经济带科技一体化的现状,发现经济带内不同地区科技一体化程度都呈现出明显的上升趋势,长江下游地区科技一体化程度相对较强[9]。赵建吉等评估了长江经济带853个县创新产出水平的空间差异,发现绝对差异在2012年后开始降低,相对差异呈现"增加—缩小—缓慢增加—缩小"的态势,创新产出较高的县(市、区)为长三角地区地级市区、经济发达县(市、区)以及中西部地区省会城市市区[10]。吴传清等采用DEA方法和面板Tobit模型分析了长江经济带技术创新效率,发现长江经济带技术创新效率呈上升趋势,上中下游地区技术创新效率呈典型"V"形分布[11]。杜德斌等基于专利申请量数据分析了长江经济带城市创新能力的时空格局,发现长江经济带城市创新能力呈现由渐进式集聚向缓慢扩散的趋势,具有显著的局部空间集聚特征[12]。吴传清等从创新基础、创新投入、创新产出、创新质量四个层面构建长江经济带城市创新发展指数,评估了长江经济带城市创新发展能力,发现长江经济带城市创新呈现"下游高、上游低、中游塌陷"的空间格局,城市之间的联系较弱[13]。徐维祥等基于专利授权量等数据,分析了长江经济带创新产出的时空演化特征,发现长江经济带沿线中心城市的创新产出在整体上逐年增长,热点区域由长三角—成渝"双核心"的空间结构发展成长三角"单极突出"的空间格局[14]。杨庆等运用DEA方法探究了长江经济带高技术产业发展效率的影响因素,发现政府支持和创新环境有正向影响，而产业竞争程度有负面影响[15]。白永亮等运用空间计量模型分析了长江经济带科技创新的空间溢出效应，发现长江经济带科技创新存在显著的空间溢出效应，但周边地区的 FDI 对本地的空间溢出效应为负[16]。成长春等测算了长江经济带 11 省（市）高新技术产业系统协同有序度，发现上中下游的协同有序度呈现递增格局，在要素的协同开放、制度的协同匹配等方面存在困境[17]。梅琳等分析了长江经济带城市创新水平的时空格局，发现长江经济带的创新水平呈现东强西弱的格局，且呈现明显的空间集聚态势[18]。傅为忠等运用空间收敛模型评估了长江经济带人才创新效率，发现省际之间与地区之间人才创新效率差距较大，且无明显收敛趋势[19]。黄庆华等采用熵权－TOPSIS 法分析了长江经济带的协同创新能力，发现协同创新能力在下游、中游、上游依次降低，城市群的扩散作用带动了全区协同创新能力的提升[20]。许学国等评估了长江经济带电子及通信设备制造业和医药制造业的创新效率，发现长江经济带高技术产业创新效率偏低，下游地区电子及通信设备制造业技术创新效率较高，而上游地区的医药制造业技术创新有明显优势[21]。

15.2.2 长江经济带内创新网络联系

王丰龙等运用合作专利数据分析了长江经济带城市间创新联系，发现目前城市间的创新联系以公司间（尤其是总部—分支机构间）合作为主，城市间创新联系存在非对称性和空间差异，城市间创新联系的规模—位序符合 Zipf 定律[22]。马双等运用专利授权数据和社会网络分析法刻画了长江经济带城市间的创新联系及其空间结构，发现长江经济带城市间的创新联系网络整体密度较低，省会城市或直辖市是网络的核心节点[23]。宓泽锋等以物流产业为例分析了长江经济带创新网络的特征，发现物流产业合作创新网络形态上呈现出以高校为中心的"核心—边缘"结构，"强企业—弱高校"关系是造成这一问题的重要原因[24]。刘友金等运用复合系统协同度模型测度了各省（区、市）产学研协同创新的协同度，发现各省（区、市）产学研创新系统的协同度、创新绩效处于改善状态，人力资本、产权制度安排、地区市场化水平在区域创新中也发挥着作用[25]。李林等评估了长江经济带内军民融合协同创新的现实基础及面临的问题，构建了长江经济带军民融合协同创新"四位一体"的总体框架[26]。叶松等分析了长江经济带政府、企业和高校的科技资源集聚与协同创新模型,发现区内各创新主体之间未形成均衡的配比模式[27]。周静归纳了长江经济带不同主体的科技研发协同模式,并提出通过共建重大科技研发基础设施、推动研发项目合作和组建研发联盟等协同发展战略[28]。

15.2.3 长江经济带内创新与其他区域发展进程的耦合关系

滕堂伟等运用耦合协调度模型和空间马尔科夫链等方法分析了长江经济带科技创新与绿色发展的耦合协调水平,发现协调性呈现集群化现象,且呈"下游＞中游＞上游"的梯度分布特征[29]。彭迪云等运用耦合协调度模型衡量了长江经济带内区域经济增长与创新能力耦合协调情况,发现东中西地区呈现明显的三级梯度递减规律,全区耦合协调度呈现上升趋势[30]。游达明等则构建了长江经济带工业生态技术创新效率评价指标体系,发现整体技术效率呈现下降趋势,经济带内呈现明显的地域性差异,上海、浙江、重庆在生态技术创新效率方面处于领先地位[31]。吴传清评估了长江经济带城市创新与绿色高质量发展的关系,发现科技创新促进了长江经济带经济高质量发展,且存在门槛效应和区域异质性[32]。徐维祥等测度了长江经济带城市功能与区域创新耦合协调度,发现长江经济带城市功能与区域创新在研究期间相互促进,总体耦合协调度呈现出"下游高—中上游低"的空间趋势[33]。靳强等基于"压力—状态—响应"模型评估了长江经济带生态环境有序度与科技创新的协同水平,发现中部地区的协同水平最低[34]。刘云强等运用DEA和Tobit模型分析了长江经济带城市群绿色技术创新对生态效率的影响,发现绿色技术创新对生态效率的正向影响主要出现在下游地区[35]。李光龙等考察了长江经济带108座地级城市的科技创新与经济高质量发展的关系,发现科技创新对中游、下游区域以及大城市的经济高质量发展具有显著的促进作用[36]。朱新玲运用空间杜宾模型分析了长江经济带科技创新对经济增长、社会进步、生态环境的外溢效应,发现科技创新对区域发展有正向的空间外溢效应[37]。

15.2.4 小结

总的来看,目前对长江经济带协同创新能力的研究主要自2016年逐渐兴起,相关研究主要从空间差异、网络联系和要素间联动三个角度展开分析。不过,现有研究较少对这三个方面同时展开分析,更很少比较不同角度衡量的协同创新水平的差异。此外,目前的研究在基于每条专利的共同申请人构建城市间创新网络时并未考虑到共同申请人的权重,从而导致那些共同申请人较多的专利在构建网络中被多次重复计算,可能导致研究结论的偏误。

15.3 研究数据和方法

合作发明专利申请数是度量城市间创新合作强度的常用指标[22,38]。尽管目前已经能够获取2019年全年的申请专利数量(发明专利从通过形式审查到公布阶段大约18个月的时间),但是一方面由于近年来国家知识产权局采用了反爬虫专利查询和检索技术,导致获取所有合作专利数据日益困难;另一方面考虑到近年来长江经济带合作创新的格局与2016年相比没有显著变化,因此本章主要采取2013~2016年长江经济带110座地级及以上城市申请的各项发明专利数据展开分析。数据时效性是本章研究的一个局限,未来相关研究可以基于更新的数据对本章的结论进行检验和更新。

考虑到个人对于推动城市间的协同创新作用有限,本章剔除了以个人作为创新主体的城市间创新联系。此外,本章在构建城市间创新网络时,首先将每条合作专利中所有的共同申请人两两之间建立合作创新关系;其次以每条专利的合作创新关系数量的倒数作为权重,对合作者之间的创新联系强度进行加权;最后根据每个专利申请人所在城市将所有申请人的合作创新联系汇总到城市层面,形成长江经济带110座地级及以上城市之间的创新网络。

本章主要采取三种方法分析长江经济带的协同创新水平。首先,利用GIS软件对长江经济带城市间的创新联系和合作创新水平进行可视化,据此分析长江经济带城市间创新水平的空间分布差异和网络联系格局;其次,利用齐普夫模型,分析每座城市在长江经济带内的合作创新水平和城市对创新联系的统计分布特征。最后,根据《长江经济带城市协同发展能力指数(2018年)研究报告》中计算的各个城市不同维度的协同发展能力值,计算长江经济带城市参与区内合作创新的水平与不同维度协同发展能力之间的相关程度。

15.4 长江经济带协同创新的分析结果

15.4.1 长江经济带协同创新水平与创新联系的空间格局

长江经济带各城市的协同创新水平呈现明显的空间集聚特征，长江下游地区整体的协同创新水平远高于长江中上游地区。除长三角地区呈现区域一体化格局外，其他省份的协同创新水平基本都以省会城市为单一中心。这说明，长江经济带的协同创新水平仍处在初级阶段，经济带内具有空间不均衡特征。

总的来看，长江经济带城市间创新网络的特征与笔者基于2012~2014年联合申请专利的分析结果[22]类似，不过上海、苏州、杭州、南京的"之"字形创新走廊的结构更为凸显，上海—重庆的创新联系强度也有所增强，南京对苏北和安徽地区创新发展的带动作用也有所增强；江浙沪地区形成了更为紧密的协同创新网络，而中部的长株潭城市群和武汉城市群及西部的成渝城市群也大体形成创新网络子群。除上海对其他地区具有较高的创新带动作用外，绝大多数地区的创新结网行为受地理距离的限制，侧面说明地理距离对于创新合作和知识交流具有显著的限制作用。

15.4.2 长江经济带协同创新水平与创新联系的规模—位序分布

长江经济带内城市的协同创新能力呈现典型的齐普夫分布，城市协同发展能力与其排序的拟合优度高达95.67%、拟合曲线的斜率为-0.0586（见图15-1）。这一分布形态表明，长江经济带内城市协同创新能力呈现较为明显的等级分布特征，说明城市协同创新能力结构较为合理、城市间彼此能够形成较好的分工。不过，排在前6位和后7位城市的协同创新能力偏离了拟合的整体规模—位序分布曲线，说明中心城市的带动作用仍待进一步发掘。

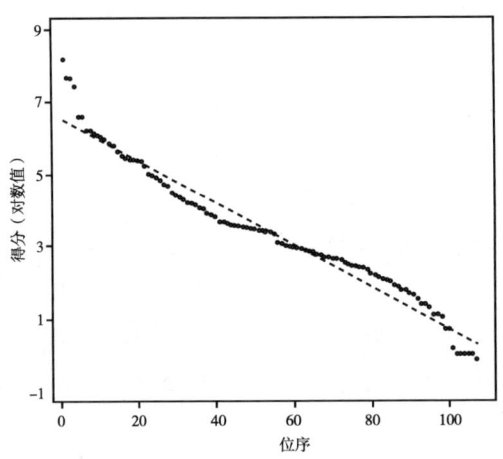

图 15-1　长江经济带城市创新能力的规模—位序分布

图15-2则为长江经济带城市间创新网络联系强度的规模—位序分布图。相比城市自身的协同创新能力，城市对之间的创新联系强度与其位序的拟合优度略低（92.10%）、拟合曲线的斜率绝对值更低（-0.0093），这说明长江经济带内创新网络的集聚程度低于（拟合曲线的斜率绝对值更低）各个城市的协同创新水平的集聚程度。不过，排名靠前和靠后的大量城市对之间的创新联系强度分布偏离整体的拟合曲线，说明在创新网络中位于两端的网络联系之间的不均衡程度更高，创新网络对于能力较强城市的优势或能力较弱城市的劣势有放大效应。

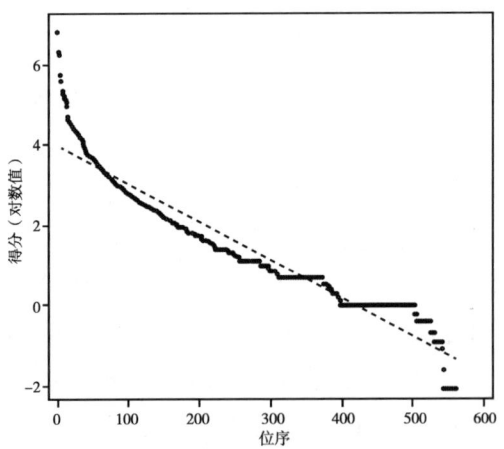

图 15-2　长江经济带城市间创新联系强度的规模—位序分布

15.4.3 长江经济带城市协同创新水平与其他维度协同发展能力的关联

经济、交通和生态是长江经济带协同发展能力的三个重要维度，具有重要的外向功能影响和较为显著的区域外部效应。曾刚等在《长江经济带城市协同发展能力指数（2018年）研究报告》中计算了长江经济带110座地级及以上城市在上述三个方面协同发展能力水平的数值。笔者进一步分析了长江经济带城市协同创新水平与其经济、交流和生态协同发展能力之间的相关关系。如图15－3所示，长江经济带地级及以上城市协同创新能力与经济和交流服务能力专题领域协同发展能力呈现正相关关系，相关系数分别达到0.883和0.868。相比之下，长江经济带地级及以上城市协同创新能力与生态保护专题领域的协同发展能力水平之间呈现微弱的负相关关系，相关系数为－0.216。这说明，长江经济带的协同创新发展并未推动当地的绿色发展，未来基于创新推动长江经济带的高质量绿色发展仍然任重道远。

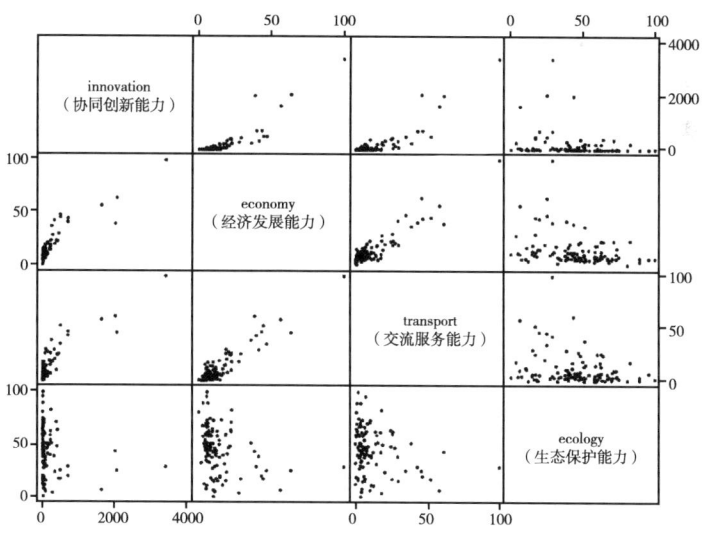

图15－3　长江经济带城市协同创新能力与其他协同发展能力的相关矩阵

15.5 结论与讨论

本章在梳理当前关于长江经济带协同创新的相关研究基础上，基于合作专利数据分析了长江经济带城市的协同创新能力和城市间的创新网络联系。总体上，笔者发现长江经济带的协同创新能力空间上仍呈现显著的核心—边缘的不均衡结构，城市间的创新网络联系集中于上海、苏州、杭州、南京的"之"字形创新走廊；创新网络虽然具有扁平化的特征，但是对分布于网络联系强度两端的城市而言具有放大其优势或劣势的作用；长江经济带城市协同创新能力尚未推动长江经济带的绿色、高质量发展。

本章在国内较早精确考察了合作专利的权重，对于更为科学、准确地刻画创新网络的格局和机理具有推动和示范作用。本章所刻画的城市协同创新水平与城市间协同创新网络对于更加深刻地认识创新活动和创新结网的内在规律和更好地推进区域内协同创新发展具有重要参考作用。不过，受方法和数据限制，本章的研究也存在一些局限。第一，由于数据可获得性限制，本章未采用最新的数据展开分析。尽管近几年长江经济带的协同创新进程和政策没有发生重大变化，因此本章的研究结论与当前最新情况相比应该没有大的差异，但是未来研究仍需基于更新的数据对长江经济带协同创新水平和联系网络进行追踪研究。第二，受文章篇幅所限，本章没有考察城市协同创新能力、网络联系强度和城市在网络中的地位的影响因素，未来研究需要对相关内容进行深入分析。第三，本章没有按照产业或技术门类对长江经济带的协同创新情况展开剖析，也没有考虑城市通过其他地区的节点增加自身在网络中的地位的情况，因此未来研究还可以在长江经济带协同创新关系的类型和空间尺度分析等方面进行拓展。

参考文献

[1] 王丰龙，曾刚. 长江经济带研究综述与展望. 世界地理研究，2017，26（2）：62－71.

[2] 陆大道. 建设经济带是经济发展布局的最佳选择——长江经济带经济发展的巨大潜力. 地理科学，2014，34（7）：769－772.

[3] 陈修颖．长江经济带空间结构演化及重组．地理学报，2007，62（12）：1265－1276．

[4] 曾刚，王丰龙，滕堂伟，等．长江经济带城市协同发展能力指数（2018年）研究报告．北京：中国社会科学出版社，2019．

[5] 曾刚．长江经济带协同创新研究：创新·合作·空间·治理．北京：经济科学出版社，2016．

[6] 黄向荣，谢如鹤．长江经济带科技资源集聚与区域协同创新研究．科学管理研究，2016，34（4）：53－56．

[7] 廖倩，吕拉昌，黄茹．长江经济带区域创新效率评价及空间相关性分析．科技与创新，2016（18）：1－4．

[8] 毛良虎，姜莹．长江经济带区域创新效率及空间差异研究．华东经济管理，2016，30（8）：73－78．

[9] 于海潮，肖泽磊．基于能力结构模型的长江经济带科技一体化研究．资源开发与市场，2016，32（6）：641－645．

[10] 张建伟，石江江，王艳华，等．长江经济带创新产出的空间特征和时空演化．地理科学进展，2016，35（9）：1119－1128．

[11] 吴传清，黄磊，文传浩．长江经济带技术创新效率及其影响因素研究．中国软科学，2017（5）：160－170．

[12] 武晓静，杜德斌，肖刚，等．长江经济带城市创新能力差异的时空格局演变．长江流域资源与环境，2017，26（4）：490－499．

[13] 吴传清，高坤．长江经济带城市创新发展指数研究．长江大学学报（社会科学版），2019，42（5）：41－49．

[14] 徐维祥，杨蕾，刘程军，等．长江经济带创新产出的时空演化特征及其成因．地理科学，2017，37（4）：502－511．

[15] 杨庆，张贝尔，蒋旭东，等．长江经济带高技术产业发展效率评价及区域影响因素研究．宏观经济研究，2018（8）：68－74．

[16] 白永亮，石磊．长江经济带科技创新的空间溢出——效应测度、路径识别与协同放大．武汉大学学报（哲学社会科学版），2019，72（1）：121－134．

[17] 陈晓峰，成长春．长江经济带高新技术产业协同发展的现实困境与机制创新．南通大学学报（社会科学版），2019，35（3）：43－49．

[18] 梅琳，严静，周唯，等．长江经济带城市创新水平的时空格局及影

响因素研究. 华中师范大学学报（自然科学版），2019，53（5）：715-723.

[19] 傅为忠，李小娟. 长江经济带人才创新效率评价及空间特征研究——基于创新驱动视角. 技术经济，2020，39（7）：89-98.

[20] 黄庆华，刘敏，时培豪. 高质量发展背景下长江经济带协同创新能力研究. 长江大学学报（社会科学版），2020，43（4）：72-77.

[21] 许学国，王依灿，罗冬康. 技术异质、区域差距与高技术产业创新效率——以长江经济带为例. 中国科技论坛，2020（2）：110-121.

[22] 王丰龙，曾刚，叶琴，等. 基于创新合作联系的城市网络格局分析——以长江经济带为例. 长江流域资源与环境，2017，26（6）：797-805.

[23] 马双，曾刚. 长江经济带城市间的创新联系及其空间结构分析. 世界地理研究，2018，27（4）：57-65.

[24] 宓泽锋，曾刚. 创新松散型产业的创新网络特征及其对创新绩效的影响研究——以长江经济带物流产业为例. 地理研究，2017，36（9）：1653-1666.

[25] 刘友金，易秋平，贺灵. 产学研协同创新对地区创新绩效的影响——以长江经济带11省市为例. 经济地理，2017，37（9）：1-10.

[26] 李林，曾立，张帆. 长江经济带军民融合协同创新体系建设研究. 科技进步与对策，2017，34（14）：154-160.

[27] 叶松，孙林. 长江经济带科技资源集聚与协同创新研究. 经济体制改革，2017（1）：57-61.

[28] 周静. 长江经济带科技研发创新力评价与协同发展战略研究. 上海行政学院学报，2018，19（4）：79-92.

[29] 滕堂伟，孙蓉，胡森林. 长江经济带科技创新与绿色发展的耦合协调及其空间关联. 长江流域资源与环境，2019，28（11）：2574-2585.

[30] 彭迪云，刘畅，周依仿. 区域经济增长与创新能力耦合协调发展研究——以长江经济带为例. 科技管理研究，2016（7）：104-110.

[31] 游达明，黄曦子. 长江经济带省际工业生态技术创新效率评价. 经济地理，2016，36（9）：128-134.

[32] 吴传清，邓明亮. 科技创新、对外开放与长江经济带高质量发展. 科技进步与对策，2019，36（3）：33-41.

[33] 徐维祥，张凌燕，刘程军，等. 城市功能与区域创新耦合协调的空间联系研究——以长江经济带107个城市为实证. 地理科学，2017，37（11）：

1659-1667.

[34] 靳强,郑庆昌. 长江经济带生态创新协同度及其影响因素分析. 科技管理研究, 2018, 38 (18): 261-266.

[35] 刘云强,权泉,朱佳玲,等. 绿色技术创新、产业集聚与生态效率——以长江经济带城市群为例. 长江流域资源与环境, 2018, 27 (11): 2395-2406.

[36] 李光龙,范贤贤. 财政支出、科技创新与经济高质量发展——基于长江经济带108个城市的实证检验. 上海经济研究, 2019 (10): 46-60.

[37] 朱新玲. 科技创新、空间外溢与区域发展——以长江经济带为例. 武汉科技大学学报(社会科学版), 2019, 21 (5): 543-549.

[38] 周灿,曾刚,曹贤忠. 中国城市创新网络结构与创新能力研究. 地理研究, 2017, 36 (7): 1297-1308.

第16章

上海自由贸易区协同发展研究①

在国际政治、经济形势变化所带来的挑战下，我国经济进入以结构调整和发展方式转变为核心的新常态，在全球环境不利于贸易投资自由化发展的情况下，我国也需要主动出击，在推动多边、区域性贸易谈判上培育发展改革开放的新动能。2018年4月，习近平在博鳌亚洲论坛上指出，中国开放的大门只会越开越大，"中国人民将继续扩大开放、加强合作，坚定不移奉行互利共赢的开放战略，坚持"引进来"和"走出去"并重，推动形成陆海内外联动、东西双向互济的开放格局，实行高水平的贸易和投资自由化便利化政策，探索建设中国特色自由贸易港"。我国自由贸易港区的建设发展开始于2013年上海自由贸易试验区的成立和探索，7年来，在上海自贸区的示范作用下，我国自贸区经历了6轮建设，目前已设立21个自贸区，已覆盖全国21个省、自治区、直辖市，逐步形成沿海向内地延伸、由点到线、由线到面的"雁阵"发展格局。2020年，前18家自贸试验区共新设企业39.3万家，实际使用外资1763.8亿元，实现进出口总额4.7万亿元，它们以不到全国千分之四的面积，实现了占全国17.6%的外商投资和14.7%的进出口，为稳外贸稳外资发挥了重要作用。随着我国开放水平的逐步提高和我国自贸试验区数量和规模的增长，以及各地区探索、复制自由贸易试验区建设步伐的加快，自贸区及其之间的协同发展问题成为我国自由贸易试验区更高水平整体发展和更高质量网络建设的重要问题，自贸试验区内外部的错位发展、协调发展和区域协同研究很有必要提上日程。本章结合中国（上海）自由贸易试验区（以下简称"上海自贸试验区"）的发展建设，从空间发展和空间规划角度审视自贸试验区内部的发展统筹和协同建设问题，以期引起学界、政界、商界等对自贸试验区各片

---

① 本章由胡浩撰写。

区、各地块协同发展问题和整体规划设计的关注与重视。

16.1 国内外自贸区内涵理解的差异分析

自由贸易区（以下简称"自贸区"）是一种基于制度创新来促进地区开放并提升区域发展能力的经济区域或功能区域，在这一区域中，商品可以在各成员国之间自由流动、自由贸易而不受国界及关税的限制。通常意义上的自贸区多指两个或两个以上的国家根据世界贸易组织（WTO）相关规则，绕开多边协议困难、签订自由贸易协定（Free Trade Agreement，FTA）所形成的以实现贸易自由化为目标的双边或多边合作区域[1]。如北美自由贸易区（North American Free Trade Area，NAFTA）对北美各国的国际经贸往来和经济一体化发展产生重要影响，对世界范围内的经济协调和区域经济集团化发展也具有一定的作用。在经济全球化步伐加快的背景下，许多国家和地区根据自己的国情不断探索创新自贸区的建设形态、内容和模式，一些国家或地区在境内设立特定区域并实行优惠税收和特殊监管政策的"小自由贸易区"逐渐发展起来[2]，自贸区也因此出现了更加丰富多元的内涵和形式，如出口加工区（Export Processing Zone）、投资促进区（Investment Promotion Zone）、转口区（Transit zone）、关税特惠区（Special Customs Privileges Facilities）、保税区（Bonded Zone）、保税仓库（Bonded Warehouse）、保税工厂（Bonded Factory）、保税区域（Bonded Area）、自由免税区（Free Area）、自由贸易区（Free Trade Zone）、自由贸易特区（Free Perimeter）、自由区（Free Zone）、自由港（Free Port）、自由城市（Free City）、对外贸易区（Foreign Trade Zone）、自由贸易区（FTZ - Free Trade Zone）、自由贸易区（FTA - Free Trade Area）等[3]。随着全球贸易投资规则的变化和我国改革开放建设的不断深入，我国也通过保税区、保税物流园区、保税港区和综合保税区等多种形式的海关特殊监管区域的建设来加快自贸区的发展探索，2013年9月中国第一个自贸试验区——上海自贸试验区的挂牌成立就是这一探索的重要开端。上海自贸区是中国（上海）自由贸易试验区的简称，很多时候也被称为"上海自由贸易试验区"或上海自由贸易区。其实，中国（上海）自由贸易试验区被简称为"上海自由贸易区"或上海自贸，虽然在语言表达上简便了，但也增加了与国际上传统意义的自由贸易区（Free Trade Area，FTA）相互混淆和误解的可能。上海自贸试验区的英文名为 China（Shanghai）Pilot Free Trade Zone，与北美自由贸易区（NAFTA）、东盟自由贸易区（AFTA）等两个或两个以上的国家根据世界贸易组织相关规则，绕开 WTO（World Trade Organization）多边协议困难、签订 FTA 自由贸易协定（Free Trade Agreement）所形成的双边或多边合作区域不同，我国政府在各地设立的自贸区（自由贸易试验区、自贸试验区）是基于我国长三角一体化、长江经济带、西部大开发等区域发展战略的服务需要而建设的具有中国特色的区域性自由贸易园区，其实质是中国政府在国内建设的具有中国特色的区域性自由贸易园区[4]。

16.2 自贸试验区协同发展的内在逻辑

由于国外自贸区发展历史悠久，成熟度较高，很多自贸区及片区之间通过自由开放的市场驱动已经自发形成了人流、物流、信息流、资金流等高效运作的协同网络，不需要协同机制的约束和引导就能推动要素资源跨区域自由流动、构建统一开放的区域市场体系。我国自贸试验区的发展探索起步较晚，自贸试验区的各类平台建设还都处于起步阶段：虽然试验区数量、规模得到了很大的发展，但我国自贸试验区并未与国内外区域化发展战略全面对接，自贸试验区内部各板块各片区之间也是各自为政多、协同聚合少，功能定位、发展重点没有明显的差异性划分[5]，自贸试验区相应层次和相应尺度的发展规划明显缺少，能够协同自贸试验区内外部发展的规划和统筹更是缺乏。再加上自贸试验区各片区各板块之间存在一定的利益藩篱、产业和制度创新水平的差异、竞合关系协调处理不当等原因，自贸试验区各片区各板块的协同驱动效应很难充分发挥。

除此之外，自由贸易区的规划、建设和管理具有明显不同于城市与区域的特有属性和特别要求。首先，自贸试验区多以片区、板块等的飞地形式出现，相对缺少行政区划统一规划管理的内容，自贸试验区的规划设计要有更多超越行政边界、协调协同各地区管理服务的考究；其次，自贸试验区是一种区域，而区域又是一个相对完整的地域系统，自贸试验区的规划需要更多战略发展、统筹发展的思考；再次，自贸试验区要突出制度创新，自贸试验区的规划协调需要在思想、思维、思路方面有更多的顶层设计，而非仅仅注重技术层面、操作层面的规划设计；最后，自贸试验区多半自带"功能"光环，很多自贸试验区在城市和区域发展中会发挥不可替代的作用，自贸试验区的规划统筹要体现自由贸易功能的效用、突出自由贸易园区的特色。自贸试验区建设发展与协同发展的规划设计和探索创新因此成为各自贸区建设发展过程中迫切需要注意的问题，面对这一严峻形势，我国社会各界也都在积极探索自贸试验区发展与总体规划、总体设计的协同建设。在国家调控层面，6轮、21个自贸区的获批建设与长三角一体化、长江经济带、京津冀协调发展、粤港澳大湾区、西部大开发等区域发展战略的服务需要越来越为契合；在实际操作层面，自贸试验区内外部的协同发展和规划也越来越受到重视：例如，2018年4月《中国自由贸易试验区协同开放发展倡议》发布后，全国11个自贸试验区将通过年度的协同开放发展论坛来推动建立自贸试验区协同开放机制性安排，2018年8月印发的《中国（四川）自由贸易试验区协同改革先行区建设实施方案》意味着今后各地自贸试验区改革试验不再是"单兵突进"，而将更加注重整体性、系统性、协同性[6]。与此同时，学术界对我国自由贸易试验区更高水平整体发展和更高质量网络建设的研究也取得一系列研究成果，如自贸区与我国三大区域经济发展战略的协同研究[7-9]、自贸区军民协同创新的研究[10]及自贸区协同发展的理论与实践综述等。自由贸易区协同发展研究及其案例应用的发展趋势正在成为也必将成为自由贸易区研究和应用的重要领域。上海自贸试验区是中国境内第一个成立的自贸试验区，也是全国占地面积最大、获得批次最多的自贸试验区[11]，理应在自由贸易区内外部的协同发展方面做出先行探索和发展示范。

16.3

上海自贸试验区的板块整合与空间细分

在经历2013年首家获批成立和2014年扩展区域后，上海自贸试验区占地规模由28.78平方千米变为120.72平方千米，片区数量由4个海关特殊监管区域增长到包含保税区、保税物流园区、出口加工区、高科技园区和金融贸易区等多种功能的七大片区。2019年，临港新片区再次为上海自贸试验区增加873平方千米的发展空间，除由原洋山保税港区及其周边临港装备产业园、南汇新城等连片扩充而形成的临港地区南部区域外，浦东机场南侧区域、小洋山岛区域两个飞地也成为上海自贸试验区新增119.5平方千米先行启动区的两大板块。从空间发展规划角度看，经过2013年、2014年、2019年3次面积拓展和空间发展，上海自贸试验区已经形成由外高桥保税区、外高桥保税物流园区、浦东机场综合保税区、金桥出口加工区、张江高科技园区和陆家嘴金融贸易区、临港地区南部区域（含洋山保税港区）、小洋山岛区域和浦东机场南侧区域九大板块所组成的空间支撑体系，九大板块也让上海自贸试验区成为中国目前18个自贸试验区片区数目、板块数目最多的试验区。上海自贸试验区的九大板块可以从发展时序、功能作用和空间支撑等方面划分为不同的区块，进行自贸试验区内部、外部的空间整合和功能组织。

按照获批时间的先后，九大板块可以分为前期探索区、后期发展区与近期创新区3类区块。从建设时序看，2013年批准成立的外高桥保税区、外高桥保税物流园区、浦东机场综合保税区和洋山保税港区都是我国以海关特殊监管区的形式探索国内自贸试验区建设、加快融入全球经济体系的重要尝试。当时的规划设计目标是以外高桥板块为主，以机场板块和洋山板块为辅，通过海关特殊监管的保税区探索推动上海转口、离岸经济的发展。2014年，上海自贸试验区在保税监管的基础上增设出口加工、产业园区与金融服务等能够对接经济发展和促进发展转化的金桥出口加工区、张江高科技园区、陆家嘴金融贸易区三大板块，自贸试验区对外开放和对内发展的效应才真正有效结合。2019年，城乡规划、产城融合、城市管理、城市服务等关键词写进上海自贸试验区临港新片区总体方案，与洋山保税港区空间重叠的临港地区南部区域（大治河以南、金汇港以东）和浦东机场南侧区域、小洋山岛区域等更多超出自贸试验区原有的贸易、服务、生产等功能而具有了城市发展和经济特区的创新功能（见图16-1）。

按照板块类型功能的不同，九大板块可以划分为：为贸易服务的特殊监管区、为生产服务的自由贸易园区、为生产和城市服务的产城协同的特殊经济功能区3类区块。从自贸试验区的建设形式看，外高桥保税区、外高桥保税物流园区和浦东机场综合保税区等板块都属于海关特殊监管区域，属于为贸易服务的保税区式的自贸园区；金桥出口加工区、张江高科技园区、陆家嘴金融贸易区3个板块更多具有生产的属性，属于为生产服务的自贸园区；临港新片区规划设置的临港地区南部区域、浦东机场南侧区域与小洋山岛区域3个板块，均

第 16 章 上海自由贸易区协同发展研究

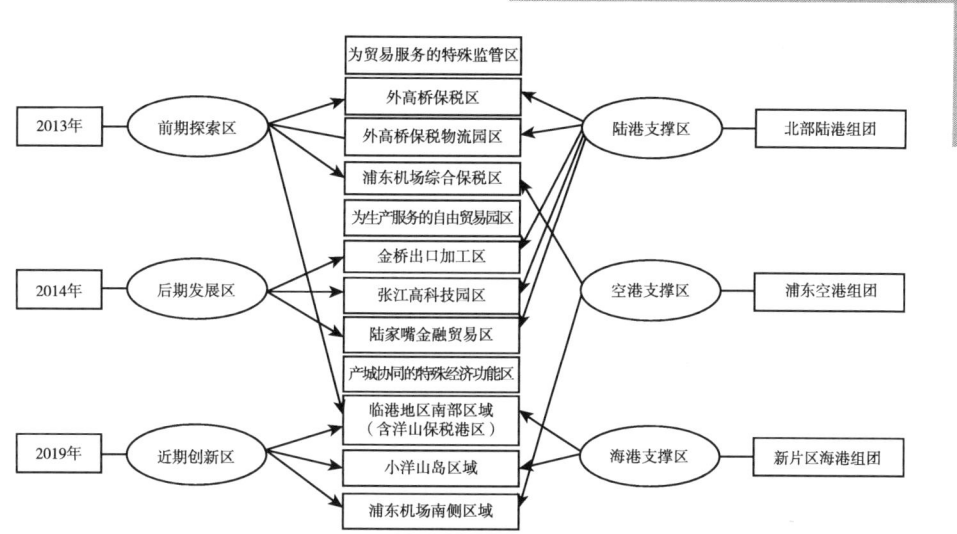

图 16-1 上海自由贸易区九大板块空间整合示意图

具有促进产业、城市、园区、港口等融合发展，协同推进投资、贸易、资金、运输、人员、信息等自由化、便利化的发展趋势，属于城市综合性的、特殊经济功能区式的自贸园区。

按照空间发展支撑的差异，九大板块可以分为海港支撑区、陆港支撑区与空港支撑区 3 类区块，从自贸试验区的港口支撑看，外高桥保税区、外高桥保税物流园区、金桥出口加工区、张江高科技园区及陆家嘴金融贸易区要充分利用上海极为发达的陆运、铁运及长江内河航运条件，从陆港经济角度促进上海自贸试验区各大板块之间的互联互通和产业链条、企业网络扩展；而包含洋山保税港区的临港地区南部区域和小洋山岛区域要发挥上海洋山深水港的海港航运优势，促进国内外市场、境内外资源的对接和利用，从海洋经济和海洋运输角度支撑上海自贸试验区的发展；浦东机场南侧区域和浦东机场综合保税区要依托上海浦东国际机场的航空港口运输优势发展航运物流、中转贸易与离岸服务等，从空港经济角度支撑上海自贸试验区的发展。

从空间发展功能组织看，对应海港支撑区、陆港支撑区和空港支撑区的区块，空间发展规划视角下上海自贸试验区九大板块又可以分为海港组团、陆港组团与空港组团 3 个功能组团。临港地区南部区域的南汇新城、临港科技城、临港新城装备产业区、洋山保税港区及通过东海大桥连接的小洋山岛区域可以形成以洋山深水港、临港为双核心的、港城互动的新片区海港组团；临港新片

· 235 ·

区的浦东机场南侧区域和原来的浦东机场综合保税区可以结合临近优势形成以上海浦东国际机场为中心的浦东空港组团,同时机场附近具有一定基础和潜力的空港工业园也可以在制度创新与政策允许下为空港经济发展提供更多的生产服务及产品配套。而北部地区具有很好生产配套和产业支撑的外高桥保税区、外高桥保税物流园区、金桥出口加工区、张江高科技园区、陆家嘴金融贸易区,可以在增强板块互动协同的基础上,依托长江口沿线货运码头及附近复杂的道路网和辐射长三角三省一市的铁路运输条件等,形成以陆家嘴为中心的北部陆港组团。

16.4 上海自贸试验区九大板块的协同发展探索

上海自贸试验区九大板块北起长江口沿线隋唐公路,南到杭州湾小洋山岛,西北—东南最大跨度长100多千米;涉及上海的浦东新区、奉贤区与闵行区三大行政区域,空间发展面积近1000平方千米。上海自贸试验区覆盖范围大、板块数量多,而且飞地、套嵌等分布形式错综复杂,海上、陆上空间发展潜力巨大。只有重视各板块的互联互通、功能分工、共进协同才能实现上海自贸试验区整体发展水平的提升,只有做好上海自贸试验区各层次系统、各个子系统之间的深度合作、协调共生才能保证上海自贸试验区在全国自贸区(港)建设中的发展引领地位。

(1)新旧板块之间的制度创新协同。

自贸试验区协同建设的核心是制度创新的协同。利用自贸试验区制度优势,构建区域科技创新协同发展机制,是区域协同发展的关键[9]。作为我国自贸试验区的领头羊,上海自贸试验区肩负着我国自贸试验区综合性制度创新的破冰使命。上海自贸试验区九大板块的制度创新协同涉及2013年以来近10年的自由贸易制度设计和对外开放发展政策的探索,不同历史时期、不同发展背景、不同国际环境下批复建设的各园区、各片区均具有不同的发展规划方案和顶层制度设计,上海自贸试验区新旧板块之间在制度创新上应做好协同。上海自贸试验区4个海关特殊监管区域所形成的旧板块在负面清单制度、贸易便利化制度、贸易监管制度和事中事后监管制度等方面的创新决定了上海自贸试验区制度创新协同的基本格局。上海自贸试验区改革从外高桥保税区起步,其制

第16章 上海自由贸易区协同发展研究

度创新的成果已经走向了全国：洋山保税港区、浦东机场综合保税区、外高桥保税区等的大批制度创新成果在全国复制推广。上海自贸试验区2014年扩展的三大板块在制度创新上各有特色：陆家嘴金融贸易区是金融贸易制度创新的先行区，其制度创新主要体现在投资管理制度、金融开放制度上；张江高科技园区是产学研协同创新的主战场，其制度创新主要体现在产学研合作模式、产学研人才协同机制上；金桥出口加工区作为全国所有自贸试验区片区中唯一一个以制造业为核心的片区，其制度创新主要体现在先进制造业体制机制与政策环境的创新探索上；临港新片区3个区域所形成的新板块更会在自贸试验区先前六大板块制度创新的基础上，突破限制行政区域、贸易园区协同发展的"瓶颈"，构筑更为完善、更为开放、更为系统的制度创新发展局面。

（2）大小板块之间的战略目标协同。

自贸试验区协同建设的目标是战略目标的协同。我国自贸试验区的格局分布和发展建设是"一带一路"、长江经济带、长三角一体化、京津冀协同发展、粤港澳大湾区等重大战略和东北振兴、中部崛起、西部大开发、东部新跨越四大区域经济板块的重要支撑。上海自贸试验区作为我国建设最早、面积最大、批次最多的自由贸易试验区，理应在这些国家战略目标的实现过程中发挥带动和示范效应，上海自贸试验区九大板块的发展战略最终要统一到服务和支撑这些国家战略上来。上海自贸试验区是我国以高水平改革开放推动开放型经济发展探索的试验田，协同扩大开放与体制改革、协同培育功能与政策创新、促进贸易和投资便利化，为全面深化改革和扩大开放探索新途径、积累新经验是国家2013年批复上海自贸试验区时提出的总体要求和战略要求。外高桥、浦东、金桥、张江、陆家嘴等片区板块大小不一，最小的板块外高桥保税物流园区仅有1.03平方千米，最大的板块张江高科技园区则有37.2平方千米，两者相差甚大，如果与临港新片区的临港地区南部区域76.5平方千米相比，这一板块大小差距会更大。虽然各板块占地面积相差巨大，但大小板块都是上海自贸试验区不可分割的一部分，大板块在自贸试验区发展目标的实现中承担着大的责任，小板块也曾在自贸试验区发展中发挥过大的作用，各片区、各板块无论规模大小、体量大小，都要把战略目标统一到支撑上海自贸试验区完成国家交给的战略任务和总体要求上来。新批复建设的临港新片区的3个区域的规模大小相差悬殊，临港地区南部区域与小洋山岛区域占地面积相差58.2平方千米，接近新片区1/2的面积，但这些板块大小的差异并不能影响三大板块区域共同服务于临港新片区、打造更具国际市场影响力和竞争力的特殊经济功能区的发展定位。一方面,临港地区南部区域、小洋山岛区域与浦东机场南侧区域3个板块要有协同打造特殊经济功能区的战略目标和各自特色的任务分工定位;另一方面,新片区的3个板块要做好与其他6个板块的战略目标协同,通过各板块子系统的协同配合、错位发展共同形成促进上海自贸试验区整体发展的板块网络和协同系统,形成自贸试验区和新片区"1+1>2"的整体效应。

(3) 各类板块之间的发展功能协同。

自贸试验区协同建设的重点是发展功能的协同。上海自贸试验区各批次发展片区和新片区的不同功能区域所形成的九大板块均被赋予差异化的功能定位与发展分工,避免企业优惠政策激励下的趋利性空间转移,强调各区块板块、各片区园区、各产业基地相互之间的分工深化与功能耦合,促进片区、园区、产业、企业空间裂变和功能交叉的协同发展,应该成为上海自贸试验区创新探索和试验示范的重要方向。2013年批复建设的上海自贸试验区4个海关特殊监管区域的功能定位是推动上海市转口、离岸业务的发展,推进政府职能转变、金融制度、贸易服务、外商投资和税收政策等多项改革措施的试验田建设。外高桥保税片区突出综合保税制度探索功能,外高桥物流片区突出为自由贸易服务的中转物流功能,浦东机场片区突出航空自由化[12]背景下的空港服务配套的支撑功能,洋山保税港片区突出国际航运配套服务的支撑功能。2014年批复扩展的上海自贸试验区三大板块的功能定位是在与国际投资贸易通行规则相衔接的制度创新体系下,充分发挥金融贸易、先进制造、科技创新等重点功能承载区的辐射带动作用。金桥片区是上海重要的先进制造业核心功能区,张江高科技片区是上海贯彻落实创新型国家战略的核心基地,陆家嘴金融片区是上海国际金融中心的核心区域。2019年再次扩容的上海自贸试验区新片区三大板块的功能定位是产业、城镇、港口、园区融合发展的特殊经济功能区的创新探索和发展支撑。小洋山岛区域主要围绕国际航运、大宗贸易突出高端服务功能,浦东机场南侧区域在做好现代航运服务的同时要兼具航空航天等前沿产业的发展带动功能,临港地区南部区域因为地块联系版图较大,更是需要同时承担高端服务对接、前沿产业发展和创新协同探索等多种功能。在临港新片区产业地图的功能分区图中,临港地区南部区域还专门设置了战略协同区和创新协同功能区、创新协同功能拓展区,并在重点产业布局图中明确了创新协同区要重点发展人工智能、智能新能源汽车、集成电路及新一代信息技术、海洋科技创新、国际医疗服务等,而且创新协同区的新一代信息技术产业、集成电路产业要与前沿产业功能区下属的临港产业区和综合区先行区的相关产业协同发展,创新协同区的智能新能源汽车产业要与前沿产业功能区的临港生命科技园的相关产业协同发展。

16.5 上海自由贸易区协同发展的政策建议

自贸试验区是具有中国特色的区域性自贸园区,上海自贸试验区是中国自贸试验区建设的开始和范本。历经 2013 年、2014 年、2019 年的扩展和发展,上海自贸试验区面积不断扩大,板块不断增多,做好空间发展的规划设计、强化各大板块之间的协同效应对上海自贸试验区的整体发展越来越重要。自贸试验区协同建设的目标是战略目标的协同,自贸试验区协同建设的核心是制度创新的协同,自贸试验区协同建设的重点是发展功能的协同[13]。鉴于上海自贸试验区目前还缺乏能够统筹各个板块协同发展的国土空间规划和空间发展规划,本章结合上海自贸试验区战略定位、建设时序、片区分布、建设形式、发展支撑与功能组织的分析,从空间发展规划的角度审视上海自贸试验区内部各片区的协同发展,得出以下主要结论和建设发展建议:

(1) 上海自贸试验区的建设发展一方面要进一步对接长三角一体化发展、长江经济带等国家战略,加强与"一带一路"倡议沿线国家和地区的互联互通和合作共赢,增强自贸区经济腹地带动和区域发展引领的能力,提高自贸区产业、企业的对外联系度;另一方面也要强化与国内其他自贸区之间、自贸区内部各板块各片区之间的协作、协调、协同,提高自贸区网络的整体效应,积极对接和支撑上海市土地空间规划体系的建设,顺应"多规合一"的发展形势和趋势,尽快组织编制新的国土空间规划来统筹各个片区之间的协同发展,要通过空间发展规划的顶层设计来促进各个板块之间的互动发展,对接和支撑上海市土地空间规划体系的建设,做好中国自贸试验区发展的规划引领。

(2) 上海自贸试验区的建设发展要通过板块的精细化管理来提高上海自贸试验区空间组织和空间管理的水平。上海自贸试验区在分区管理上可以根据各批次园区和片区的地理分布、空间特征、类型功能等,从空间组织和空间整合的发展规划视角把上海自贸试验区划分为外高桥保税区、外高桥保税物流园区、浦东机场综合保税区、金桥出口加工区、张江高科技园区、陆家嘴金融贸易区、临港地区南部区域（含洋山保税港区）、小洋山岛区域、浦东机场南侧区域九大板块。

（3）上海自贸试验区的建设发展要注重各个发展板块的空间细分，通过自贸试验区建设的时序差异、形式差异、支撑差异来对板块进行关联互动的整体设计和功能组织。例如，根据获批时间的差异把自贸试验区分为前期探索区、后期发展区、近期创新区；根据建设形式的不同把自贸试验区分成：为贸易服务的特殊监管区、为生产服务的自由贸易园区、为生产和城市服务的产城协同的特殊经济功能区；根据发展支撑的不同把自贸试验区分为海港支撑区、陆港支撑区、空港支撑区，并根据功能组织的需要促进自贸试验区海港组团、陆港组团、空港组团的形成和发展。

（4）上海自贸试验区的建设发展要推动片区、园区、产业、企业空间发展组织和规划设计的创新探索与示范引领。从空间发展规划视角看，上海自贸试验区需要借助新旧板块之间的制度创新协同、大小板块之间的战略目标协同、各类板块之间的发展功能协同等来促进九大板块的协同发展。

参考文献

[1] 余妙宏．论自由贸易区（FTA）与国家战略的对接联动．山东社会科学，2019（12）：61-66．

[2] 谢来荣，陈爽，郑有旭，等．内陆自贸区总体规划编制的思路及方法．规划师，2019，35（3）：51-57．

[3] 夏瑾瑶，付磊，马小晶．自由贸易区国际案例研究．上海城市规划，2014（4）：48-55．

[4] 陈林，肖倩冰，邹经韬．中国自由贸易试验区建设的政策红利．经济学家，2019（12）：46-57．

[5] 李善民．中国自由贸易试验区发展蓝皮书（2017—2018）．广州：中山大学出版社，2018．

[6] 杨陈静，刘航．自贸区协同发展的研究综述．四川行政学院学报，2019（2）：89-98．

[7] 刘秉镰，边杨．自贸区设立与区域协同开放——以京津冀为例．河北经贸大学学报，2019，40（1）：90-101．

［8］陈宏，程健．"一带一路"建设与中国自贸区战略协同对接的思考．当代经济管理，2019，41（1）：62－66．

［9］龙云安，张健，王雪梅．科技创新支撑自贸区与长江上游地区协同发展：效应与模式．科学管理研究，2019，37（4）：92－97．

［10］龙云安，冯果．自贸试验区军民协同创新体系研究．科学管理研究，2019，37（2）：78－83．

［11］Hu H, Wang S, He J - l. Comparative advantages of free trade port construction in shanghai under the belt and road initiative. International Journal of Financial Studies，2020，8（1）：6．

［12］胡浩，徐建伟．中国航空自由化探索的机遇分析——基于后金融危机时代并购热潮的思考．北京航空航天大学学报（社会科学版），2014，27（4）：62－66，74．

［13］胡浩．空间发展规划视角的自由贸易试验区审视——以中国（上海）自由贸易试验区九大板块协同发展为例．规划师，2020，36（9）：29－34．

曾刚，华东师范大学终身教授、二级教授，现任华东师范大学城市发展研究院院长、教育部人文社会科学重点研究基地中国现代城市研究中心主任、上海市高校智库上海城市发展协同创新中心主任、上海市社会科学创新研究基地长三角区域一体化研究中心主任、上海市人民政府决策咨询研究基地曾刚工作室首席专家，《经济地理》《世界地理研究》副主编、《Chinese Geographical Science》编委，中国区域科学协会副理事长及区域创新专业委员会主任，中国城市规划学会理事，德国地理学家协会亚洲组委员。

何金廖，华东师范大学城市发展研究院研究员、中国现代城市研究中心兼职研究员、博士生导师，紫江青年学者，主要从事文化创意产业、创新网络、创意城市、产业集群等领域的研究，先后在 Cities, Urban Studies、《地理学报》、《地理研究》等国内外期刊发表论文50余篇，出版中英文专著4部。主持和参与国家自然科学基金、国家863项目、德国DFG项目、国家社科重大项目等十余项。兼任中德绿色城市学会理事兼执行长、国家知网双语数据库质检专家、"城市创意与产业创新青年学者论坛"发起人。

曹贤忠，1987年生，安徽泗县人，区域经济学博士、人文地理学博士后。现任上海市高校智库上海城市发展协同创新中心副主任，华东师范大学城市发展研究院、中国现代城市研究中心（教育部人文社科重点研究基地）副教授、硕士生导师。主要从事创新网络、产业升级与区域经济发展方面的研究工作。兼任中国区域科学协会理事、区域创新专业委员会委员、秘书长，中国区域经济学会长三角一体化专业委员会委员、副秘书长等。主持国家级项目2项，省部级项目7项。在《Growth and Change》等发表论文60余篇，主编著作2部，参编著作8部，曾获上海社会科学界联合会优秀成果奖等多项奖励。

易臻真，中、法双博士（法学、社会学），现为华东师范大学城市发展研究院副教授、硕士生导师，兼任教育部人文社科重点研究基地·中国现代城市研究中心研究员，澎湃新闻"长三角议事厅"栏目具体执行人之一。先后就读于复旦大学、华东师范大学、法国Université Paris-Saclay（巴黎-萨克雷大学）。近年来，围绕城市群体社会认同、制度生产与运营、各层级维度政策关系协调、城市治理与资源共享等议题开展了系列研究。曾荣获上海市社会科学界第十六届（2018）学术年会优秀论文奖。

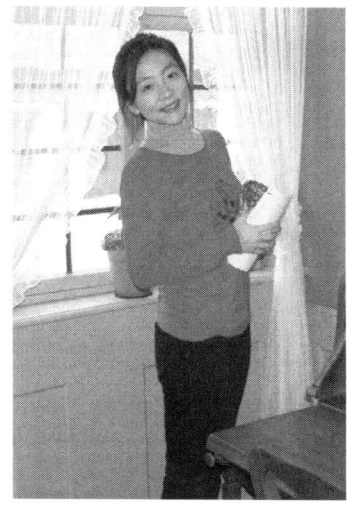

石庆玲，1989年生，吉林通化人，2017年毕业于复旦大学经济学院，获经济学博士学位，现为华东师范大学城市发展研究院副教授。长期从事资源与环境经济、城市与区域经济、以及文献计量学等领域的相关研究。在《经济研究》、《中国工业经济》、《世界经济文汇》、《统计研究》、《南开经济研究》、Resource and Energy Economics、Journal of Environmental Management、Empirical Economics、Journal of Cleaner Production、Journal of Environmental Planning and Management、Scientometrics、Studies in Nonlinear Dynamics & Econometrics 等国内外CSSCI期刊和SCI/SSCI检索期刊上发表论文20余篇，主持省部级以上课题1项，参与课题多项，出版著作1部，参与著作多部。

胡浩，城市发展研究院副研究员，研究生导师，长期从事城市与区域发展相关研究，在国内外学术期刊上公开发表论文50余篇，主持或参与博士后科学基金、国家自然科学基金、国家社会科学基金、国际科技支撑项目、国家部委及地方政府委托课题30余项；曾获省市级自然科学技术学术成果奖、优秀学术论文3项。

朱贻文（1988.6 - ），上海市人，华东师范大学城市发展研究院副教授，硕士生导师，经济学博士。长期从事区域发展与产业集群、创新网络、会展经济等领域的研究。在《Regional Studies》、《European Planning Studies》、《Zeitschrift für Wirtschaftsgeographie》、《Complexity》、《地理研究》、《地理科学进展》、《旅游科学》等国内外 SSCI、CSSCI 期刊上发表论文二十余篇；主持、参与国家自然科学基金项目、上海市科技攻关计划重大课题等二十余项；多份决策咨询专报被中央、省部级相关部门采纳。

王丰龙，华南师范大学地理科学学院研究员、上海市晨光学者，兼任华南师范大学行政区划与空间治理研究中心副主任、行政区划与空间治理专业委员会秘书长、中国现代城市研究中心研究员、中国行政区划研究中心研究员、《世界地理研究》编委、《中国名城》青年编委、广州城市管理智库专家等。主要从事政治地理学、幸福地理学和地理学思想等方面研究，主持国家自然科学基金2项，（联合）出版专著/译著7部，发表中英文论文近百篇。

张旭，男，武汉理工大学副教授，中南大学地理信息系统专业学士，中山大学人文地理学专业硕士，荷兰阿姆斯特丹大学人文地理与规划专业博士，主要从事城市全球化、城市网络、创意产业地理学等领域研究。主持国家自然科学基金项目1项，湖北省青年科技晨光计划项目1项，并参与多项国家及省部级科研项目。以第一或通讯作者身份发表中英文论文近30篇，其中SSCI/A&HCI论文12篇，参与编著英文著作3部。

宋艳姣，1986年生，河南安阳人。先后获得中国人民大学经济学硕士和经济学博士学位。现为华东师范大学城市发展研究院/中国现代城市研究中心助理研究员。研究领域为劳动经济学和城市经济学，目前主要从事人口流动与城市化、移民社会网络、流动人口住房与城市贫困等方面的研究。近年来在Urban Studies等国内外学术刊物发表论文20余篇，承担多项省部级课题，并参与完成国家统计局、教育部人文社科项目等多项课题。曾获上海市决策咨询研究成果奖二等奖，北京市优秀毕业生等荣誉。

王秋玉，区域经济学博士，现为上海社会科学院经济研究所助理研究员。先后就读于复旦大学、华东师范大学。近年来，围绕区域创新、产业集群、国际投资等议题开展了系列研究，主持国家级、省部级课题五项，著有专著一部，在海内外优秀学术期刊发表论文多篇。

罗峰，1987年生，湖南永州人，先后获得湖南师范大学物理与信息科学学院物理学学士学位、华东师范大学社会发展学院社会工作与管理硕士学位以及华东师范大学政治学系政治学理论博士学位，现为华东师范大学城市发展研究院助理研究员。主要从事城市社会学、社会治理等方面的研究。近年来，先后在《社会学研究》等期刊发表论文10余篇，参与撰写专著及教材4部，主持省部级以上课题3项。

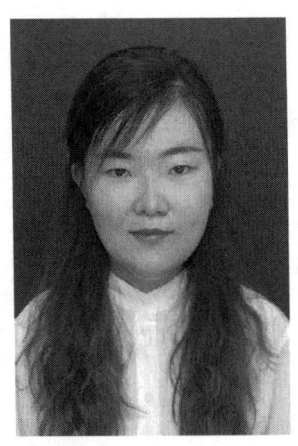

朱妮娜，1991年生，安徽阜阳人，先后获得池州学院地理科学学士学位，华东师范大学人文地理学硕士学位以及华东师范大学博士学位，现为华东师范大学城市发展研究院博士后。主要从事气候变化、干旱灾害风险评估和环境污染等方面的研究。近年来，在《Tourism Economics》、《Theoretical and Applied Climatology》、《International Journal of Environmental Research and Public Health》等SCI/SSCI期刊上发表论文10余篇。

赵弋徵，女，吉林长春人。华东师范大学2019级人文地理学博士生，研究方向为社会文化地理与城乡规划。博士期间主要参加国家自然科学基金《旅游发展下的古村落社会生态系统演进机制研究》、华东师范大学共享交叉基金《中国开发区可持续发展能力建设及对城市竞争力提升的影响研究》等课题，主要关注文化消费空间生产、消费者实践与地方性重构、消费转向下传统村落可持续发展等问题。